Yf 2440

CHEFS-D'OEUVRE

DE

P. CORNEILLE.

———

TOME CINQUIÈME.

A PARIS,

DE L'IMPRIMERIE DE CORDIER.

1817.

CHEFS-D'ŒUVRE

DE

P. CORNEILLE,

AVEC

LES COMMENTAIRES DE VOLTAIRE,

ET

DES OBSERVATIONS CRITIQUES SUR CES COMMENTAIRES,

Par M. LEPAN;

Seule édition où l'on trouve le véritable texte de CORNEILLE et les changements adoptés par la Comédie Française,

FAITE, PAR SOUSCRIPTION,

Au profit de Mlle J.-M. CORNEILLE.

« Il n'est pas inutile de remarquer que les censures
« faites avec passion ont toutes été maladroites. »
VOLTAIRE, 4e remarque sur les Observations de Scudéri.

TOME CINQUIÈME.

A PARIS,

CHEZ CORDIER, IMPRIMEUR-LIBRAIRE.

M. DCCC. XVII.

NICOMÈDE,

TRAGÉDIE

REPRÉSENTÉE EN 1652.

PRÉFACE
DE CORNEILLE.

Voici une pièce d'une constitution assez extraordinaire : aussi est-ce la vingt-unième que j'ai fait voir sur le théâtre ; et, après y avoir fait réciter quarante mille vers, il est bien malaisé de trouver quelque chose de nouveau, sans s'écarter un peu du grand chemin, et se mettre au hasard de s'égarer. La tendresse et les passions, qui doivent être l'âme des tragédies, n'ont aucune part en celle-ci ; la grandeur de courage y règne seule, et regarde son malheur d'un œil si dédaigneux, qu'il n'en sauroit arracher une plainte. Elle y est combattue par la politique, et n'oppose à ses artifices qu'une prudence généreuse, qui marche à visage découvert, qui prévoit le péril sans s'émouvoir, et qui ne veut point d'autre appui que celui de sa vertu, et de l'amour qu'elle imprime dans les cœurs de tous les peuples. L'histoire qui m'a prêté de quoi la faire paroître en ce haut degré, est de Justin ; et voici comme il la raconte à la fin de son trente-quatrième livre :

En même temps Prusias, roi de Bithynie, prit dessein de faire assassiner son fils Nicomède, pour avancer ses autres fils qu'il avoit eus d'une autre femme, et qu'il faisoit élever à Rome. Mais

leur grandeur quand elle commençoit à leur devenir suspecte à force de s'augmenter et de se rendre considérable par de nouvelles conquêtes. C'est le caractère que j'ai donné à leur république en la personne de son ambassadeur Flaminius, qui rencontre un prince intrépide qui voit sa perte assurée sans s'ébranler, et brave l'orgueilleuse masse de leur puissance lors même qu'il en est accablé. Ce héros de ma façon sort un peu des règles de la tragédie, en ce qu'il ne cherche point à faire pitié par l'excès de ses malheurs; mais le succès a montré que la fermeté des grands cœurs, qui n'excite que de l'admiration dans l'âme du spectateur, est quelquefois aussi agréable que la compassion que notre art nous commande de mendier pour leurs misères. Il est bon de hasarder un peu, et ne s'attacher pas toujours si servilement à ses préceptes, ne fût-ce que pour pratiquer celui-ci de notre Horace :

Et mihi res, non me rebus, submittere conor.

Mais il faut que l'événement justifie cette hardiesse; et, dans une liberté de cette nature, on demeure coupable, à moins que d'être fort heureux.

PERSONNAGES.

PRUSIAS, roi de Bithynie.
FLAMINIUS, ambassadeur de Rome.
ARSINOÉ, seconde femme de Prusias.
LAODICE, reine d'Arménie.
NICOMÈDE, fils aîné de Prusias, sorti du premier lit.
ATTALE, fils de Prusias et d'Arsinoé.
ARASPE, capitaine des gardes de Prusias.
CLÉONE, confidente d'Arsinoé.

La scène est à Nicomédie.

NICOMÈDE,
TRAGÉDIE.

ACTE PREMIER.

SCÈNE I.ère

NICOMÈDE, LAODICE.

LAODICE.

Après tant de hauts faits, il m'est bien doux, seigneur, [1]
De voir encor mes yeux régner sur votre cœur ;
De voir, sous les lauriers qui vous couvrent la tête, [2]
Un si grand conquérant être encor ma conquête, [3]
Et de toute la gloire acquise à ses travaux [4]
Faire un illustre hommage à ce peu que je vaux.
Quelques biens toutefois que le ciel me renvoie,
Mon cœur épouvanté se refuse à la joie :
Je vous vois à regret, tant mon cœur amoureux [5]
Trouve la cour pour vous un séjour dangereux.
Votre marâtre y règne ; et le roi votre père
Ne voit que par ses yeux, seule la considère,
Pour souveraine loi n'a que sa volonté :
Jugez après cela de votre sûreté.

La haine que pour vous elle a si naturelle 6
A mon occasion encor se renouvelle. 7
« Votre frère, son fils, depuis peu de retour....
NICOMÈDE.
« Je le sais, ma princesse, et qu'il vous fait la cour. 8 *a*
Je sais que les Romains, qui l'avoient en otage, 9
L'ont enfin renvoyé pour un plus digne ouvrage ;
Que ce don à sa mère étoit le prix fatal
Dont leur Flaminius marchandoit Annibal ;
Que le roi par son ordre eût livré ce grand homme, 10
S'il n'eût par le poison lui-même évité Rome,
« Et rompu par sa mort les spectacles pompeux 11 *b*
Où l'effroi de son nom le destinoit chez eux.
Par mon dernier combat je voyois réunie
La Cappadoce entière avec la Bithynie,
Lorsqu'à cette nouvelle, enflammé de courroux
D'avoir perdu mon maître, et de craindre pour vous,
J'ai laissé mon armée aux mains de Théagène,
Pour voler en ces lieux au secours de ma reine.
Vous en aviez besoin, madame, et je le voi,
Puisque Flaminius obsède encor le roi.
Si de son arrivée Annibal fut la cause,
Lui mort, ce long séjour prétend quelque autre chose ;
« Et je ne vois que vous qui le puisse arrêter, 12
« Pour aider à mon frère à vous persécuter. *c*

a Votre frère, son fils, revenu dans ces lieux.....
NICOMÈDE.
Je sais qu'il est ici, qu'il vous offre ses vœux.

b Et dérobé sa gloire au spectacle honteux

c Je ne vois qu'un motif qui le puisse arrêter,
Et c'est d'aider mon frère à vous persécuter.

ACTE I, SCÈNE I.

LAODICE.

Je ne veux point douter que sa vertu romaine
N'embrasse avec chaleur l'intérêt de la reine :
Annibal, qu'elle vient de lui sacrifier, 13
L'engage en sa querelle, et m'en fait défier.
Mais, seigneur, jusqu'ici j'aurois tort de m'en plaindre :
Et, quoi qu'il entreprenne, avez-vous lieu de craindre ?
Ma gloire et mon amour peuvent bien peu sur moi, 14
S'il faut votre présence à soutenir ma foi,
Et si je puis tomber en cette frénésie
De préférer Attale au vainqueur de l'Asie ;
Attale, qu'en otage ont nourri les Romains, 15
Ou plutôt qu'en esclave ont façonné leurs mains,
Sans lui rien mettre au cœur qu'une crainte servile
Qui tremble à voir une aigle, et respecte un édile !

NICOMÈDE.

Plutôt, plutôt la mort, que mon esprit jaloux
Forme des sentiments si peu dignes de vous.
Je crains la violence, et non votre foiblesse ;
Et si Rome une fois contre nous s'intéresse.... 16

LAODICE.

Je suis reine, seigneur ; et Rome a beau tonner,
Elle ni votre roi n'ont rien à m'ordonner :
Si de mes jeunes ans il est dépositaire,
C'est pour exécuter les ordres de mon père :
Il m'a donnée à vous, et nul autre que moi
N'a droit de l'en dédire, et me choisir un roi.
Par son ordre et le mien, la reine d'Arménie 17
Est due à l'héritier du roi de Bithynie,

Et ne prendra jamais un cœur assez abject
Pour se laisser réduire à l'hymen d'un sujet.
Mettez-vous en repos.

NICOMÈDE.

Et le puis-je, madame,
Vous voyant exposée aux fureurs d'une femme
Qui, pouvant tout ici, se croira tout permis
Pour se mettre en état de voir régner son fils?
Ils n'est rien de si saint qu'elle ne fasse enfreindre.
Qui livroit Annibal pourra bien vous contraindre,
« Et saura vous garder même fidélité 18 *a*
Qu'elle a gardée aux droits de l'hospitalité.

LAODICE.

Mais ceux de la nature ont-ils un privilége
Qui vous assure d'elle après ce sacrilége?
« Seigneur, votre retour, loin de rompre ses coups, 19 *b*
Vous expose vous-même, et m'expose après vous.
Comme il est fait sans ordre, il passera pour crime; 20
Et vous serez bientôt la première victime
Que la mère et le fils, ne pouvant m'ébranler,
Pour m'ôter mon appui, se voudront immoler.
Si j'ai besoin de vous de peur qu'on me contraigne, 21
J'ai besoin que le roi, qu'elle-même vous craigne.
Retournez à l'armée, et, pour me protéger,
Montrez cent mille bras tout prêts à me venger.
Parlez la force en main, et hors de leur atteinte :
S'ils vous tiennent ici, tout est pour eux sans crainte; 22

---

a Et saura vous garder cette fidélité

b Seigneur, votre retour, loin d'arrêter ses coups,

Et ne vous flattez point ni sur votre grand cœur, [23]
Ni sur l'éclat d'un nom cent et cent fois vainqueur;
Quelque haute valeur que puisse être la vôtre, [24]
« Vous n'avez en ces lieux que deux bras comme un autre; [25] [a]
Et, fussiez-vous du monde et l'amour et l'effroi,
Quiconque entre au palais porte sa tête au roi.
Je vous le dis encor, retournez à l'armée;
Ne montrez à la cour que votre renommée;
Assurez votre sort pour assurer le mien;
Faites que l'on vous craigne, et je ne craindrai rien.

NICOMÈDE.

Retourner à l'armée! ah! sachez que la reine
La sème d'assassins achetés par sa haine.
Deux s'y sont découverts, que j'amène avec moi [26]
Afin de la convaincre et détromper le roi.
Quoiqu'il soit son époux, il est encor mon père;
Et quand il forcera la nature à se taire,
« Trois sceptres à son trône attachés par mon bras [27]
« Parleront au lieu d'elle, et ne se tairont pas. [b]
Que si notre fortune, à ma perte animée,
La prépare à la cour aussi bien qu'à l'armée,
Dans ce péril égal qui me suit en tous lieux,
M'envîrez-vous l'honneur de mourir à vos yeux?

LAODICÉ.

Non, je ne vous dis plus désormais que je tremble,
Mais que, s'il faut périr, nous périrons ensemble.

[a] Vous n'avez pas ici plus de pouvoir qu'un autre;

[b] Trois sceptres que pour lui vient d'acquérir mon bras,
Lui plaideront ma cause, et ne se tairont pas.

Armons-nous de courage, et nous ferons trembler
Ceux dont les lâchetés pensent nous accabler.
Le peuple ici vous aime, et hait ces cœurs infâmes;
Et c'est être bien fort que régner sur tant d'âmes.
Mais votre frère Attale adresse ici ses pas.

NICOMÈDE.

Il ne m'a jamais vu ; ne me découvrez pas. 28

SCÈNE II.

LAODICE, NICOMÈDE, ATTALE.

ATTALE.

Quoi ! madame, toujours un front inexorable !
Ne pourrai-je surprendre un regard favorable,
Un regard désarmé de toutes ces rigueurs,
Et tel qu'il est enfin quand il gagne les cœurs ?

LAODICE.

« Si ce front est mal propre à m'acquérir le vôtre, 1
« Quand j'en aurai dessein j'en saurai prendre un autre.

ATTALE.

« Vous ne l'acquerrez point, puisqu'il est tout à vous. 2

LAODICE.

« Je n'ai donc pas besoin d'un visage plus doux. 3

ATTALE.

« Conservez-le, de grâce, après l'avoir su prendre.

LAODICE.

« C'est un bien mal acquis que j'aime mieux vous rendre. 4

ACTE I, SCÈNE II.

ATTALE.
« Vous l'estimez trop peu pour le vouloir garder.
LAODICE.
« Je vous estime trop pour vouloir rien farder ;
« Votre rang et le mien ne sauroient le permettre.
« Pour garder votre cœur je n'ai pas où le mettre ; 5
« La place est occupée ; et je vous l'ai tant dit, 6 *a*
Prince, que ce discours vous dût être interdit :
On le souffre d'abord, mais la suite importune.
ATTALE.
« Que celui qui l'occupe a de bonne fortune ! 7
« Et que seroit heureux qui pourroit aujourd'hui 8
« Disputer cette place, et l'emporter sur lui ! *b*
NICOMÈDE.
La place à l'emporter coûteroit bien des têtes,
Seigneur : ce conquérant garde bien ses conquêtes,
Et l'on ignore encor parmi ses ennemis 9
L'art de reprendre un fort qu'une fois il a pris.
ATTALE.
Celui-ci, toutefois, peut s'attaquer de sorte
Que, tout vaillant qu'il est, il faudra qu'il en sorte.
LAODICE.
Vous pourriez vous méprendre.

LAODICE.
a Seigneur, je vous l'ai dit, dois-je vous le redire ?
Que vos vœux sur mon cœur n'auront jamais d'empire ;
Un autre amour l'occupe ; et je vous l'ai tant dit,

ATTALE.
b Que cet heureux rival doit bénir sa fortune !
Quel honneur ce seroit de pouvoir aujourd'hui
Lui disputer ce cœur, et l'emporter sur lui !

ATTALE.
          Et si le roi le veut ? 10
LAODICE.
Le roi, juste et prudent, ne veut que ce qu'il peut.
ATTALE.
Et que ne peut ici la grandeur souveraine ?
LAODICE.
Ne parlez pas si haut : s'il est roi, je suis reine ; 11
Et vers moi tout l'effort de son autorité
N'agit que par prière et par civilité.

ATTALE.
Non ; mais agir ainsi, souvent c'est beaucoup dire
Aux reines comme vous qu'on voit dans son empire :
Et si ce n'est assez des prières d'un roi,
Rome, qui m'a nourri, vous parlera pour moi.
NICOMÈDE.
Rome, seigneur !
ATTALE.
          Oui, Rome. En êtes-vous en doute ?
NICOMÈDE.
Seigneur, je crains pour vous qu'un Romain vous écoute ; 12
Et si Rome savoit de quels feux vous brûlez,
Bien loin de vous prêter l'appui dont vous parlez,
Elle s'indigneroit de voir sa créature
A l'éclat de son nom faire une telle injure,
Et vous dégraderoit peut-être dès demain
Du titre glorieux de citoyen romain.
Vous l'a-t-elle donné pour mériter sa haine
En le déshonorant par l'amour d'une reine ?

ACTE I, SCÈNE II.

Et ne savez-vous plus qu'il n'est ni princes ni rois [13]
Qu'elle daigne égaler à ses moindres bourgeois?
Pour avoir tant vécu chez ces cœurs magnanimes,
Vous en avez bientôt oublié les maximes.
Reprenez un orgueil digne d'elle et de vous;
Remplissez mieux un nom sous qui nous tremblons tous;
Et, sans plus l'abaisser à cette ignominie
D'idolâtrer en vain la reine d'Arménie,
Songez qu'il faut du moins, pour toucher votre cœur,
La fille d'un tribun, ou celle d'un préteur;
Que Rome vous permet cette haute alliance,
Dont vous auroit exclus le défaut de naissance,
Si l'honneur souverain de son adoption
Ne vous autorisoit à tant d'ambition.
Forcez, rompez, brisez de si honteuses chaînes;
Aux rois qu'elle méprise abandonnez les reines;
Et concevez enfin des vœux plus élevés,
Pour mériter les biens qui vous sont réservés.

ATTALE.

Si cet homme est à vous, imposez-lui silence,
Madame, et retenez une telle insolence.
« Pour voir jusqu'à quel point elle pourroit aller,
« J'ai forcé ma colère à le laisser parler :
« Mais je crains qu'elle échappe, et que, s'il continue, [14]
« Je ne m'obstine plus à tant de retenue.

NICOMÈDE.

Seigneur, si j'ai raison, qu'importe à qui je sois?
Perd-elle de son prix pour emprunter ma voix?
Vous-même, amour à part, je vous en fais arbitre.
Ce grand nom de Romain est un précieux titre;

Et la reine et le roi l'ont assez acheté
Pour ne se plaire pas à le voir rejeté,
Puisqu'ils se sont privés, pour ce nom d'importance, 15
Des charmantes douceurs d'élever votre enfance.
Dès l'âge de quatre ans ils vous ont éloigné ; 16
Jugez si c'est pour voir ce titre dédaigné,
Pour vous voir renoncer, par l'hymen d'une reine,
A la part qu'ils avoient à la grandeur romaine.
D'un si rare trésor l'un et l'autre jaloux....

ATTALE.

Madame, encore un coup, cet homme est-il à vous ? 17
« Et pour vous divertir est-il si nécessaire 18
« Que vous ne lui puissiez ordonner de se taire ? *a*

LAODICE.

Puisqu'il vous a déplu vous traitant de Romain,
Je veux bien vous traiter de fils de souverain.
　En cette qualité vous devez reconnoître
Qu'un prince votre aîné doit être votre maître ;
Craindre de lui déplaire, et savoir que le sang
Ne vous empêche pas de différer de rang ;
Lui garder le respect qu'exige sa naissance,
Et, loin de lui voler son bien en son absence.... 19

ATTALE.

Si l'honneur d'être à vous est maintenant son bien,
Dites un mot, madame, et ce sera le mien ;
Et si l'âge à mon rang fait quelque préjudice,
Vous en corrigerez la fatale injustice.

a Dois-je souffrir de lui ce discours téméraire ?
　Et ne lui pouvez-vous ordonner de se taire ?

Mais si je lui dois tant en fils de souverain,
Permettez qu'une fois je vous parle en Romain.
Sachez qu'il n'en est point que le ciel n'ait fait naître
Pour commander aux rois, et pour vivre sans maître;
Sachez que mon amour est un noble projet
Pour éviter l'affront de me voir son sujet;
Sachez....

LAODICE.

Je m'en doutois, seigneur, que ma couronne
Vous charmoit bien du moins autant que ma personne;
Mais, telle que je suis, et ma couronne et moi,
Tout est à cet aîné qui sera votre roi;
Et s'il étoit ici, peut-être en sa présence
Vous penseriez deux fois à lui faire une offense.

ATTALE.

Que ne puis-je l'y voir! mon courage amoureux.....

NICOMÈDE.

Faites quelques souhaits qui soient moins dangereux,
Seigneur; s'il les savoit, il pourroit bien lui-même
Venir d'un tel amour venger l'objet qu'il aime.

ATTALE.

Insolent! est-ce enfin le respect qui m'est dû?

NICOMÈDE.

Je ne sais de nous deux, seigneur, qui l'a perdu.

ATTALE.

Peux-tu bien me connoître et tenir ce langage?

NICOMÈDE.

Je sais à qui je parle; et c'est mon avantage
Que, n'étant point connu, prince, vous ne savez
Si je vous dois respect, ou si vous m'en devez.

ATTALE.

Ah! madame, souffrez que ma juste colère....
LAODICE.

Consultez-en, seigneur, la reine votre mère;
Elle entre.

SCÈNE III. [1]

NICOMÈDE, ARSINOÉ, LAODICE, ATTALE, CLÉONE.

NICOMÈDE.

Instruisez mieux le prince votre fils,
Madame, et dites-lui, de grâce, qui je suis:
Faute de me connoître, il s'emporte, il s'égare;
Et ce désordre est mal dans une âme si rare:
J'en ai pitié.

ARSINOÉ.

Seigneur, vous êtes donc ici? [2]

NICOMÈDE.

Oui, madame, j'y suis, et Métrobate aussi. [3]

ARSINOÉ.

Métrobate! ah, le traître!

NICOMÈDE.

Il n'a rien dit, madame,
Qui vous doive jeter aucun trouble dans l'âme.

ARSINOÉ.

Mais qui cause, seigneur, ce retour surprenant?
Et votre armée?

NICOMÈDE.

Elle est sous un bon lieutenant;

ACTE I, SCÈNE III.

Et quant à mon retour, peu de chose le presse.
J'avois ici laissé mon maître et ma maîtresse : 4
Vous m'avez ôtez l'un, vous, dis-je, ou les Romains;
Et je viens sauver l'autre et d'eux et de vos mains.

ARSINOÉ.

C'est ce qui vous amène?

NICOMÈDE.

Oui, madame; et j'espère
Que vous m'y servirez auprès du roi mon père.

ARSINOÉ.

Je vous y servirai comme vous l'espérez.

NICOMÈDE.

De votre bon vouloir nous sommes assurés.

ARSINOÉ.

Il ne tiendra qu'au roi qu'aux effets je ne passe. 5

NICOMÈDE.

Vous voulez à tous deux nous faire cette grâce?

ARSINOÉ.

Tenez-vous assuré que je n'oublîrai rien.

NICOMÈDE.

Je connois votre cœur; ne doutez pas du mien.

ATTALE.

Madame, c'est donc là le prince Nicomède?

NICOMÈDE.

Oui, c'est moi qui viens voir s'il faut que je vous cède.

ATTALE.

Ah! seigneur, excusez si, vous connoissant mal... 6

NICOMÈDE.

Prince, faites-moi voir un plus digne rival. 7

Si vous aviez dessein d'attaquer cette place,
Ne vous départez point d'une si noble audace:
Mais, comme à son secours je n'amène que moi,
Ne la menacez plus de Rome ni du roi:
Je la défendrai seul; attaquez-la de même,
Avec tous les respects qu'on doit au diadême.
Je veux bien mettre à part, avec le nom d'aîné,
Le rang de votre maître où je suis destiné;
Et nous verrons ainsi qui fait mieux un brave homme,8
Des leçons d'Annibal, ou de celles de Rome.
Adieu: pensez-y bien; je vous laisse y rêver.

SCÈNE IV.

ARSINOÉ, ATTALE, CLÉONE.

ARSINOÉ.

Quoi! tu faissois excuse à qui m'osoit braver!

ATTALE.

Que ne peut point, madame, une telle surprise?
Ce prompt retour me perd, et rompt votre entreprise. 1

ARSINOÉ.

« Tu l'entends mal, Attale; il la met dans ma main.
« Va trouver de ma part l'ambassadeur romain;
« Dedans mon cabinet amène-le sans suite, 2 *a*
Et de ton heureux sort laisse-moi la conduite.

ATTALE.

Mais, madame, s'il faut....

---

a Le succès au contraire en devient plus certain.
　Va trouver de ma part l'ambassadeur romain;
　Jusqu'en mon cabinet amène-le sans suite,

ARSINOÉ.

      Va, n'appréhende rien ;
Et, pour avancer tout, hâte cet entretien.

SCÈNE V.
ARSINOÉ, CLÉONE.

CLÉONE.

Vous lui cachez, madame, un dessein qui le touche !
ARSINOÉ.

Je crains qu'en l'apprenant son cœur ne s'effarouche ;
Je crains qu'à la vertu par les Romains instruit ¹
De ce que je prépare il ne m'ôte le fruit,
« Et ne conçoive mal qu'il n'est fourbe ni crime
« Qu'un trône acquis par-là ne rende légitime. *a*

CLÉONE.

J'aurois cru les Romains un peu moins scrupuleux ;
Et la mort d'Annibal m'eût fait mal juger d'eux.
ARSINOÉ.

Ne leur impute pas une telle injustice ;
Un Romain seul l'a faite, et par mon artifice.
« Rome l'eût laissé vivre ; et sa légalité ²
« N'eût point forcé les lois de l'hospitalité.
« Savante à ses dépens de ce qu'il savoit faire, ³ *b*
Elle le souffroit mal auprès d'un adversaire ;

---

a Et ne conçoive mal, tant il redoute un crime,
 Qu'un trône excuse tout et rend tout légitime.

b Rome l'eût laissé vivre ; et sa noble équité
 N'eût point forcé les lois de l'hospitalité.
 Instruite à ses dépens de ce qu'il savoit faire,

Mais quoique, par ce triste et prudent souvenir,
De chez Antiochus elle l'ait fait bannir, 4
Elle auroit vu couler sans crainte et sans envie
Chez un prince allié les restes de sa vie.
Le seul Flaminius, trop piqué de l'affront
Que son père défait lui laisse sur le front,
(Car je crois que tu sais que, quand l'aigle romaine
Vit choir ses légions aux bords du Trasimène, 6
Flaminius son père en étoit général,
Et qu'il y tomba mort de la main d'Annibal;)
Ce fils donc, qu'a pressé la soif de sa vengeance, 7
« S'est aisément rendu de mon intelligence : 8
« L'espoir d'en voir l'objet entre ses mains remis 9
« A pratiqué par lui le retour de mon fils ;
« Par lui j'ai jeté Rome en haute jalousie 10 a
De ce que Nicomède a conquis dans l'Asie,
Et de voir Laodice unir tous ses états,
Par l'hymen de ce prince, à ceux de Prusias :
Si bien que le sénat prenant un juste ombrage
D'un empire si grand sous un si grand courage,
« Il s'en est fait nommer lui-même ambassadeur, 11 b
Pour rompre cet hymen et borner sa grandeur.
Et voilà le seul point où Rome s'intéresse. 12

CLÉONE.

« Attale à ce dessein entreprend sa maîtresse ! 13 c

---

a Est avec moi sans peine entré d'intelligence :
  L'espoir d'en voir l'objet entre ses mains remis,
  A ménagé par lui le retour de mon fils.
  Par lui j'ai des Romains tenté la jalousie

b Envoie ici mon fils avec l'ambassadeur,

c Le prince a déjà fait éclater sa tendresse !

Mais que n'agissoit Rome avant que le retour
De cet amant si cher affermît son amour?
ARSINOÉ.
Irriter un vainqueur en tête d'une armée
Prête à suivre en tous lieux sa colère allumée,
« C'étoit trop hasarder ; et j'ai cru, pour le mieux, 14
« Qu'il falloit de son fort l'attirer en ces lieux.
« Métrobate l'a fait par des terreurs paniques, 15
« Feignant de lui trahir mes ordres tyranniques ; 16 a
Et pour l'assassiner se disant suborné,
Il l'a, grâces aux dieux, doucement amené.
Il vient s'en plaindre au roi, lui demander justice ;
Et sa plainte le jette au bord du précipice.
Sans prendre aucun souci de m'en justifier,
Je saurai m'en servir à me fortifier.
« Tantôt, en le voyant, j'ai fait de l'effrayée ; 17 b
J'ai changé de couleur, je me suis écriée :
Il a cru me surprendre, et l'a cru bien en vain,
Puisque son retour même est l'œuvre de ma main.
CLÉONE.
Mais, quoi que Rome fasse et qu'Attale prétende,
Le moyen qu'à ses yeux Laodice se rende?
ARSINOÉ.
Et je n'engage aussi mon fils en cet amour
Qu'à dessein d'éblouir le roi, Rome et la cour.

---

a C'étoit trop hasarder ; il valoit beaucoup mieux
L'écarter de son camp, l'attirer en ces lieux.
Métrobate l'a fait par des terreurs paniques ;
Il a feint de trahir mes ordres tyranniques ;

b Tantôt, en le voyant, j'ai feint d'être effrayée,

Je n'en veux pas, Cléone, au sceptre d'Arménie :
Je cherche à m'assurer celui de Bithynie ;
Et si ce diadème une fois est à nous, 18
Que cette reine après se choisisse un époux.
Je ne la vais presser que pour la voir rebelle,
Que pour aigrir les cœurs de son amant et d'elle.
Le roi, que le Romain poussera vivement, 19
« De peur d'offenser Rome, agira chaudement ;
« Et ce prince, piqué d'une juste colère, 20
« S'emportera sans doute et bravera son père. a
S'il est prompt et bouillant, le roi ne l'est pas moins ;
Et comme à l'échauffer j'appliquerai mes soins, 21
Pour peu qu'à de tels coups cet amant soit sensible,
Mon entreprise est sûre, et sa perte infaillible.
Voilà mon cœur ouvert, et tout ce qu'il prétend. 22
Mais dans mon cabinet Flaminius m'attend. 23
« Allons, et garde bien le secret de ta reine.

CLÉONE.

«Vous me connaissez trop pour vous en mettre en peine. 24 b

a N'osera braver Rome et son ressentiment;
Et le prince, animé d'une juste colère,
Par quelqu'emportement offensera son père.

b Viens; suivons mes desseins : je te connois fidèle ;
Tu sais tous mes secrets, je les livre à ton zèle.

FIN DU PREMIER ACTE.

ACTE SECOND.

SCÈNE I.ère

PRUSIAS, ARASPE.

PRUSIAS.

Revenir sans mon ordre ! et se montrer ici !
ARASPE.
Sire, vous auriez tort d'en prendre aucun souci ;
Et la haute vertu du prince Nicomède [1]
« Pour ce qu'on peut en craindre est un puissant remède.[a]
Mais tout autre que lui devroit être suspect :
Un retour si soudain manque un peu de respect, [2]
Et donne lieu d'entrer en quelque défiance
Des secrètes raisons de tant d'impatience.
PRUSIAS.
Je ne les vois que trop, et sa témérité
N'est qu'un pur attentat sur mon autorité :
Il n'en veut plus dépendre, et croit que ses conquêtes [3]
« Au-dessus de son bras ne laissent point de têtes ; [b]
Qu'il est lui seul sa règle, et que sans se trahir
Des héros tels que lui ne sauroient obéir.
ARASPE.
C'est d'ordinaire ainsi que ses pareils agissent :
« A suivre leur devoir leurs hauts faits se ternissent ; [4]

---

[a] Contre une telle crainte est un puissant remède.

[b] L'élèvent au-dessus des plus superbes têtes ;

« Et ces grands cœurs, enflés du bruit de leurs combats, 5
« Souverains dans l'armée et parmi leurs soldats,
« Font du commandement une douce habitude,
« Pour qui l'obéissance est un métier bien rude. *a*

PRUSIAS.

Dis tout, Araspe ; dis que le nom de sujet 6
Réduit toute leur gloire en un rang trop abject ;
« Que, bien que leur naissance au trône les destine, 7
« Si son ordre est trop lent, leur grand cœur s'en mutine;
« Qu'un père garde trop un bien qui leur est dû,
« Et qui perd de son prix étant trop attendu ;
« Qu'on voit naître de là mille sourdes pratiques 8
« Dans le gros de son peuple et dans ses domestiques; *b*
Et que, si l'on ne va jusqu'à trancher le cours
« De son règne ennuyeux et de ses tristes jours, *c*
Du moins une insolente et fausse obéissance,
Lui laissant un vain titre, usurpe sa puissance.

ARASPE.

C'est ce que de tout autre il faudroit redouter,
Seigneur, et qu'en tout autre il faudroit arrêter.
Mais ce n'est pas pour vous un avis nécessaire ;
Le prince est vertueux, et vous êtes bon père.

a Sous le joug du devoir à regret ils fléchissent ;
Et ces grands cœurs, tout fiers du bruit de leurs combats,
Souverains dans l'armée et parmi leurs soldats,
Font du commandement une douce habitude,
Pour qui l'obéissance est un devoir trop rude.

b Que, destinés au trône à remplacer un père,
Ils hâtent, par leurs vœux, ce que le sort diffère ;

c De son règne importun et de ses tristes jours,

ACTE II, SCÈNE I.

PRUSIAS.

Si je n'étois bon père, il seroit criminel : 9
Il doit son innocence à l'amour paternel ;
C'est lui seul qui l'excuse et qui le justifie,
Ou lui seul qui me trompe et qui me sacrifie :
Car je dois craindre enfin que sa haute vertu
Contre l'ambition n'ait en vain combattu,
Qu'il ne force en son cœur la nature à se taire.
Qui se lasse d'un roi peut se lasser d'un père ;
Mille exemples sanglants nous peuvent l'enseigner :
Il n'est rien qui ne cède à l'ardeur de régner ; 10
« Et depuis qu'une fois elle nous inquiète, *a*
La nature est aveugle et la vertu muette.

Te le dirai-je, Araspe ? il m'a trop bien servi ;
Augmentant mon pouvoir, il me l'a tout ravi :
Il n'est plus mon sujet qu'autant qu'il le veut être ;
Et qui me fait régner en effet est mon maître.
Pour paroître à mes yeux son mérite est trop grand :
On n'aime point à voir ceux à qui l'on doit tant.
Tout ce qu'il a fait parle au moment qu'il m'approche,
Et sa seule présence est un secret reproche :
Elle me dit toujours qu'il m'a fait trois fois roi,
Que je tiens plus de lui qu'il ne tiendra de moi ;
Et que, si je lui laisse un jour une couronne, 11
Ma tête en porte trois que sa valeur me donne.
J'en rougis dans mon âme ; et ma confusion,
Qui renouvelle et croît à chaque occasion,

a Et sitôt qu'on ressent cette ardeur inquiète,

« Sans cesse offre à mes yeux cette vue importune, *a*
Que qui m'en donne trois peut bien m'en ôter une ;
Qu'il n'a qu'à l'entreprendre, et peut tout ce qu'il veut.
Juge, Araspe, où j'en suis s'il veut tout ce qu'il peut.

ARASPE.

Pour tout autre que lui je sais comme s'explique
La règle de la vraie et saine politique.
Aussitôt qu'un sujet s'est rendu trop puissant,
Encor qu'il soit sans crime, il n'est pas innocent :
On n'attend point alors qu'il s'ose tout permettre ;
C'est un crime d'état que d'en pouvoir commettre ;
Et qui sait bien régner l'empêche prudemment
De mériter un juste et plus grand châtiment,
Et prévient, par un ordre à tous deux salutaire,
Ou les maux qu'il prépare, ou ceux qu'il pourroit faire.
Mais, seigneur, pour le prince il a trop de vertu ;
Je vous l'ai déjà dit.

PRUSIAS.

Et m'en répondras-tu ?
Me seras-tu garant de ce qu'il pourra faire
Pour venger Annibal, ou pour perdre son frère ?
« Et le prends-tu pour homme à voir d'un œil égal [12]
Et l'amour de son frère, et la mort d'Annibal ? *b*
Non, ne nous flattons point ; il court à la vengeance ;
Il en a le prétexte, il en a la puissance ;
Il est l'astre naissant qu'adorent mes états ;
Il est le dieu du peuple, et celui des soldats.

a Me rappelle toujours cette idée importune,

b Peut-il voir en effet, sans un courroux égal,
Et l'amour de son frère, et la mort d'Annibal ?

« Sûr de ceux-ci, sans doute il vient soulever l'autre,
« Fondre avec son pouvoir sur le reste du nôtre :
« Mais ce peu qui m'en reste, encor que languissant,
« N'est pas peut-être encor tout-à-fait impuissant.
« Je veux bien toutefois agir avec adresse, ¹³
« Joindre beaucoup d'honneur à bien peu de rudesse,
Le chasser avec gloire, et mêler doucement
Le prix de son mérite à mon ressentiment :
Mais s'il ne m'obéit, ou s'il ose s'en plaindre,
Quoi qu'il ait fait pour moi, quoi que j'en voie à craindre,
Dussé-je voir par-là tout l'état hasardé....

ARASPE.

Il vient.

SCÈNE II.

PRUSIAS, NICOMÈDE, ARASPE.

PRUSIAS.

Vous voilà, prince ! Et qui vous a mandé ?

NICOMÈDE.

La seule ambition de pouvoir en personne
Mettre à vos pieds, seigneur, encore une couronne,
De jouir de l'honneur de vos embrassements,
Et d'être le témoin de vos contentements.
Après la Cappadoce heureusement unie
Aux royaumes du Pont et de la Bithynie,
Je viens remercier et mon père et mon roi
D'avoir eu la bonté de s'y servir de moi,

ᵃ Son retour nous menace, et le danger nous presse.
   Je veux bien toutefois agir avec adresse,

D'avoir choisi mon bras pour une telle gloire,
Et fait tomber sur moi l'honneur de sa victoire.

PRUSIAS.

Vous pouviez vous passer de mes embrassements, 2
Me faire par écrit de tels remercîments ;
« Et vous ne deviez pas envelopper d'un crime
« Ce que votre victoire ajoute à votre estime : *a*
Abandonner mon camp en est un capital, 3
Inexcusable en tous, et plus au général ;
Et tout autre que vous, malgré cette conquête,
Revenant sans mon ordre, eût payé de sa tête.

NICOMÈDE.

J'ai failli, je l'avoue, et mon cœur imprudent
A trop cru les transports d'un désir trop ardent :
L'amour que j'ai pour vous a commis cette offense ;
Lui seul à mon devoir fait cette violence.
« Si le bien de vous voir m'étoit moins précieux,
« Je serois innocent, mais si loin de vos yeux,
« Que j'aime mieux, seigneur, en perdre un peu d'estime,
« Et qu'un bonheur si grand me coûte un petit crime, 4
« Qui ne craindra jamais la plus sévère loi
« Si l'amour juge en vous ce qu'il a fait en moi. *b*

PRUSIAS.

La plus mauvaise excuse est assez pour un père;
Et sous le nom d'un fils toute faute est légère :

---

a Et vous ne deviez pas, prince, obscurcir d'un crime
Tout ce que vos exploits vous ont acquis d'estime.

b Je me serais gardé de paroître à vos yeux,
Si le bien de vous voir m'étoit moins précieux.

ACTE II, SCÈNE II.

Je ne veux voir en vous que mon unique appui.
Recevez tout l'honneur qu'on vous doit aujourd'hui.
L'ambassadeur romain me demande audience ;
Il verra ce qu'en vous je prends de confiance ;
Vous l'écouterez, prince, et répondrez pour moi.
Vous êtes aussi bien le véritable roi ;
Je n'en suis plus que l'ombre, et l'âge ne m'en laisse 5
Qu'un vain titre d'honneur qu'on rend à ma vieillesse ;
Je n'ai plus que deux jours peut-être à le garder.
L'intérêt de l'état vous doit seul regarder ; 6
Prenez-en aujourd'hui la marque la plus haute : 7
Mais gardez-vous aussi d'oublier votre faute ; 8
Et, comme elle fait brèche au pouvoir souverain,
Pour la bien réparer, retournez dès demain.
Remettez en éclat la puissance absolue : 9
Attendez-la de moi comme je l'ai reçue,
« Inviolable, entière ; et n'autorisez pas 10
« De plus méchants que vous à la mettre plus bas. *a*
Le peuple qui vous voit, la cour qui vous contemple,
Vous désobéiroient sur votre propre exemple :
Donnez-leur-en un autre, et montrez à leurs yeux
Que nos premiers sujets obéissent le mieux.

NICOMÈDE.

J'obéirai, seigneur, et plus tôt qu'on ne pense ;
Mais je demande un prix de mon obéissance.
    La reine d'Arménie est due à ses états,
Et j'en vois les chemins ouverts par nos combats.

---

a Inviolable, entière, au lieu d'autoriser
   Des méchants qu'on verroit bientôt la mépriser.

5.

« Il est temps qu'en son ciel cet astre aille reluire : 11
De grâce, accordez-moi l'honneur de l'y conduire.

PRUSIAS.

« Il n'appartient qu'à vous, et cet illustre emploi
« Demande un roi lui-même, ou l'héritier d'un roi.
« Mais pour la renvoyer jusqu'en son Arménie
« Vous savez qu'il y faut quelque cérémonie : 12
« Tandis que je ferai préparer son départ,
« Vous irez dans mon camp l'attendre de ma part.

NICOMÈDE.

« Elle est prête à partir sans plus grand équipage. 13

PRUSIAS.

« Je n'ai garde à son rang de faire un tel outrage. 14
« Mais l'ambassadeur entre, il le faut écouter;
« Puis nous verrons quel ordre on y doit apporter.*a*

SCÈNE III.

PRUSIAS, NICOMÈDE, FLAMINIUS, ARASPE.

FLAMINIUS.

Sur le point de partir, Rome, seigneur, me mande
Que je vous fasse encor pour elle une demande.

---

a C'étoit là mon dessein ; j'allois vous en instruire ;
Mais, tandis que je fais préparer son départ,
Vous irez dans mon camp l'attendre de ma part.

NICOMÈDE.
Elle est prête à partir.

PRUSIAS.
　　　　　　Mais vous pensez sans doute
Que d'honneurs éclatants je dois semer sa route ;
Il faudra voir quel ordre on y peut apporter.
L'ambassadeur paroît, il le faut écouter.

ACTE II, SCÈNE III.

Elle a nourri vingt ans un prince votre fils ;
Et vous pouvez juger des soins qu'elle en a pris [1]
Par les hautes vertus et les illustres marques
Qui font briller en lui le sang de vos monarques.
Sur-tout il est instruit en l'art de bien régner :
C'est à vous de le croire, et de le témoigner.
Si vous faites état de cette nourriture, [2]
Donnez ordre qu'il règne, elle vous en conjure ;
Et vous offenseriez l'estime qu'elle en fait [3]
Si vous le laissiez vivre et mourir en sujet.
Faites donc aujourd'hui que je lui puisse dire
Où vous lui destinez un souverain empire.

PRUSIAS.

Les soins qu'ont pris de lui le peuple et le sénat
Ne trouveront en moi jamais un père ingrat :
Je crois que pour régner il en a les mérites, [4] [a]
Et n'en veux point douter après ce que vous dites.
Mais vous voyez, seigneur, le prince son aîné,
Dont le bras généreux trois fois m'a couronné ;
Il ne fait que sortir encor d'une victoire ;
Et pour tant de hauts faits je lui dois quelque gloire.
Souffrez qu'il ait l'honneur de répondre pour moi. [5]

NICOMÈDE.

Seigneur, c'est à vous seul de faire Attale roi.

PRUSIAS.

C'est votre intérêt seul que sa demande touche.

NICOMÈDE.

Le vôtre toutefois m'ouvrira seul la bouche.

[a] Je lui crois en effet de suprêmes mérites,

De quoi se mêle Rome ? et d'où prend le sénat,
Vous vivant, vous régnant, ce droit sur votre état ?
Vivez, régnez, seigneur, jusqu'à la sépulture,
Et laissez faire après ou Rome ou la nature.

PRUSIAS.

Pour de pareils amis il faut se faire effort.

NICOMÈDE.

Qui partage vos biens aspire à votre mort ;
Et de pareils amis, en bonne politique....

PRUSIAS.

« Ah ! ne me brouillez point avec la république ; *a*
Portez plus de respect à de tels alliés.

NICOMÈDE.

Je ne puis voir sous eux les rois humiliés ;
Et, quel que soit ce fils que Rome vous renvoie,
Seigneur, je lui rendrois son présent avec joie.
S'il est si bien instruit en l'art de commander,
C'est un rare trésor qu'elle devroit garder, 6
Et conserver chez soi sa chère nourriture,
Ou pour le consulat, ou pour la dictature.

FLAMINIUS, à Prusias.

Seigneur, dans ce discours qui nous traite si mal,
Vous voyez un effet des leçons d'Annibal ;
Ce perfide ennemi de la grandeur romaine 7
N'en a mis en son cœur que mépris et que haine.

NICOMÈDE.

Non ; mais il m'a sur-tout laissé ferme en ce point,
D'estimer beaucoup Rome, et ne la craindre point.

---

a Ah ! gardons-nous de rompre avec la république ;

ACTE II, SCÈNE III.

On me croit son disciple, et je le tiens à gloire; [8]
Et quand Flaminius attaque sa mémoire,
Il doit savoir qu'un jour il me fera raison
D'avoir réduit mon maître au secours du poison,
Et n'oublier jamais qu'autrefois ce grand homme
Commença par son père à triompher de Rome.

FLAMINIUS.

Ah! c'est trop m'outrager.

NICOMÈDE.

N'outragez plus les morts.

PRUSIAS.

Et vous, ne cherchez point à former de discords;
Parlez, et nettement, sur ce qu'il me propose.

NICOMÈDE.

Eh bien, s'il est besoin de répondre autre chose,
Attale doit régner, Rome l'a résolu;
Et puisqu'elle a par-tout un pouvoir absolu,
C'est aux rois d'obéir alors qu'elle commande.
Attale a le cœur grand, l'esprit grand, l'âme grande, [9]
Et toutes les grandeurs dont se fait un grand roi.
Mais c'est trop que d'en croire un Romain sur sa foi;
Par quelque grand effet voyons s'il en est digne.
S'il a cette vertu, cette valeur insigne,
Donnez-lui votre armée, et voyons ces grands coups;
« Qu'il en fasse pour lui ce que j'ai fait pour vous; [10] c
Qu'il règne avec éclat sur sa propre conquête,
Et que de sa victoire il couronne sa tête.
Je lui prête mon bras, et veux dès maintenant, [11]
S'il daigne s'en servir, être son lieutenant.

c Qu'il fasse au moins pour lui ce que j'ai fait pour vous;

L'exemple des Romains m'autorise à le faire;
Le fameux Scipion le fut bien de son frère;
Et lorsqu'Antiochus fut par eux détrôné,
Sous les lois du plus jeune on vit marcher l'aîné.
Les bords de l'Hellespont, ceux de la mer Égée,
Le reste de l'Asie à nos côtés rangée, 12
Offrent une matière à son ambition....

FLAMINIUS.

Rome prend tout ce reste en sa protection;
Et vous n'y pouvez plus étendre vos conquêtes
Sans attirer sur vous d'effroyables tempêtes.

NICOMÈDE.

J'ignore sur ce point les volontés du roi :
Mais peut-être qu'un jour je dépendrai de moi;
Et nous verrons alors l'effet de ces menaces.
 Vous pouvez cependant faire munir ces places,
Préparer un obstacle à mes nouveaux desseins,
Disposer de bonne heure un secours de Romains;
Et si Flaminius en est le capitaine, 13
Nous pourrons lui trouver un lac de Trasimène.

PRUSIAS.

Prince, vous abusez trop tôt de ma bonté :
Le rang d'ambassadeur doit être respecté;
Et l'honneur souverain qu'ici je vous défère....

NICOMÈDE.

Ou laissez-moi parler, sire, ou faites-moi taire. 14
Je ne sais point répondre autrement pour un roi
A qui dessus son trône on veut faire la loi.

PRUSIAS.

Vous m'offensez moi-même en parlant de la sorte,
Et vous devez dompter l'ardeur qui vous emporte.

NICOMÈDE.

Quoi! je verrai, seigneur, qu'on borne vos états,
Qu'au milieu de ma course on m'arrête le bras,
Que de vous menacer on a même l'audace,
Et je ne rendrai point menace pour menace!
Et je remercîrai qui me dit hautement
Qu'il ne m'est plus permis de vaincre impunément!

PRUSIAS, à Flaminius.

« Seigneur, vous pardonnez aux chaleurs de son âge: 15
« Le temps et la raison pourront le rendre sage. 16 a

NICOMÈDE.

La raison et le temps m'ouvrent assez les yeux,
Et l'âge ne fera que me les ouvrir mieux.
  Si j'avois jusqu'ici vécu, comme ce frère,
Avec une vertu qui fût imaginaire,
(Car je l'appelle ainsi quand elle est sans effets;
Et l'admiration de tant d'hommes parfaits
Dont il a vu dans Rome éclater le mérite,
N'est pas grande vertu si l'on ne les imite;)
Si j'avois donc vécu dans ce même repos
Qu'il a vécu dans Rome auprès de ses héros,
Elle me laisseroit la Bithynie entière
Telle que de tous temps l'aîné la tient d'un père,
Et s'empresseroit moins à le faire régner,
Si vos armes sous moi n'avoient su rien gagner :

---

a Seigneur, vous pardonnez à l'ardeur de son âge;
   Le temps et la raison changeront ce langage.

Mais parce qu'elle voit avec la Bithynie
Par trois sceptres conquis trop de puissance unie,
Il faut la diviser ; et, dans ce beau projet,
Ce prince est trop bien né pour vivre mon sujet !
« Puisqu'il peut la servir à me faire descendre, [17]
« Il a plus de vertu que n'en eut Alexandre ;
« Et je lui dois quitter, pour le mettre en mon rang, [18]
« Le bien de mes aïeux, ou le prix de mon sang.
Grâces aux immortels, l'effort de mon courage
Et ma grandeur future ont mis Rome en ombrage.
Vous pouvez l'en guérir, seigneur, et promptement ;
Mais n'exigez d'un fils aucun consentement :
Le maître qui prit soin d'instruire ma jeunesse
Ne m'a jamais appris à faire une bassesse.

FLAMINIUS.

A ce que je puis voir, vous avez combattu,
Prince, par intérêt, plutôt que par vertu.
Les plus rares exploits que vous ayez pu faire [19]
« N'ont jeté qu'un dépôt sur la tête d'un père ; *a*
Il n'est que gardien de leur illustre prix ;
Et ce n'est que pour vous que vous avez conquis,
Puisque cette grandeur à son trône attachée
Sur nul autre que vous ne peut être épanchée.
Certes, je vous croyois un peu plus généreux :
Quand les Romains le sont, ils ne font rien pour eux.
Scipion, dont tantôt vous vantiez le courage,
Ne vouloit point régner sur les murs de Carthage ;
Et de tout ce qu'il fit pour l'empire romain,
Il n'en eut que la gloire, et le nom d'Africain.

a N'ont placé qu'un dépôt sur la tête d'un père ;

ACTE II, SCÈNE III.

Mais on ne voit qu'à Rome une vertu si pure ;
Le reste de la terre est d'une autre nature.
　Quant aux raisons d'état qui vous font concevoir
Que nous craignons en vous l'union du pouvoir,
Si vous en consultiez des têtes bien sensées, [20]
Elles vous déferoient de ces belles pensées :
« Par respect pour le roi je ne dis rien de plus.
« Prenez quelque loisir de rêver là-dessus ;
« Laissez moins de fumée à vos feux militaires, [21]
« Et vous pourrez avoir des visions plus claires.

NICOMÈDE.

« Le temps pourra donner quelque décision [22]
« Si la pensée est belle, ou si c'est vision.
« Cependant....

FLAMINIUS.

　　　　Cependant, si vous trouvez des charmes [23]
« A pousser plus avant la gloire de vos armes,
« Nous ne la bornons point; mais comme il est permis,
« Contre qui que ce soit, de servir ses amis,
« Si vous ne le savez, je veux bien vous l'apprendre,
« Et vous en donne avis pour ne vous pas surprendre.
　Au reste, soyez sûr que vous posséderez
Tout ce qu'en votre cœur déjà vous dévorez :
Le Pont sera pour vous avec la Galatie,
Avec la Cappadoce, avec la Bithynie.
Ce bien de vos aïeux, ces prix de votre sang,
Ne mettront point Attale en votre illustre rang ;
Et, puisque leur partage est pour vous un supplice,
Rome n'a pas dessein de vous faire injustice.

Ce prince régnera sans rien prendre sur vous.
(A Prusias.)
La reine d'Arménie a besoin d'un époux,
Seigneur; l'occasion ne peut être plus belle;
Elle vit sous vos lois, et vous disposez d'elle.

NICOMÈDE.

Voilà le vrai secret de faire Attale roi,
Comme vous l'avez dit, sans rien prendre sur moi.
La pièce est délicate, et ceux qui l'ont tissue [24]
A de si longs détours font une digne issue.
« Je n'y réponds qu'un mot, étant sans intérêt. [25] *a*
Traitez cette princesse en reine comme elle est: [26]
Ne touchez point en elle aux droits du diadème,
Ou pour les maintenir je périrai moi-même.
Je vous en donne avis, et que jamais les rois,
Pour vivre en nos états, ne vivent sous nos lois;
Qu'elle seule en ces lieux d'elle-même dispose.

PRUSIAS.

N'avez-vous, Nicomède, à lui dire autre chose? [27]

NICOMÈDE.

Non, seigneur, si ce n'est que la reine, après tout, [28]
Sachant ce que je puis, me pousse trop à bout.

PRUSIAS.

Contre elle dans ma cour que peut votre insolence?

NICOMÈDE.

Rien du tout, que garder ou rompre le silence.

a Je ne réponds qu'un mot à ce nouveau projet.

ACTE II, SCÈNE IV. 43

Une seconde fois avisez, s'il vous plaît,
A traiter Laodice en reine comme elle est;
C'est moi qui vous en prie.

SCÈNE IV.

PRUSIAS, FLAMINIUS, ARASPE.

FLAMINIUS.

« Eh quoi! toujours obstacle! 1

PRUSIAS.

« De la part d'un amant ce n'est pas grand miracle.
« Cet orgueilleux esprit, enflé de ses succès, 2
« Pense bien de son cœur nous empêcher l'accès;
« Mais il faut que chacun suive sa destinée.
« L'amour entre les rois ne fait pas l'hyménée; 3
« Et les raisons d'état, plus fortes que ses nœuds, 4
« Trouvent bien les moyens d'en éteindre les feux.

FLAMINIUS.

« Comme elle a de l'amour, elle aura du caprice. 5

PRUSIAS.

« Non, non; je vous réponds, seigneur, de Laodice :
« Mais enfin elle est reine; et cette qualité
« Semble exiger de nous quelque civilité.
« J'ai sur elle, après tout, une puissance entière :
« Mais j'aime à la cacher sous le nom de prière :
« Rendons-lui donc visite; et comme ambassadeur,
« Proposez cet hymen vous-même à sa grandeur. 6

« Je seconderai Rome, et veux vous introduire. 7
« Puisqu'elle est en nos mains, l'amour ne vous peut nuire.
« Allons de sa réponse à votre compliment 8
« Prendre l'occasion de parler hautement. *a*

FLAMINIUS.

a A nos vœux il s'oppose ;
Vous savez ce qu'il peut, vous voyez ce qu'il ose.
Cet esprit orgueilleux, enflé de ses succès,
Se croit déjà certain de rompre nos projets :
Il aime, il est aimé, j'en ai plus d'un indice.

PRUSIAS.

N'importe ; je réponds, seigneur, de Laodice.
Mais enfin elle est reine, et cette qualité
Semble exiger de nous quelque civilité.
J'ai sur elle, après tout, une puissance entière ;
Mais j'aime à la cacher sous le nom de prière.
Allons donc la trouver ; et comme ambassadeur,
De cet illustre hymen montrez-lui la splendeur.
Je vais vous seconder, et nous pourrons ensuite,
D'après ses sentiments, régler notre conduite.

FIN DU SECOND ACTE.

ACTE TROISIÈME.

SCÈNE I.ère

PRUSIAS, FLAMINIUS, LAODICE.

●

PRUSIAS.

Reine, puisque ce titre a pour vous tant de charmes,[1]
Sa perte vous devroit donner quelques alarmes :
Qui tranche trop du roi ne règne pas long-temps. [2]

LAODICE.

J'observerai, seigneur, ces avis importants ;
« Et, si jamais je règne, on verra la pratique
« D'une si salutaire et noble politique.

PRUSIAS.

« Vous vous mettez fort mal au chemin de régner. [3]

LAODICE.

« Seigneur, si je m'égare, on peut me l'enseigner.

PRUSIAS.

« Vous méprisez trop Rome, et vous devriez faire [4]
« Plus d'estime d'un roi qui vous tient lieu de père. [a]

LAODICE.

Vous verriez qu'à tous deux je rends ce que je dois,
Si vous vouliez mieux voir ce que c'est qu'être roi.

PRUSIAS.

[a] De Rome vous semblez mépriser la colère,
Et trop peu croire un roi qui vous tient lieu de père.

Recevoir ambassade en qualité de reine, 5
Ce seroit à vos yeux faire la souveraine,
Entreprendre sur vous, et dedans votre état
Sur votre autorité commettre un attentat :
Je la refuse donc, seigneur, et me dénie
L'honneur qui ne m'est dû que dans mon Arménie.
C'est là que sur mon trône avec plus de splendeur
Je puis honorer Rome en son ambassadeur,
Faire réponse en reine, et comme le mérite
Et de qui l'on me parle, et qui m'en sollicite.
Ici c'est un métier que je n'entends pas bien : 6
Car hors de l'Arménie enfin je ne suis rien ; 7
Et ce grand nom de reine ailleurs ne m'autorise 8
Qu'à n'y voir point de trône à qui je sois soumise,
A vivre indépendante, et n'avoir en tous lieux
Pour souverains que moi, la raison, et les dieux.

PRUSIAS.

Ces dieux vos souverains, et le roi votre père,
De leur pouvoir sur vous m'ont fait dépositaire ;
Et vous pourrez peut-être apprendre une autre fois
Ce que c'est en tous lieux que la raison des rois.
Pour en faire l'épreuve allons en Arménie.
« Je vais vous y remettre en bonne compagnie. 9 *a*
Partons, et dès demain, puisque vous le voulez.
Préparez-vous à voir vos pays désolés ;
Préparez-vous à voir par toute votre terre 10
Ce qu'ont de plus affreux les fureurs de la guerre,

a C'est là que vous verrez votre fierté punie.

ACTE III, SCÈNE I.

Des montagnes de morts, des rivières de sang.

LAODICE.

Je perdrai mes états, et garderai mon rang;
Et ces vastes malheurs où mon orgueil me jette
Me feront votre esclave, et non votre sujette :
Ma vie est en vos mains, mais non ma dignité.

PRUSIAS.

Nous ferons bien changer ce courage indompté;
Et quand vos yeux, frappés de toutes ces misères,
Verront Attale assis au trône de vos pères,
Alors, peut-être, alors vous le prîrez en vain
Que pour y remonter il vous donne la main.

LAODICE.

Si jamais jusque-là votre guerre m'engage,
Je serai bien changée et d'âme et de courage. [11]
Mais peut-être, seigneur, vous n'irez pas si loin :
Les dieux de ma fortune auront un peu de soin;
Ils vous inspireront ou trouveront un homme
Contre tant de héros que vous prêtera Rome.

PRUSIAS.

Sur un présomptueux vous fondez votre appui;
Mais il court à sa perte, et vous traîne avec lui.
    Pensez-y bien, madame; et faites-vous justice;
Choisissez d'être reine, ou d'être Laodice;
Et, pour dernier avis que vous aurez de moi,
Si vous voulez régner, faites Attale roi.
« Adieu. [12]

SCÈNE II.

FLAMINIUS, LAODICE.

FLAMINIUS.

Madame, enfin une vertu parfaite.... 1 *a*

LAODICE.

Suivez le roi, seigneur, votre ambassade est faite ; 2
Et je vous dis encor, pour ne vous point flatter,
Qu'ici je ne la dois ni la veux écouter.

FLAMINIUS.

Et je vous parle aussi, dans ce péril extrême,
Moins en ambassadeur qu'en homme qui vous aime,
Et qui, touché du sort que vous vous préparez,
Tâche à rompre le cours des maux où vous courez.

J'ose donc, comme ami, vous dire en confidence
Qu'une vertu parfaite a besoin de prudence,
Et doit considérer, pour son propre intérêt,
Et les temps où l'on vit, et les lieux où l'on est.
« La grandeur de courage en une âme royale 3
« N'est sans cette vertu qu'une vertu brutale,
« Que son mérite aveugle, et qu'un faux jour d'honneur
« Jette en un tel divorce avec le vrai bonheur,
« Qu'elle-même se livre à ce qu'elle doit craindre,
« Ne se fait admirer que pour se faire plaindre,
« Que pour nous pouvoir dire, après un grand soupir,
« *J'avois droit de régner, et n'ai su m'en servir!*
Vous irritez un roi dont vous voyez l'armée
Nombreuse, obéissante, à vaincre accoutumée :

---

a Madame, songez-vous qu'une vertu parfaite....

Vous êtes en ses mains, vous vivez dans sa cour.
LAODICE.
« Je ne sais si l'honneur eut jamais un faux jour, 4
« Seigneur; mais je veux bien vous répondre en amie. 5
« Ma prudence n'est pas tout-à-fait endormie;
« Et, sans examiner par quel destin jaloux
« La grandeur de courage est si mal avec vous, 6
« Je veux vous faire voir que celle que j'étale
« N'est pas tant qu'il vous semble une vertu brutale;
« Que si j'ai droit au trône, elle s'en veut servir,
« Et sait bien repousser qui me le veut ravir. *a*
Je vois sur la frontière une puissante armée,
Comme vous l'avez dit, à vaincre accoutumée;
Mais par quelle conduite, et sous quel général?
« Le roi, s'il s'en fait fort, pourroit s'en trouver mal; 7
« Et, s'il vouloit passer de son pays au nôtre, 8
« Je lui conseillerois de s'assurer d'une autre. *b*
Mais je vis dans sa cour, je suis dans ses états,
Et j'ai peu de raison de ne le craindre pas!
Seigneur, dans sa cour même, et hors de l'Arménie,
La vertu trouve appui contre la tyrannie. 9
Tout son peuple a des yeux pour voir quel attentat 10
Font sur le bien public les maximes d'état:
Il connoît Nicomède, il connoît sa marâtre;
Il en sait, il en voit la haine opiniâtre;

LAODICE.
a Seigneur, je répondrai librement à mon tour.

b Le changement au roi pourroit être fatal,
S'il osoit remplacer ce guerrier par un autre,
Et son pays alors craindroit plus que le nôtre.

Il voit la servitude où le roi s'est soumis,
Et connoît d'autant mieux les dangereux amis.

« Pour moi, que vous croyez au bord du précipice,
« Bien loin de mépriser Attale par caprice,
« J'évite les mépris qu'il recevroit de moi
« S'il tenoit de ma main la qualité de roi.
« Je le regarderois comme une âme commune,
« Comme un homme mieux né pour une autre fortune,
« Plus mon sujet qu'époux ; et le nœud conjugal
« Ne le tireroit pas de ce rang inégal.
« Mon peuple à mon exemple en feroit peu d'estime.
« Ce seroit trop, seigneur, pour un cœur magnanime :
« Mon refus lui fait grâce ; et, malgré ses désirs,
« J'épargne à sa vertu d'éternels déplaisirs.

FLAMINIUS.

« Si vous me dites vrai, vous êtes ici reine : [11]
« Sur l'armée et la cour je vous vois souveraine ;
« Le roi n'est qu'une idée, et n'a de son pouvoir [12]
« Que ce que par pitié vous lui laissez avoir.
« Quoi ! même vous allez jusques à faire grâce !
« Après cela, madame, excusez mon audace ;
« Souffrez que Rome enfin vous parle par ma voix.
« Recevoir ambassade est encor de vos droits :
« Ou si ce nom vous choque ailleurs qu'en Arménie,
« Comme simple Romain souffrez que je vous die
« Qu'être allié de Rome, et s'en faire un appui,
« C'est l'unique moyen de régner aujourd'hui ;
« Que c'est par-là qu'on tient ses voisins en contrainte,
« Ses peuples en repos, ses ennemis en crainte ;

ACTE III, SCÈNE II.

« Qu'un prince est dans son trône à jamais affermi,
« Quand il est honoré du nom de son ami ;
« Qu'Attale avec ce titre est plus roi, plus monarque,
« Que tous ceux dont le front ose en porter la marque ;
« Et qu'enfin....

LAODICE.

Il suffit ; je vois bien ce que c'est : 13
« Tous les rois ne sont rois qu'autant comme il vous plaît. 14
« Mais si de leurs états Rome à son gré dispose, *a*
Certes, pour son Attale elle fait peu de chose ;
Et qui tient en sa main tant de quoi lui donner,
A mendier pour lui devroit moins s'obstiner.
Pour un prince si cher sa réserve m'étonne :
Que ne me l'offre-t-elle avec une couronne ?
« C'est trop m'importuner en faveur d'un sujet,
« Moi qui tiendrois un roi pour un indigne objet,
« S'il venoit par votre ordre, et si votre alliance
« Souilloit entre ses mains la suprême puissance.
Ce sont des sentiments que je ne puis trahir :
Je ne veux point de rois qui sachent obéir ;
Et, puisque vous voyez mon âme tout entière,
Seigneur, ne perdez plus menace ni prière.

FLAMINIUS.

Puis-je ne pas vous plaindre en cet aveuglement ?
Madame, encore un coup, pensez-y mûrement :
Songez mieux ce qu'est Rome, et ce qu'elle peut faire ;
Et si vous vous aimez, craignez de lui déplaire.

---

a D'ailleurs, de tant d'états puisque Rome dispose,

NICOMÈDE.

Carthage étant détruite, Antiochus défait,
Rien de nos volontés ne peut troubler l'effet.
Tout fléchit sur la terre, et tout tremble sur l'onde; 15
Et Rome est aujourd'hui la maîtresse du monde.

LAODICE.

La maîtresse du monde! Ah! vous me feriez peur
S'il ne s'en falloit pas l'Arménie et mon cœur,
Si le grand Annibal n'avoit qui lui succède,
S'il ne revivoit pas au prince Nicomède,
Et s'il n'avoit laissé dans de si dignes mains
L'infaillible secret de vaincre les Romains.
Un si vaillant disciple aura bien le courage
D'en mettre jusqu'au bout les leçons en usage:
L'Asie en fait l'épreuve, où trois sceptres conquis 16
Font voir en quelle école il en a tant appris.
Ce sont des coups d'essai, mais si grands, que peut-être 17
Le Capitole a droit d'en craindre un coup de maître,
« Et qu'il ne puisse un jour....

FLAMINIUS.

Ce jour est encor loin,
« Madame; et quelques-uns vous diront, au besoin, 18
« Quels dieux du haut en bas renversent les profanes,
« Et que, même au sortir de Trébie et de Cannes,
« Son ombre épouvanta votre grand Annibal. *a*
Mais le voici ce bras à Rome si fatal.

---

a Ses victoires déjà font revivre Annibal.

SCÈNE III.

NICOMÈDE, LAODICE, FLAMINIUS.

NICOMÈDE.

« Ou Rome à ses agents donne un pouvoir bien large, 1
« Ou vous êtes bien long à faire votre charge. *a*

FLAMINIUS.

Je sais quel est mon ordre; et si j'en sors ou non,
C'est à d'autres qu'à vous que j'en rendrai raison.

NICOMÈDE.

Allez-y donc, de grâce, et laissez à ma flamme 2
Le bonheur à son tour d'entretenir madame :
« Vous avez dans son cœur fait de si grands progrès,
« Et vos discours pour elle ont de si grands attraits,
« Que sans de grands efforts je n'y pourrai détruire
« Ce que votre harangue y vouloit introduire. *b*

FLAMINIUS.

Les malheurs où la plonge une indigne amitié 3
Me faisoient lui donner un conseil par pitié.

NICOMÈDE.

« Lui donner de la sorte un conseil charitable,
« C'est être ambassadeur et tendre et pitoyable. 4 *c*

---

a Ou Rome étend beaucoup les ordres qu'elle donne,
Ou vous allez plus loin qu'elle ne vous ordonne.

b Vous aurez dans son cœur fait de si grands progrès,
Et vos soins à ses yeux auront eu tant d'attraits,
Que sans de grands efforts je ne pourrai détruire
L'effet que vos discours sur elle ont su produire.

c S'empresser de la sorte à conseiller la reine,
C'est par pitié, seigneur, prendre beaucoup de peine.

Vous a-t-il conseillé beaucoup de lâchetés, Madame?

FLAMINIUS.

Ah! c'en est trop, et vous vous emportez.

NICOMÈDE.

Je m'emporte?

FLAMINIUS.

Sachez qu'il n'est point de contrée
Où d'un ambassadeur la dignité sacrée....

NICOMÈDE.

Ne nous vantez plus tant son rang et sa splendeur.
Qui fait le conseiller n'est plus ambassadeur;
Il excède sa charge, et lui-même y renonce.
Mais dites-moi, madame, a-t-il eu sa réponse?

LAODICE.

Oui, seigneur.

NICOMÈDE.

Sachez donc que je ne vous prends plus
Que pour l'agent d'Attale, et pour Flaminius;
Et, si vous me fâchiez, j'ajouterois peut-être
Que pour l'empoisonneur d'Annibal, de mon maître.
Voilà tous les honneurs que vous aurez de moi :
S'ils ne vous satisfont, allez vous plaindre au roi.

FLAMINIUS.

Il me fera justice, et qu'il soit bon père;
Ou Rome, à son refus, se la saura bien faire.

NICOMÈDE.

Allez de l'un et l'autre embrasser les genoux.

FLAMINIUS.

Les effets répondront. Prince, pensez à vous.

SCÈNE IV.

NICOMÈDE, LAODICE.

NICOMÈDE.

Cet avis est plus propre à donner à la reine.
Ma générosité cède enfin à sa haine :
Je l'épargnois assez pour ne découvrir pas
Les infâmes projets de ses assassinats ;
Mais enfin on m'y force, et tout son crime éclate.
J'ai fait entendre au roi Zénon et Métrobate ; [1]
Et, comme leur rapport a de quoi l'étonner,
Lui-même il prend le soin de les examiner.

LAODICE.

Je ne sais pas, seigneur, quelle en sera la suite ;
Mais je ne comprends point toute cette conduite,
Ni comme à cet éclat la reine vous contraint.
Plus elle doit vous craindre, et moins elle vous craint ;
Et plus vous la pouvez accabler d'infamie,
Plus elle vous attaque en mortelle ennemie.

NICOMÈDE.

Elle prévient ma plainte, et cherche adroitement
A la faire passer pour un ressentiment ;
Et ce masque trompeur de fausse hardiesse
Nous déguise sa crainte, et couvre sa foiblesse.

LAODICE.

« Les mystères de cour souvent sont si cachés [2]
« Que les plus clairvoyants y sont bien empêchés.
  « Lorsque vous n'étiez point ici pour me défendre,
« Je n'avois contre Attale aucun combat à rendre ;

« Rome ne songeoit point à troubler notre amour :
« Bien plus, on ne vous souffre ici que ce seul jour ;
« Et, dans ce même jour, Rome, en votre présence,
« Avec chaleur pour lui presse mon alliance.
« Pour moi, je ne vois goutte en ce raisonnement 3 *a*
« Qui n'attend point le temps de votre éloignement ;
« Et j'ai devant les yeux toujours quelque nuage
« Qui m'offusque la vue, et m'y jette un ombrage.
« Le roi chérit sa femme, il craint Rome ; et, pour vous,
« S'il ne voit vos hauts faits d'un œil un peu jaloux,
« Du moins, à dire tout, je ne saurois vous taire
« Qu'il est trop bon mari pour être assez bon père. 4

« Voyez quel contre-temps Attale prend ici ! 5 *b*
Qui l'appelle avec nous ? quel projet ? quel souci ? 6
Je conçois mal, seigneur, ce qu'il faut que j'en pense ;
Mais j'en romprai le coup, s'il y faut ma présence.
Je vous quitte.

SCÈNE V.

NICOMÈDE, ATTALE, LAODICE.

ATTALE.

Madame, un si doux entretien
N'est plus charmant pour vous quand j'y mêle le mien.

LAODICE.

Votre importunité, que j'ose dire extrême,
Me peut entretenir en un autre moi-même :

---

a Pour moi, je comprends mal ce grand empressement

LAODICE.
b Ah Dieu ! quel contre-temps ! Attale vient ici.

Il connoît tout mon cœur, et répondra pour moi,
Comme à Flaminius il a fait pour le roi.

SCÈNE VI.

NICOMÈDE, ATTALE.

ATTALE.

Puisque c'est la chasser, seigneur, je me retire.

NICOMÈDE.

Non, non ; j'ai quelque chose aussi bien à vous dire, 1
Prince. J'avois mis bas, avec le nom d'aîné,
L'avantage du trône où je suis destiné ;
Et voulant seul ici défendre ce que j'aime,
Je vous avois prié de l'attaquer de même, 2
Et de ne mêler point, sur-tout, dans vos desseins
Ni le secours du roi ni celui des Romains :
« Mais, ou vous n'avez pas la mémoire fort bonne, 3
« Ou vous n'y mettez rien de ce qu'on vous ordonne. 4 a

ATTALE.

Seigneur, vous me forcez à m'en souvenir mal,
Quand vous n'achevez pas de rendre tout égal.
Vous vous défaites bien de quelques droits d'aînesse ;
Mais vous défaites-vous du cœur de la princesse, 5
De toutes les vertus qui vous en font aimer,
Des hautes qualités qui savent tout charmer,
De trois sceptres conquis, du gain de six batailles,
Des glorieux assauts de plus de cent murailles ?

---

a Mais, prince, vous avez refusé de m'en croire,
   Ou vous êtes sujet à manquer de mémoire.

Avec de tels seconds rien n'est pour vous douteux :
Rendez donc la princesse égale entre nous deux : 6
Ne lui laissez plus voir ce long amas de gloire
Qu'à pleines mains sur vous a versé la victoire ;
Et faites qu'elle puisse oublier une fois
Et vos rares vertus et vos fameux exploits ;
Ou contre son amour, contre votre vaillance,
Souffrez Rome et le roi dedans l'autre balance :
Le peu qu'ils ont gagné vous fait assez juger
Qu'ils n'y mettront jamais qu'un contre-poids léger.

NICOMÈDE.

C'est n'avoir pas perdu tout votre temps à Rome,
Que vous savoir ainsi défendre en galant homme :
Vous avez de l'esprit, si vous n'avez du cœur. 7

SCÈNE VII. 1

ARSINOÉ, NICOMÈDE, ATTALE, ARASPE.

ARASPE.

Seigneur, le roi vous mande.

NICOMÈDE.

Il me mande ?

ARASPE.

Oui, seigneur.

ARSINOÉ.

Prince, la calomnie est aisée à détruire.

NICOMÈDE.

J'ignore à quel sujet vous m'en venez instruire,
Moi qui ne doute point de cette vérité,
Madame.

ARSINOÉ.

Si jamais vous n'en aviez douté,

ACTE III, SCÈNE VII.

Prince, vous n'auriez pas, sous l'espoir qui vous flatte,
Amené de si loin Zénon et Métrobate.

NICOMÈDE.

Je m'obstinois, madame, à tout dissimuler;
Mais vous m'avez forcé de les faire parler.

ARSINOÉ.

La vérité les force, et mieux que vos largesses.
« Ces hommes du commun tiennent mal leurs promesses; ² *a*
Tous deux en ont plus dit qu'ils n'avoient résolu.

NICOMÈDE.

J'en suis fâché pour vous, mais vous l'avez voulu.

ARSINOÉ.

Je le veux bien encore, et je n'en suis fâchée
Que d'avoir vu par-là votre vertu tachée,
Et qu'il faille ajouter à vos titres d'honneur
La noble qualité de mauvais suborneur.

NICOMÈDE.

Je les ai subornés contre vous, à ce compte? ³

ARSINOÉ.

J'en ai le déplaisir, vous en aurez la honte.

NICOMÈDE.

Et vous pensez par-là leur ôter tout crédit?

ARSINOÉ.

Non, seigneur; je me tiens à ce qu'ils en ont dit.

NICOMÈDE.

Qu'ont-ils dit qui vous plaise, et que vous vouliez croire?

ARSINOÉ.

Deux mots de vérité qui vous comblent de gloire.

---

a De tels hommes souvent tiennent mal leurs promesses;

NICOMÈDE.
Peut-on savoir de vous ces deux mots importants?
ARASPE.
« Seigneur, le roi s'ennuie, et vous tardez long-temps. 4 *a*
ARSINOÉ.
Vous les saurez de lui : c'est trop le faire attendre.
NICOMÈDE.
Je commence, madame, enfin à vous entendre :
Son amour conjugal, chassant le paternel,
Vous fera l'innocente, et moi le criminel.
Mais....
ARSINOÉ.
Achevez, seigneur ; ce mais, que veut-il dire ? 5
NICOMÈDE.
Deux mots de vérité qui font que je respire.
ARSINOÉ.
Peut-on savoir de vous ces deux mots importants?
NICOMÈDE.
Vous les saurez du roi : je tarde trop long-temps.

SCÈNE VIII.[1]

ARSINOÉ, ATTALE.

ARSINOÉ.

Nous triomphons, Attale ; et ce grand Nicomède
Voit quelle digne issue à ses fourbes succède.
Les deux accusateurs que lui-même a produits,
Que pour l'assassiner je dois avoir séduits,

---

a Seigneur, le roi vous mande, et vous tardez long-temps.

ACTE III, SCÈNE VIII.

Pour me calomnier subornés par lui-même,
« N'ont su bien soutenir un si noir stratagème :
« Tous deux m'ont accusée, et tous deux avoué
« L'infâme et lâche tour qu'un prince m'a joué.
« Qu'en présence des rois les vérités sont fortes ! 2
« Que pour sortir d'un cœur elles trouvent de portes ! 3
« Qu'on en voit le mensonge aisément confondu ! *a*
Tous deux vouloient me perdre, et tous deux l'ont perdu.

ATTALE.

Je suis ravi de voir qu'une telle imposture
Ait laissé votre gloire et plus grande et plus pure ;
Mais pour l'examiner, et bien voir ce que c'est, 4
Si vous pouviez vous mettre un peu hors d'intérêt,
Vous ne pourriez jamais, sans un peu de scrupule,
Avoir pour deux méchants une âme si crédule.
Ces perfides tous deux se sont dits aujourd'hui
Et subornés par vous, et subornés par lui :
Contre tant de vertus, contre tant de victoires,
Doit-on quelque croyance à des âmes si noires ?
Qui se confesse traître est indigne de foi.

ARSINOÉ.

Vous êtes généreux, Attale ; et je le voi,
Même de vos rivaux la gloire vous est chère.

ATTALE.

Si je suis son rival, je suis aussi son frère ;
Nous ne sommes qu'un sang, et ce sang dans mon cœur 5
« A peine à le passer pour calomniateur. *b*

---

a N'ont pas su soutenir un si noir stratagème :
  Par ses propres agens il se voit confondu.

b Se soulève à le croire un calomniateur.

ARSINOÉ.

« Et vous en avez moins à me croire assassine, 6*a*
Moi dont la perte est sûre, à moins que sa ruine!

ATTALE.

Si contre lui j'ai peine à croire ces témoins,
Quand ils vous accusoient je les croyois bien moins.
Votre vertu, madame, est au-dessus du crime.
Souffrez donc que pour lui je garde un peu d'estime:
La sienne dans la cour lui fait mille jaloux,
Dont quelqu'un a voulu le perdre auprès de vous;
Et ce lâche attentat n'est qu'un trait de l'envie
Qui s'efforce à noircir une si belle vie.
Pour moi, si par soi-même on peut juger d'autrui,
Ce que je sens en moi je le présume en lui.
Contre un si grand rival j'agis à force ouverte,
Sans blesser son honneur, sans pratiquer sa perte.
J'emprunte du secours, et le fais hautement;
Je crois qu'il n'agit pas moins généreusement,
« Qu'il n'a que les desseins où sa gloire l'invite,
« Et n'oppose à mes vœux que son propre mérite.

ARSINOÉ.

« Vous êtes peu du monde, et savez mal la cour. 7

ATTALE.

« Est-ce autrement qu'en prince on doit traiter l'amour?

ARSINOÉ.
a Vous avez moins de peine à me croire assassine.

ACTE III, SCÈNE VIII.

ARSINOÉ.

« Vous le traitez, mon fils, et parlez en jeune homme. *a*

ATTALE.

Madame, je n'ai vu que des vertus à Rome.

ARSINOÉ.

Le temps vous apprendra, par de nouveaux emplois,
Quelles vertus il faut à la suite des rois.
Cependant, si le prince est encor votre frère,
Souvenez-vous aussi que je suis votre mère;
Et, malgré les soupçons que vous avez conçus,
Venez savoir du roi ce qu'il croit là-dessus.

ARSINOÉ.
a Vous agissez, mon fils, et parlez en jeune homme.

FIN DU TROISIÈME ACTE.

ACTE QUATRIÈME.

SCÈNE I.ère

PRUSIAS, ARSINOÉ, ARASPE.

PRUSIAS.

Faites venir le prince, Araspe.
(Araspe rentre.) Et vous, madame,
Retenez des soupirs dont vous me percez l'âme.
Quel besoin d'accabler mon cœur de vos douleurs,
Quand vous y pouvez tout sans le secours des pleurs?
« Quel besoin que ces pleurs prennent votre défense?
« Douté-je de son crime, ou de votre innocence?
« Et reconnoissez-vous que tout ce qu'il m'a dit
« Par quelque impression ébranle mon esprit?

ARSINOÉ.

Ah seigneur! est-il rien qui répare l'injure
Que fait à l'innocence un moment d'imposture?
Et peut-on voir mensonge assez tôt avorté
Pour rendre à la vertu toute sa pureté?
Il en reste toujours quelque indigne mémoire
Qui porte une souillure à la plus haute gloire.
Combien en votre cour est-il de médisants!
Combien le prince a-t-il d'aveugles partisans,

ACTE IV, SCÈNE II.

Qui, sachant une fois qu'on m'a calomniée,
Croiront que votre amour m'a seul justifiée!
« Et si la moindre tache en demeure en mon nom,
« Si le moindre du peuple en conserve un soupçon,
« Suis-je digne de vous? et de telles alarmes
« Touchent-elles trop peu pour mériter mes larmes?

PRUSIAS.

« Ah! c'est trop de scrupule, et trop mal présumer
« D'un mari qui vous aime, et qui vous doit aimer. *a*
La gloire est plus solide après la calomnie,
Et brille d'autant mieux qu'elle s'en vit ternie.
Mais voici Nicomède, et je veux qu'aujourd'hui....

SCÈNE II.

PRUSIAS, ARSINOÉ, NICOMÈDE, ARASPE, GARDES.

ARSINOÉ.

GRACE, grâce, seigneur, à notre unique appui!
Grâce à tant de lauriers en sa main si fertiles!
Grâce à ce conquérant, à ce preneur de villes! ¹
Grâce....

NICOMÈDE.

De quoi, madame? est-ce d'avoir conquis
Trois sceptres que ma perte expose à votre fils;
D'avoir porté si loin vos armes dans l'Asie,
Que même votre Rome en a pris jalousie;

PRUSIAS.

a Ah! c'est trop de scrupule et trop vous alarmer :
J'instruis, par mon amour, mon peuple à vous aimer.

D'avoir trop soutenu la majesté des rois,
Trop rempli votre cour du bruit de mes exploits,
Trop du grand Annibal pratiqué les maximes?
S'il faut grâce pour moi, choisissez de mes crimes;
Les voilà tous, madame; et si vous y joignez
D'avoir cru des méchants par quelque autre gagnés,
D'avoir une âme ouverte, une franchise entière,
Qui, dans leur artifice, a manqué de lumière,
C'est gloire et non pas crime à qui ne voit le jour
Qu'au milieu d'une armée et loin de votre cour,
Qui n'a que la vertu de son intelligence, ²
Et, vivant sans remords, marche sans défiance.

ARSINOÉ.

Je m'en dédis, seigneur; il n'est point criminel.
S'il m'a voulu noircir d'un opprobre éternel,
Il n'a fait qu'obéir à la haine ordinaire
Qu'imprime à ses pareils le nom de belle-mère.
De cette aversion son cœur préoccupé
M'impute tous les traits dont il se sent frappé.
« Que son maître Annibal, malgré la foi publique, ³
« S'abandonne aux fureurs d'une terreur panique;
« Que ce vieillard confie et gloire et liberté
« Plutôt au désespoir qu'à l'hospitalité;
« Ces terreurs, ces fureurs sont de mon artifice.
« Quelque appât que lui-même il trouve en Laodice, *a*
C'est moi qui fais qu'Attale a des yeux comme lui;
C'est moi qui force Rome à lui servir d'appui;

a Du trépas d'Annibal il me nomme complice.
C'est moi qui veux encor lui ravir Laodice;

De cette seule main part tout ce qui le blesse :
Et, pour venger ce maître et sauver sa maîtresse,
S'il a tâché, seigneur, de m'éloigner de vous,
Tout est trop excusable en un amant jaloux.
Ce foible et vain effort ne touche point mon âme.
Je sais que tout mon crime est d'être votre femme;
Que ce nom seul l'oblige à me persécuter :
Car enfin hors de là que peut-il m'imputer? 4
Ma voix, depuis dix ans qu'il commande une armée,
A-t-elle refusé d'enfler sa renommée?
Et, lorsqu'il l'a fallu puissamment secourir,
Que la moindre longueur l'auroit laissé périr,
Quel autre a mieux pressé les secours nécessaires?
Qui l'a mieux dégagé de ses destins contraires?
A-t-il eu près de vous un plus soigneux agent
Pour hâter les renforts et d'hommes et d'argent?
Vous le savez, seigneur : et pour reconnoissance,
Après l'avoir servi de toute ma puissance,
Je vois qu'il a voulu me perdre auprès de vous!
Mais tout est excusable en un amant jaloux; 5
Je vous l'ai déjà dit.

PRUSIAS.

« Ingrat! que peux-tu dire? «

NICOMÈDE.

Que la reine a pour moi des bontés que j'admire.
Je ne vous dirai point que ces puissants secours
Dont elle a conservé mon honneur et mes jours,
Et qu'avec tant de pompe à vos yeux elle étale,
Travailloient par ma main à la grandeur d'Attale;

a   Eh bien! que peux-tu dire?

68 NICOMÈDE.

Que par mon propre bras elle amassoit pour lui, [6]
Et préparoit dès-lors ce qu'on voit aujourd'hui.
Par quelques sentiments qu'elle ait été poussée,
J'en laisse le ciel juge : il connoît sa pensée ;
Il sait pour mon salut comme elle a fait des vœux ;
Il lui rendra justice, et peut-être à tous deux.
  Cependant, puisqu'enfin l'apparence est si belle,
Elle a parlé pour moi, je dois parler pour elle,
Et pour son intérêt vous faire souvenir
Que vous laissez long-temps deux méchants à punir.
Envoyez Métrobate et Zénon au supplice :
Sa gloire attend de vous ce digne sacrifice :
Tous deux l'ont accusée ; et, s'ils s'en sont dédits
Pour la faire innocente et charger votre fils,
Ils n'ont rien fait pour eux, et leur mort est trop juste
Après s'être joués d'une personne auguste.
L'offense une fois faite à ceux de notre rang [7]
Ne se répare point que par des flots de sang :
On n'en fut jamais quitte ainsi pour s'en dédire.
Il faut sous les tourments que l'imposture expire ;
Ou vous exposeriez tout votre sang royal
A la légèreté d'un esprit déloyal.
L'exemple est dangereux, et hasarde nos vies [8]
S'il met en sûreté de telles calomnies.

ARSINOÉ.

Quoi ! seigneur, les punir de la sincérité
Qui soudain dans leur bouche a mis la vérité,
« Qui vous a contre moi sa fourbe découverte,
« Qui vous rend votre femme et m'arrache à ma perte,

ACTE IV, SCÈNE II.

« Qui vous a retenu d'en prononcer l'arrêt;
« Et couvrir tout cela de mon seul intérêt!
« C'est être trop adroit, prince, et trop bien l'entendre. 9

PRUSIAS.

« Laisse là Métrobate, et songe à te défendre. 10
« Purge-toi d'un forfait si honteux et si bas.

NICOMÈDE.

« M'en purger! moi, seigneur! vous ne le croyez pas: 11 *a*
Vous ne savez que trop qu'un homme de ma sorte, 12
Quand il se rend coupable, un peu plus haut se porte;
Qu'il lui faut un grand crime à tenter son devoir,
Où sa gloire se sauve à l'ombre du pouvoir.
Soulever votre peuple, et jeter votre armée
Dedans les intérêts d'une reine opprimée;
Venir, le bras levé, la tirer de vos mains
Malgré l'amour d'Attale et l'effort des Romains,
Et fondre en vos pays contre leur tyrannie
Avec tous vos soldats et toute l'Arménie;
C'est ce que pourroit faire un homme tel que moi,
S'il pouvoit se résoudre à vous manquer de foi.
La fourbe n'est le jeu que des petites âmes; 13
Et c'est là proprement le partage des femmes.
  Punissez donc, seigneur, Métrobate et Zénon;
Pour la reine, ou pour moi, faites-vous-en raison.

a Qui vous rend votre femme et vient de le confondre.
PRUSIAS.
Laisse là Métrobate, et songe à me répondre.
Défends-toi d'un forfait si honteux et si bas.
NICOMÈDE.
M'en défendre, seigneur! vous ne le pensez pas:

A ce dernier moment la conscience presse; 14
Pour rendre compte aux dieux tout respect humain cesse;
« Et ces esprits légers, approchant des abois, 15 *a*
Pourroient bien se dédire une seconde fois.

ARSINOÉ.

Seigneur....

NICOMÈDE.

Parlez, madame, et dites quelle cause
A leur juste supplice obstinément s'oppose ;
Ou laissez-nous penser qu'aux portes du trépas
Ils auroient des remords qui ne vous plairoient pas.

ARSINOÉ.

Vous voyez à quel point sa haine m'est cruelle ;
Quand je le justifie, il me fait criminelle.
Mais sans doute, seigneur, ma présence l'aigrit,
Et mon éloignement remettra son esprit ;
Il rendra quelque calme à son cœur magnanime,
Et lui pourra sans doute épargner plus d'un crime.
Je ne demande point que, par compassion, 16
« Vous assuriez un sceptre à ma protection, *b*
Ni que, pour garantir la personne d'Attale,
Vous partagiez entre eux la puissance royale :
Si vos amis de Rome en ont pris quelque soin,
C'étoit sans mon aveu ; je n'en ai pas besoin.
« Je n'aime point si mal que de ne vous pas suivre, 17
« Sitôt qu'entre mes bras vous cesserez de vivre ;
« Et sur votre tombeau mes premières douleurs
« Verseront tout ensemble et mon sang et mes pleurs.

a Et ces esprits légers, sous le coup de vos lois,

b Vous accordiez un sceptre à ma protection,

ACTE IV, SCÈNE II.

PRUSIAS.

« Ah madame !

ARSINOÉ.

Oui, seigneur, cette heure infortunée 18
« Par mes derniers soupirs clorra ma destinée ; *a*
Et, puisqu'ainsi jamais il ne sera mon roi,
Qu'ai-je à craindre de lui ? que peut-il contre moi ?
Tout ce que je demande en faveur de ce gage,
De ce fils qui déjà lui donne tant d'ombrage,
C'est que chez les Romains il retourne achever
Des jours que dans leur sein vous fîtes élever ;
Qu'il retourne y traîner, sans péril et sans gloire,
De votre amour pour moi l'impuissante mémoire.
Ce grand prince vous sert, et vous servira mieux
Quand il n'aura plus rien qui lui blesse les yeux.
Et n'appréhendez point Rome, ni sa vengeance ;
Contre tout son pouvoir il a trop de vaillance :
Il sait tous les secrets du fameux Annibal, 19
De ce héros à Rome en tous lieux si fatal,
« Que l'Asie et l'Afrique admirent l'avantage
« Qu'en tire Antiochus et qu'en reçut Carthage. *b*
Je me retire donc, afin qu'en liberté
Les tendresses du sang pressent votre bonté ;
Et je ne veux plus voir ni qu'en votre présence
Un prince que j'estime indignement m'offense,
Ni que je sois forcée à vous mettre en courroux
Contre un fils si vaillant et si digne de vous.

a Si j'étois pour vous perdre assez infortunée,
  Le même instant verroit finir ma destinée ;

b Qui pourtant la laissa, malgré son grand courage,
  Soumettre Antiochus et ruiner Carthage.

SCÈNE III.

PRUSIAS, NICOMÈDE, ARASPE.

PRUSIAS.

« Nicomède, en deux mots, ce désordre me fâche. 1 *a*
Quoi qu'on t'ose imputer, je ne te crois point lâche :
Mais donnons quelque chose à Rome qui se plaint,
« Et tâchons d'assurer la reine qui te craint. 2
« J'ai tendresse pour toi, j'ai passion pour elle ; 3 *b*
Et je ne veux pas voir cette haine éternelle,
Ni que des sentiments que j'aime à voir durer
« Ne règnent dans mon cœur que pour le déchirer. *c*
J'y veux mettre d'accord l'amour et la nature,
Être père et mari dans cette conjoncture....

NICOMÈDE.

Seigneur, voulez-vous bien vous en fier à moi?
Ne soyez l'un ni l'autre.

PRUSIAS.

Et que dois-je être?

NICOMÈDE.

Roi. 4

Reprenez hautement ce noble caractère.
Un véritable roi n'est ni mari ni père ;
Il regarde son trône, et rien de plus. Régnez ;
Rome vous craindra plus que vous ne la craignez.

---

a Mon fils, tout ce débat et me lasse et me fâche.

b Rassurons, s'il se peut, la reine qui te craint.
  Mon cœur se sent touché pour toi comme pour elle ;

c Ne règnent dans ce cœur que pour le déchirer.

ACTE IV, SCÈNE III.

Malgré cette puissance et si vaste et si grande,
Vous pouvez déjà voir comme elle m'appréhende,
Combien en me perdant elle espère gagner,
Parce qu'elle prévoit que je saurai régner.

PRUSIAS.

Je règne donc, ingrat! puisque tu me l'ordonnes.
Choisis, ou Laodice, ou mes quatre couronnes :
Ton roi fait ce partage entre ton frère et toi ;
Je ne suis plus ton père; obéis à ton roi.

NICOMÈDE.

Si vous étiez aussi le roi de Laodice,
Pour l'offrir à mon choix avec quelque justice,
Je vous demanderois le loisir d'y penser :
Mais enfin, pour vous plaire et ne pas l'offenser,
J'obéirai, seigneur, sans répliques frivoles,
A vos intentions, et non à vos paroles.
  A ce frère si cher transportez tous mes droits,
Et laissez Laodice en liberté du choix :
Voilà quel est le mien.

PRUSIAS.

« Quelle bassesse d'âme ! » *a*
Quelle fureur t'aveugle en faveur d'une femme ! 5
« Tu la préfères, lâche! à ces prix glorieux *b*
Que ta valeur unit au bien de tes aïeux !
« Après cette infamie es-tu digne de vivre? » *c*

NICOMÈDE.

Je crois que votre exemple est glorieux à suivre :

---

a   Quelle foiblesse d'âme !

b Peux-tu la préférer à ces prix glorieux

c Pour elle à tant de honte un tel amour te livre !

NICOMEDE.

Ne préférez-vous pas une femme à ce fils
Par qui tous ces états aux vôtres sont unis ?
PRUSIAS.
Me vois-tu renoncer pour elle au diadème ?
NICOMÈDE.
Me voyez-vous pour l'autre y renoncer moi-même ?
Que cédé-je à mon frère en cédant vos états ?
Ai-je droit d'y prétendre avant votre trépas ?
Pardonnez-moi ce mot, il est fâcheux à dire ;
Mais un monarque enfin comme un autre homme expire ;[6]
Et vos peuples alors, ayant besoin d'un roi,
Voudront choisir peut-être entre ce prince et moi.

Seigneur, nous n'avons pas si grande ressemblance,
Qu'il faille de bons yeux pour y voir différence ;
Et ce vieux droit d'aînesse est souvent si puissant,
Que pour remplir un trône il rappelle un absent.
Que si leurs sentiments se règlent sur les vôtres,
Sous le joug de vos lois j'en ai bien rangé d'autres ;
Et, dussent vos Romains en être encor jaloux,
Je ferai bien pour moi ce que j'ai fait pour vous.
PRUSIAS.
J'y donnerai bon ordre.
NICOMÈDE.
Oui, si leur artifice
De votre sang par vous se fait un sacrifice :
Autrement vos états à ce prince livrés
Ne seront en ses mains qu'autant que vous vivrez.
Ce n'est point en secret que je vous le déclare ;
Je le dis à lui-même, afin qu'il s'y prépare :
Le voilà qui m'entend.

ACTE IV, SCÈNE IV.

PRUSIAS.

Va, sans verser mon sang
Je saurai bien, ingrat! l'assurer en ce rang;
Et demain....

SCÈNE IV.

PRUSIAS, NICOMÈDE, ATTALE, FLAMINIUS, ARASPE, GARDES.

FLAMINIUS.

Si pour moi vous êtes en colère,
Seigneur, je n'ai reçu qu'une offense légère :
Le sénat en effet pourra s'en indigner ; 1
Mais j'ai quelques amis qui sauront le gagner.

PRUSIAS.

Je lui ferai raison ; et dès demain Attale
Recevra de ma main la puissance royale :
Je le fais roi de Pont, et mon seul héritier.
Et quant à ce rebelle, à ce courage fier,
Rome entre vous et lui jugera de l'outrage :
Je veux qu'au lieu d'Attale il lui serve d'otage ; 2
Et, pour mieux l'y conduire, il vous sera donné
Sitôt qu'il aura vu son frère couronné.

NICOMÈDE.

Vous m'enverrez à Rome!

PRUSIAS.

On t'y fera justice.
Va, va lui demander ta chère Laodice. 3

NICOMÈDE.

J'irai, j'irai, seigneur, vous le voulez ainsi;
Et j'y serai plus roi que vous n'êtes ici.

FLAMINIUS.

Rome sait vos hauts faits, et déjà vous adore. 4

NICOMÈDE.

Tout beau, Flaminius; je n'y suis pas encore :
La route en est mal sûre, à tout considérer;
Et qui m'y conduira pourroit bien s'égarer.

PRUSIAS.

Qu'on le remène, Araspe; et redoublez sa garde.
(A Attale.)
Toi, rends grâces à Rome; et sans cesse regarde
Que, comme son pouvoir est la source du tien,
En perdant son appui tu ne seras plus rien.
Vous, seigneur, excusez si, me trouvant en peine
De quelques déplaisirs que m'a fait voir la reine,
Je vais l'en consoler, et vous laisse avec lui.
Attale, encore un coup, rends grâce à ton appui.

SCÈNE V.

FLAMINIUS, ATTALE.

ATTALE.

Seigneur, que vous dirai-je après des avantages
Qui sont même trop grands pour les plus grands courages!
Vous n'avez point de borne, et votre affection
Passe votre promesse et mon ambition.
Je l'avoûrai pourtant, le trône de mon père
Ne fait pas le bonheur que plus je considère;

ACTE IV, SCÈNE V.

Ce qui touche mon cœur, ce qui charme mes sens,
C'est Laodice acquise à mes vœux innocents.
La qualité de roi qui me rend digne d'elle....

FLAMINIUS.

Ne rendra pas son cœur à vos vœux moins rebelle.

ATTALE.

Seigneur, l'occasion fait un cœur différent : [1]
D'ailleurs, c'est l'ordre exprès de son père mourant;
Et par son propre aveu la reine d'Arménie
Est due à l'héritier du roi de Bithynie.

FLAMINIUS.

Ce n'est pas loi pour elle; et, reine comme elle est,
« Cet ordre, à bien parler, n'est que ce qu'il lui plaît.[a]
Aimeroit-elle en vous l'éclat d'un diadème
Qu'on vous donne aux dépens d'un grand prince qu'elle aime;
En vous, qui la privez d'un si cher protecteur;
En vous, qui de sa chute êtes l'unique auteur?

ATTALE.

Ce prince hors d'ici, seigneur, que fera-t-elle?
Qui contre Rome et nous soutiendra sa querelle?
Car j'ose me promettre encor votre secours.

FLAMINIUS.

Les choses quelquefois prennent un autre cours :
Pour ne vous point flatter, je n'en veux pas répondre.

ATTALE.

Ce seroit bien, seigneur, de tout point me confondre;
Et je serois moins roi qu'un objet de pitié,
Si le bandeau royal m'ôtoit votre amitié.

[a] Elle peut de cet ordre user comme il lui plait.

Mais je m'alarme trop, et Rome est plus égale.
N'en avez-vous pas l'ordre?

FLAMINIUS.

Oui, pour le prince Attale,
Pour un homme en son sein nourri dès le berceau;
Mais pour le roi de Pont, il faut ordre nouveau.

ATTALE.

Il faut ordre nouveau! Quoi! se pourroit-il faire
Qu'à l'œuvre de ses mains Rome devînt contraire,
Que ma grandeur naissante y fît quelques jaloux?

FLAMINIUS.
Que présumez-vous, prince? et que me dites-vous?

ATTALE.
Vous-même, dites-moi comme il faut que j'explique
Cette inégalité de votre république.

FLAMINIUS.
Je vais vous l'expliquer, et veux bien vous guérir
D'une erreur dangereuse où vous semblez courir.
Rome, qui vous servoit auprès de Laodice
Pour vous donner son trône, eût fait une injustice;
Son amitié pour vous lui faisoit cette loi :
Mais par d'autres moyens elle vous a fait roi;
Et le soin de sa gloire à présent la dispense
De se porter pour vous à cette violence.
Laissez donc cette reine en pleine liberté,
Et tournez vos désirs de quelque autre côté.
Rome de votre hymen prendra soin elle-même.

ATTALE.
Mais s'il arrive enfin que Laodice m'aime?

FLAMINIUS.

Ce seroit mettre encor Rome dans le hasard 2
Que l'on crût artifice ou force de sa part;
Cet hymen jetteroit une ombre sur sa gloire.
Prince, n'y pensez plus, si vous m'en pouvez croire;
Ou, si de mes conseils vous faites peu d'état,
N'y pensez plus du moins sans l'aveu du sénat.

ATTALE.

A voir quelle froideur à tant d'amour succède,
Rome ne m'aime pas; elle hait Nicomède; 3
Et lorsqu'à mes désirs elle a feint d'applaudir,
Elle a voulu le perdre, et non pas m'agrandir.

FLAMINIUS.

Pour ne vous faire pas de réponse trop rude
Sur ce beau coup d'essai de votre ingratitude,
Suivez votre caprice, offensez vos amis;
Vous êtes souverain, et tout vous est permis :
Mais puisqu'enfin ce jour vous doit faire connoître 4
Que Rome vous a fait ce que vous allez être,
Que perdant son appui vous ne serez plus rien,
Que le roi vous l'a dit, souvenez-vous-en bien.

SCÈNE VI.

ATTALE.

Attale, étoit-ce ainsi que régnoient tes ancêtres? 1
Veux-tu le nom de roi pour avoir tant de maîtres?
Ah! ce titre à ce prix déjà m'est importun :
S'il nous en faut avoir, du moins n'en ayons qu'un.

Le ciel nous l'a donné trop grand, trop magnanime,
Pour souffrir qu'aux Romains il serve de victime.
Montrons-leur hautement que nous avons des yeux,
Et d'un si rude joug affranchissons ces lieux.
Puisqu'à leurs intérêts tout ce qu'ils font s'applique,
Que leur vaine amitié cède à leur politique ;
Soyons à notre tour de leur grandeur jaloux,
« Et comme ils font pour eux faisons aussi pour nous. » [a]

[a] Et ce qu'ils font pour eux faisons-le aussi pour nous.

FIN DU QUATRIÈME ACTE.

ACTE CINQUIÈME.

SCÈNE I.ère

ARSINOÉ, ATTALE.

ARSINOÉ.

J'ai prévu ce tumulte, et n'en vois rien à craindre ;
Comme un moment l'allume, un moment peut l'éteindre ;
Et si l'obscurité laisse croître ce bruit,
Le jour dissipera les vapeurs de la nuit.
Je me fâche bien moins qu'un peuple se mutine,
Que de voir que ton cœur dans son amour s'obstine,
Et, d'une indigne ardeur lâchement embrasé,
Ne rend point de mépris à qui t'a méprisé.
Venge-toi d'une ingrate, et quitte une cruelle,
A présent que le sort t'a mis au-dessus d'elle :
Son trône, et non ses yeux, avoit dû te charmer.
« Tu vas régner sans elle ; à quel propos l'aimer ?[a]
« Porte, porte ce cœur à de plus douces chaînes.
« Puisque te voilà roi, l'Asie a d'autres reines,
« Qui, loin de te donner des rigueurs à souffrir,
« T'épargneront bientôt la peine de t'offrir.

ATTALE.

Mais, madame....

---

[a] Songe à régner sans elle, et non pas à l'aimer.

ARSINOÉ.

Eh bien, soit, je veux qu'elle se rende :
Prévois-tu les malheurs qu'ensuite j'appréhende ?
Sitôt que d'Arménie elle t'aura fait roi,
Elle t'engagera dans sa haine pour moi.
Mais, ô dieux ! pourra-t-elle y borner sa vengeance ?
Pourras-tu dans son lit dormir en assurance ? 3
Et refusera-t-elle à son ressentiment
Le fer ou le poison pour venger son amant ?
Qu'est-ce qu'en sa fureur une femme n'essaie ?

ATTALE.

Que de fausses raisons pour me cacher la vraie ! 4
Rome, qui n'aime pas à voir un puissant roi,
L'a craint en Nicomède, et le craindroit en moi.
Je ne dois plus prétendre à l'hymen d'une reine,
Si je ne veux déplaire à notre souveraine ;
Et puisque la fâcher ce seroit me trahir,
Afin qu'elle me souffre, il vaut mieux obéir.
Je sais par quels moyens sa sagesse profonde
S'achemine à grands pas à l'empire du monde :
Aussitôt qu'un état devient un peu trop grand,
Sa chute doit guérir l'ombrage qu'elle en prend. 5
« C'est blesser les Romains que faire une conquête, 6
« Que mettre trop de bras sous une seule tête ;
« Et leur guerre est trop juste après cet attentat 7
« Que fait sur leur grandeur un tel crime d'état.
« Eux qui pour gouverner sont les premiers des hommes,
« Veulent que sous leur ordre on soit ce que nous sommes;
« Veulent sur tous les rois un si haut ascendant,
« Que leur empire seul demeure indépendant.

ACTE V, SCÈNE II.

« Je les connois, madame ; et j'ai vu cet ombrage 8
« Détruire Antiochus, et renverser Carthage.
« De peur de choir comme eux, je veux bien m'abaisser,
« Et cède à des raisons que je ne puis forcer : 9 *a*
D'autant plus justement mon impuissance y cède,
Que je vois qu'en leurs mains on livre Nicomède.
Un si grand ennemi leur répond de ma foi :
C'est un lion tout prêt à déchaîner sur moi.

ARSINOÉ.

C'est de quoi je voulois vous faire confidence.
Mais vous me ravissez d'avoir cette prudence.
« Le temps pourra changer : cependant prenez soin 10
« D'assurer des jaloux dont vous avez besoin. *b*

SCÈNE II.

FLAMINIUS, ARSINOÉ, ATTALE.

ARSINOÉ.

Seigneur, c'est remporter une haute victoire
Que de rendre un amant capable de me croire :

---

a Elle veut des sujets par-tout ou sont des hommes,
Que par-tout sous ses lois on soit ce que nous sommes,
Et prétend sur les rois un si grand ascendant,
Que son empire seul demeure indépendant.
Je connois les Romains, et je sais leurs maximes ;
Carthage, Antiochus, en ont été victimes.
De peur de choir comme eux, je veux bien m'abaisser,
Et me soumettre au sort que je ne puis forcer :

b Le temps pourra changer ; cependant avec soin
Ménagez des amis dont vous avez besoin.

J'ai su le ramener aux termes du devoir,
Et sur lui la raison a repris son pouvoir.

FLAMINIUS.

Madame, voyez donc si vous serez capable
De rendre également ce peuple raisonnable.
Le mal croît; il est temps d'agir de votre part;
Ou, quand vous le voudrez, vous le voudrez trop tard.
Ne vous figurez plus que ce soit le confondre [2]
« Que de le laisser faire, et ne lui point répondre. » [a]
Rome autrefois a vu de ces émotions,
Sans embrasser jamais vos résolutions.
« Quand il falloit calmer toute une populace,
« Le sénat n'épargnoit promesse ni menace,
« Et rappeloit par-là son escadron mutin
« Et du mont Quirinal et du mont Aventin,
« Dont il l'auroit vu faire une horrible descente,
« S'il eût traité long-temps sa fureur d'impuissante,
« Et l'eût abandonnée à sa confusion,
« Comme vous semblez faire en cette occasion.

ARSINOÉ.

Après ce grand exemple en vain on délibère :
Ce qu'a fait le sénat montre ce qu'il faut faire ;
Et le roi.... mais il vient.

---

[a] Que de ne point agir, et ne lui point répondre.

ACTE V, SCÈNE IV. 85

SCÈNE III.

PRUSIAS, ARSINOÉ, FLAMINIUS, ATTALE.

PRUSIAS.

Je ne puis plus douter,
Seigneur, d'où vient le mal que je vois éclater :
Ces mutins ont pour chefs les gens de Laodice. [1]

FLAMINIUS.

J'en avois soupçonné déjà son artifice.

ATTALE.

« Ainsi votre tendresse et vos soins sont payés ! [2] «

FLAMINIUS.

Seigneur, il faut agir ; et, si vous m'en croyez....

SCÈNE IV. [1]

PRUSIAS, ARSINOÉ, FLAMINIUS, ATTALE, CLÉONE.

CLÉONE.

Tout est perdu, madame, à moins d'un prompt remède :
Tout le peuple à grands cris demande Nicomède ;
Il commence lui-même à se faire raison,
Et vient de déchirer Métrobate et Zénon.

ARSINOÉ.

Il n'est donc plus à craindre, il a pris ses victimes :
Sa fureur sur leur sang va consumer ses crimes ;

PRUSIAS.

[a] Ainsi notre tendresse et nos soins sont payés !

Elle s'applaudira de cet illustre effet,
Et croira Nicomède amplement satisfait.

FLAMINIUS.

Si ce désordre étoit sans chefs et sans conduite,
Je voudrois, comme vous, en craindre moins la suite;
Le peuple par leur mort pourroit s'être adouci:
Mais un dessein formé ne tombe pas ainsi; [2]
« Il suit toujours son but jusqu'à ce qu'il l'emporte; [3]
« Le premier sang versé rend sa fureur plus forte;
« Il l'amorce, il l'acharne, il en éteint l'horreur,
« Et ne lui laisse plus ni pitié ni terreur.

SCÈNE V.

PRUSIAS, FLAMINIUS, ARSINOÉ, ATTALE, CLÉONE, ARASPE.

ARASPE.

Seigneur, de tous côtés le peuple vient en foule;
De moment en moment votre garde s'écoule;
Et, suivant les discours qu'ici même j'entends,
Le prince entre mes mains ne sera pas long-temps;
Je n'en puis plus répondre.

PRUSIAS.

    Allons, allons le rendre,
Ce précieux objet d'une amitié si tendre :
Obéissons, madame, à ce peuple sans foi,
Qui, las de m'obéir, en veut faire son roi;

ACTE V, SCÈNE V.

« Et du haut d'un balcon, pour calmer la tempête,
« Sur ses nouveaux sujets faisons voler sa tête. *a*

ATTALE.

Ah seigneur!

PRUSIAS.

C'est ainsi qu'il lui sera rendu :
A qui le cherche ainsi, c'est ainsi qu'il est dû.

ATTALE.

« Ah seigneur! c'est tout perdre, et livrer à sa rage 1
« Tout ce qui de plus près touche votre courage ; *b*
Et j'ose dire ici que votre majesté
Aura peine elle-même à trouver sûreté.

PRUSIAS.

Il faut donc se résoudre à tout ce qu'il m'ordonne,
Lui rendre Nicomède avecque ma couronne :
Je n'ai point d'autre choix ; et, s'il est le plus fort,
Je dois à son idole ou mon sceptre, ou la mort.

FLAMINIUS.

Seigneur, quand ce dessein auroit quelque justice,
Est-ce à vous d'ordonner que ce prince périsse?
Quel pouvoir sur ses jours vous demeure permis?
C'est l'otage de Rome, et non plus votre fils : 2
Je dois m'en souvenir quand son père l'oublie.
C'est attenter sur nous qu'ordonner de sa vie;
J'en dois compte au sénat, et n'y puis consentir.
Ma galère est au port, toute prête à partir;

---

a Et du haut du palais, pour calmer la tempête,
   Sur ses nouveaux sujets faisons jeter sa tête.

b Ah seigneur! c'est tout perdre, et dans un tel orage
   C'est porter à l'excès leur révolte et leur rage ;

Le palais y répond par la porte secrète :
Si vous le voulez perdre, agréez ma retraite ;
Souffrez que mon départ fasse connoître à tous
Que Rome a des conseils plus justes et plus doux ;
Et ne l'exposez pas à ce honteux outrage
De voir à ses yeux même immoler son otage.

ARSINOÉ.

Me croirez-vous, seigneur? et puis-je m'expliquer?

PRUSIAS.

« Ah! rien de votre part ne sauroit me choquer : 3 *a*
Parlez.

ARSINOÉ.

Le ciel m'inspire un dessein dont j'espère
Et satisfaire Rome et ne vous pas déplaire.
S'il est prêt à partir, il peut en ce moment
Enlever avec lui son otage aisément :
Cette porte secrète ici nous favorise.
Mais, pour faciliter d'autant mieux l'entreprise,
Montrez-vous à ce peuple, et, flattant son courroux,
« Amusez-le du moins à débattre avec vous ; 4 *b*
Faites-lui perdre temps, tandis qu'en assurance
La galère s'éloigne avec son espérance.
S'il force le palais, et ne l'y trouve plus,
Vous ferez comme lui le surpris, le confus ; 5
Vous accuserez Rome, et promettrez vengeance
Sur quiconque sera de son intelligence.
« Vous enverrez après sitôt qu'il sera jour,
« Et vous lui donnerez l'espoir d'un prompt retour,

---

a Dites-nous quel secours il nous faut invoquer :

b Entretenez ses chefs, gardez-les près de vous ;

ACTE V, SCÈNE V.

« Où mille empêchements que vous ferez vous-même 6
« Pourront de toutes parts aider au stratagème. 7
« Quelque aveugle transport qu'il témoigne aujourd'hui,*a*
Il n'attentera rien tant qu'il craindra pour lui,
Tant qu'il présumera son effort inutile.
Ici la délivrance en paroît trop facile ;
Et s'il l'obtient, seigneur, il faut fuir vous et moi :
S'il le voit à sa tête, il en fera son roi ;
Vous le jugez vous-même.

PRUSIAS.

Ah ! j'avoûrai, madame, 8
Que le ciel a versé ce conseil dans votre âme.
Seigneur, se peut-il voir rien de mieux concerté ?

FLAMINIUS.

« Il vous assure et vie, et gloire, et liberté ; 9 *b*
Et vous avez d'ailleurs Laodice en otage.
Mais qui perd temps ici perd tout son avantage.

PRUSIAS.

Il n'en faut donc plus perdre : allons-y de ce pas.

ARSINOÉ.

Ne prenez avec vous qu'Araspe et trois soldats ;
Peut-être un plus grand nombre auroit quelque infidèle.
J'irai chez Laodice, et m'assurerai d'elle.

---

a D'après l'amour qu'au prince il témoigne aujourd'hui,

b Il assure vos jours et votre liberté ;

SCÈNE VI.

ARSINOÉ, ATTALE, CLÉONE.

ARSINOÉ.

Attale, où courez-vous?

ATTALE.

Je vais de mon côté [1]
De ce peuple mutin amuser la fierté,
A votre stratagème en ajouter quelque autre.

ARSINOÉ.

Songez que ce n'est qu'un que mon sort et le vôtre,
Que vos seuls intérêts me mettent en danger.

ATTALE.

Je vais périr, madame, ou vous en dégager.

ARSINOÉ.

Allez donc. J'aperçois la reine d'Arménie.

SCÈNE VII.[1]

ARSINOÉ, LAODICE, CLÉONE.

ARSINOÉ.

La cause de nos maux doit-elle être impunie?

LAODICE.

Non, madame; et, pour peu qu'elle ait d'ambition,
Je vous réponds déjà de sa punition.

ARSINOÉ.

Vous qui savez son crime, ordonnez de sa peine.

LAODICE.

Un peu d'abaissement suffit pour une reine :

ACTE V, SCÈNE VII.

« C'est déjà trop de voir son dessein avorté. » *a*

ARSINOÉ.

Dites, pour châtiment de sa témérité,
« Qu'il lui faudroit du front tirer le diadème. » *b*

LAODICE.

Parmi les généreux il n'en va pas de même ;
Ils savent oublier quand ils ont le dessus,
Et ne veulent que voir leurs ennemis confus.

ARSINOÉ.

Ainsi qui peut vous croire aisément se contente.

LAODICE.

Le ciel ne m'a pas fait l'âme plus violente. 3

ARSINOÉ.

Soulever des sujets contre leur souverain,
Leur mettre à tous le fer et la flamme en la main,
Jusque dans le palais pousser leur insolence,
Vous appelez cela fort peu de violence ?

LAODICE.

Nous nous entendons mal, madame ; et, je le voi, 4
Ce que je dis pour vous, vous l'expliquez pour moi.
  Je suis hors de souci pour ce qui me regarde :
Et je viens vous chercher pour vous prendre en ma garde, 5
Pour ne hasarder pas en vous la majesté
Au manque de respect d'un grand peuple irrité.
Faites venir le roi, rappelez votre Attale,
Que je conserve en eux la dignité royale :

---

a C'en est assez de voir son dessein avorté.

b Qu'il faudroit à son front ravir le diadème.

Ce peuple en sa fureur peut les connoître mal.
ARSINOÉ.
Peut-on voir un orgueil à votre orgueil égal !
Vous, par qui seule ici tout ce désordre arrive ;
Vous, qui dans ce palais vous voyez ma captive ;
Vous, qui me répondrez, au prix de votre sang,
De tout ce qu'un tel crime attente sur mon rang,
Vous me parlez encore avec la même audace
Que si j'avois besoin de vous demander grâce !
LAODICE.
Vous obstiner, madame, à me parler ainsi,
C'est ne vouloir pas voir que je commande ici,
Que, quand il me plaira, vous serez ma victime.
Et ne m'imputez point ce grand désordre à crime :
Votre peuple est coupable, et dans tous vos sujets
Ces cris séditieux sont autant de forfaits ;
Mais pour moi, qui suis reine, et qui, dans nos querelles,
Pour triompher de vous, vous ai fait des rebelles,
Par le droit de la guerre il fut toujours permis
D'allumer la révolte entre ses ennemis :
M'enlever mon époux, c'est vous faire la mienne.
ARSINOÉ.
Je la suis donc, madame ; et, quoi qu'il en avienne,
Si ce peuple une fois enfonce le palais,
C'est fait de votre vie, et je vous le promets.
LAODICE.
Vous tiendrez mal parole, ou bientôt sur ma tombe
Tout le sang de vos rois servira d'hécatombe.
Mais avez-vous encor parmi votre maison
Quelque autre Métrobate ou quelque autre Zénon ?

ACTE V, SCÈNE VII.

« N'appréhendez-vous point que tous vos domestiques
« Ne soient déjà gagnés par mes sourdes pratiques ?
« En savez-vous quelqu'un si prêt à se trahir,
« Si las de voir le jour, que de vous obéir ?
Je ne veux point régner sur votre Bithynie :
Ouvrez-moi seulement les chemins d'Arménie ;
Et, pour voir tout d'un coup vos malheurs terminés,
Rendez-moi cet époux qu'en vain vous retenez.

ARSINOÉ.

Sur le chemin de Rome il vous faut l'aller prendre ;
Flaminius l'y mène, et pourra vous le rendre :
« Mais hâtez-vous, de grâce, et faites bien ramer, 6
« Car déjà sa galère a pris le large en mer. *a*

LAODICE.

Ah ! si je le croyois....

ARSINOÉ.

        N'en doutez point, madame.

LAODICE.

Fuyez donc les fureurs qui saisissent mon âme :
Après le coup fatal de cette indignité,
Je n'ai plus ni respect ni générosité.
Mais plutôt demeurez pour me servir d'otage 7
Jusqu'à ce que ma main de ses fers le dégage.
J'irai jusque dans Rome en briser les liens,
Avec tous vos sujets, avecque tous les miens ;
Aussi bien Annibal nommoit une folie
De présumer la vaincre ailleurs qu'en Italie.

---

a Mais sur-tout hâtez-vous, car l'un de nos vaisseaux
  Déjà bien loin du port l'emporte sur les eaux.

Je veux qu'elle me voie au cœur de ses états 8
Soutenir ma fureur d'un million de bras;
« Et sous mon désespoir rangeant sa tyrannie.... *a*

ARSINOÉ.

Vous voulez donc enfin régner en Bithynie?
Et, dans cette fureur qui vous trouble aujourd'hui,
Le roi pourra souffrir que vous régniez pour lui?

LAODICE.

« J'y régnerai, madame, et sans lui faire injure.
« Puisque le roi veut bien n'être roi qu'en peinture, 9 *b*
Que lui doit importer qui donne ici la loi,
Et qui règne pour lui, des Romains ou de moi?
Mais un second otage entre mes mains se jette.

SCÈNE VIII.

ARSINOÉ, LAODICE, ATTALE, CLÉONE.

ARSINOÉ.

ATTALE, avez-vous su comme ils ont fait retraite?

ATTALE.

Ah madame!

ARSINOÉ.

Parlez.

ATTALE.

Tous les dieux irrités 1
Dans les derniers malheurs nous ont précipités.
Le prince est échappé.

---

a Et brisant cette fois sa longue tyrannie....

b Le roi peut sans regret céder le diadème.
  Puisqu'il veut bien enfin ne pas régner lui-même.

ACTE V, SCÈNE VIII.

LAODICE.

Ne craignez plus, madame ;
La générosité déjà rentre en mon âme.

ARSINOÉ.

Attale, prenez-vous plaisir à m'alarmer ?

ATTALE.

Ne vous flattez point tant que de le présumer.
Le malheureux Araspe, avec sa foible escorte, ²
L'avoit déjà conduit à cette fausse porte ;
L'ambassadeur de Rome étoit déjà passé,
Quand dans le sein d'Araspe un poignard enfoncé
Le jette aux pieds du prince. Il s'écrie ; et sa suite,
De peur d'un pareil sort, prend aussitôt la fuite.

ARSINOÉ.

Et qui dans cette porte a pu le poignarder ?

ATTALE.

Dix ou douze soldats qui sembloient la garder ;
Et ce prince....

ARSINOÉ.

Ah mon fils ! qu'il est par-tout de traîtres !
Qu'il est peu de sujets fidèles à leurs maîtres !
Mais de qui savez-vous un désastre si grand ?

ATTALE.

Des compagnons d'Araspe, et d'Araspe mourant.
Mais écoutez encor ce qui me désespère.
J'ai couru me ranger auprès du roi mon père ;
Il n'en étoit plus temps : ce monarque étonné ³
A ses frayeurs déjà s'étoit abandonné,
Avoit pris un esquif pour tâcher de rejoindre
Ce Romain dont l'effroi peut-être n'est pas moindre.

SCÈNE IX.

PRUSIAS, FLAMINIUS, ARSINOÉ, LAODICE, ATTALE, CLÉONE.

PRUSIAS.

Non, non, nous revenons l'un et l'autre en ces lieux [1]
Défendre votre gloire, ou mourir à vos yeux.

ARSINOÉ.

Mourons, mourons, seigneur, et dérobons nos vies [2]
A l'absolu pouvoir des fureurs ennemies;
N'attendons pas leur ordre, et montrons-nous jaloux
De l'honneur qu'ils auroient à disposer de nous.

LAODICE.

Ce désespoir, madame, offense un si grand homme
Plus que vous n'avez fait en l'envoyant à Rome :
Vous devez le connoître ; et, puisqu'il a ma foi,
Vous devez présumer qu'il est digne de moi.
Je le désavoûrois, s'il n'étoit magnanime, [3]
S'il manquoit à remplir l'effort de mon estime,
S'il ne faisoit paroître un cœur toujours égal.
Mais le voici ; voyez si je le connois mal.

SCÈNE X.

PRUSIAS, NICOMÈDE, ARSINOÉ, LAODICE, FLAMINIUS, ATTALE, CLÉONE.

NICOMÈDE.

Tout est calme, seigneur; un moment de ma vue
A soudain apaisé la populace émue.

ACTE V, SCÈNE X.

PRUSIAS.

Quoi! me viens-tu braver jusque dans mon palais,
Rebelle?

NICOMÈDE.

C'est un nom que je n'aurai jamais.
Je ne viens point ici montrer à votre haine
Un captif insolent d'avoir brisé sa chaîne;
Je viens en bon sujet vous rendre le repos,
Que d'autres intérêts troubloient mal-à-propos.
Non que je veuille à Rome imputer quelque crime:
Du grand art de régner elle suit la maxime;
Et son ambassadeur ne fait que son devoir,
Quand il veut entre nous partager le pouvoir.
Mais ne permettez pas qu'elle vous y contraigne;
Rendez-moi votre amour, afin qu'elle vous craigne;
Pardonnez à ce peuple un peu trop de chaleur
Qu'à sa compassion a donné mon malheur;
Pardonnez un forfait qu'il a cru nécessaire,
Et qui ne produira qu'un effet salutaire.

« Faites-lui grâce aussi, madame, et permettez
« Que jusques au tombeau j'adore vos bontés. [a]
Je sais par quel motif vous m'êtes si contraire;
Votre amour maternel veut voir régner mon frère:
Et je contribûrai moi-même à ce dessein,
Si vous pouvez souffrir qu'il soit roi de ma main.
Oui, l'Asie à mon bras offre encor des conquêtes,
Et pour l'en couronner mes mains sont toutes prêtes.

---

[a] Faites-lui grâce aussi, madame, et désormais
Que ce jour, entre nous, rétablisse la paix.

5. 7

Commandez séulement, choisissez en quels lieux ;
Et j'en apporterai la couronne à vos yeux.

ARSINOÉ.

Seigneur, faut-il si loin pousser votre victoire,
Et qu'ayant en vos mains et mes jours et ma gloire,
La haute ambition d'un si puissant vainqueur
Veuille encor triompher jusque dedans mon cœur ?
Contre tant de vertu je ne puis le défendre ;
Il est impatient lui-même de se rendre.
Joignez cette conquête à trois sceptres conquis,
Et je croirai gagner en vous un second fils.

PRUSIAS.

Je me rends donc aussi, madame ; et je veux croire [2]
Qu'avoir un fils si grand est ma plus grande gloire.
Mais, parmi les douceurs qu'enfin nous recevons,
Faites-nous savoir, prince, à qui nous vous devons.

NICOMÈDE.

L'auteur d'un si grand coup m'a caché son visage ;
Mais il m'a demandé mon diamant pour gage, [3]
Et me le doit ici rapporter dès demain.

ATTALE.

Le voulez-vous, seigneur, reprendre de ma main ?

NICOMÈDE.

Ah ! laissez-moi toujours à cette digne marque
Reconnoître en mon sang un vrai sang de monarque.
Ce n'est plus des Romains l'esclave ambitieux,
C'est le libérateur d'un sang si précieux.
Mon frère, avec mes fers vous en brisez bien d'autres,
Ceux du roi, de la reine, et les siens et les vôtres.

ACTE V, SCÈNE X.

Mais pourquoi vous cacher en sauvant tout l'état?

ATTALE.

Pour voir votre vertu dans son plus haut éclat;
« Pour la voir seule agir contre notre injustice,
« Sans la préoccuper par ce foible service,
« Et me venger enfin ou sur vous ou sur moi,
« Si j'eusse mal jugé de tout ce que je voi.
Mais, madame....

ARSINOÉ.

Il suffit, voilà le stratagème
Que vous m'aviez promis pour moi contre moi-même.
(A Nicomède.)
Et j'ai l'esprit, seigneur, d'autant plus satisfait,
Que mon sang rompt le cours du mal que j'avois fait.

NICOMÈDE, à Flaminius.

Seigneur, à découvert toute âme généreuse 4
D'avoir votre amitié doit se tenir heureuse;
Mais nous n'en voulons plus avec ces dures lois
« Qu'elle jette toujours sur la tête des rois : *a*
Nous vous la demandons hors de la servitude;
Ou le nom d'ennemi nous semblera moins rude.

FLAMINIUS, à Nicomède.

C'est de quoi le sénat pourra délibérer :
Mais cependant pour lui j'ose vous assurer,
Prince, qu'à ce défaut vous aurez son estime,
Telle que doit l'attendre un cœur si magnanime;
Et qu'il croira se faire un illustre ennemi,
S'il ne vous reçoit pas pour généreux ami.

a Que Rome fait peser sur la tête des rois :

PRUSIAS.

Nous autres, réunis sous de meilleurs auspices,
Préparons à demain de justes sacrifices;
Et demandons aux dieux, nos dignes souverains,
Pour comble de bonheur, l'amitié des Romains.

FIN DE NICOMÈDE.

EXAMEN DE NICOMÈDE.

Voici une pièce d'une constitution assez extraordinaire : aussi est-ce la vingt et unième que j'ai mise sur le théâtre ; et après y avoir fait réciter quarante mille vers, il est bien malaisé de trouver quelque chose de nouveau, sans s'écarter un peu du grand chemin, et se mettre au hasard de s'égarer. La tendresse et les passions, qui doivent être l'âme des tragédies, n'ont aucune part en celle-ci ; la grandeur de courage y règne seule, et regarde son malheur d'un œil si dédaigneux, qu'il n'en sauroit arracher une plainte. Elle y est combattue par la politique, et n'oppose à ses artifices qu'une prudence généreuse, qui marche à visage découvert, qui prévoit le péril sans s'émouvoir, et qui ne veut point d'autre appui que celui de sa vertu, et de l'amour qu'elle imprime dans les cœurs de tous les peuples.

L'histoire qui m'a prêté de quoi la faire paroître en ce haut degré, est tirée du quatrième livre de Justin. J'ai ôté de ma scène l'horreur de sa catastrophe, où le fils fait assassiner son père qui lui en avoit voulu faire autant, et n'ai donné ni à Prusias, ni à Nicomède, aucun dessein de parricide. J'ai fait ce dernier amoureux de Laodice, reine d'Arménie, afin que l'union d'une couronne, voisine à la sienne, donnât plus d'ombrage aux Romains, et leur fît prendre plus de soin d'y mettre un obstacle de leur part. J'ai approché de cette histoire celle de la mort d'Annibal, qui arriva un peu auparavant chez ce même roi, et dont le nom n'est pas un petit ornement à mon ouvrage. J'en ai fait Nicomède disciple, pour lui prêter plus de valeur et plus de fierté contre les Romains, et prenant l'occasion de l'ambassade où Flaminius fut envoyé par eux vers ce roi leur allié, pour demander qu'on remît entre leurs mains ce vieil ennemi de leur grandeur, je l'ai chargé d'une commission secrète de traverser ce mariage, qui leur devoit donner de la jalousie. J'ai fait que pour gagner l'esprit de la reine, qui, suivant l'ordinaire des secondes femmes, avoit tout pouvoir sur celui de son vieux mari, il lui ramène un de ses fils, que celui de mon auteur m'apprend avoir été nourri à Rome. Cela fait deux effets; car, d'un côté, il obtient la perte d'Annibal par le moyen de cette mère ambitieuse; et, de l'autre, il oppose à Nicomède un rival appuyé de toute la faveur des Romains, jaloux de sa gloire et de sa grandeur naissante.

Les assassins qui découvrirent à ce prince les sanglants desseins de son père, m'ont donné jour à d'autres artifices, pour le faire tomber dans les embûches que sa belle-mère lui avoit préparées; et pour la fin, je l'ai réduite en sorte que tous mes personnages y agissent avec générosité, et que les uns rendant ce qu'ils doivent à la vertu, et les autres demeurant dans la fermeté de leur devoir, laissent un exemple assez illustre, et une conclusion assez agréable.

La représentation n'en a point déplu, et ce ne sont pas les moindres vers qui soient partis de ma main. Mon principal but a été de peindre la politique des Romains au dehors, et comme ils agissoient impérieusement avec les rois leurs alliés, leurs maximes pour les empêcher de s'accroître, et les soins qu'ils prenoient pour traverser leur grandeur quand elle commençoit à leur devenir suspecte à force de s'augmenter et de se rendre considérable par de nouvelles conquêtes. C'est le caractère que j'ai donné à leur république en la personne de son ambassadeur Flaminius, à qui j'oppose un prince intrépide, qui voit sa perte assurée sans s'ébranler, et qui brave l'orgueilleuse masse de leur puissance, lors même qu'il en est accablé. Ce héros de ma façon sort un peu des règles de la tragédie, en ce qu'il ne cherche point à faire pitié par l'excès de ses infortunes; mais le succès a montré que la fermeté des grands cœurs qui n'excite que de l'admiration dans l'âme du spectateur, est quelquefois aussi agréable que la compassion que notre art nous ordonne d'y produire par la représentation de leurs malheurs. Il en fait naître toutefois quelqu'une; mais elle ne va pas jusques à tirer des larmes. Son effet se borne à mettre les auditeurs dans les intérêts de ce prince, et à leur faire former des souhaits pour ses prospérités.

Dans l'admiration qu'on a pour sa vertu, je trouve une manière de purger les passions, dont n'a point parlé Aristote, et qui est peut-être plus sûre que celle qu'il prescrit à la tragédie par le moyen de la pitié et de la crainte. L'amour qu'elle nous donne pour cette vertu que nous admirons, nous imprime de la haine pour le vice contraire. La grandeur de courage de Nicomède nous laisse une aversion contre la pusillanimité, et la généreuse reconnoissance d'Héraclius qui expose sa vie pour Martian, à qui il est redevable de la sienne, nous jette dans l'horreur de l'ingratitude.

Je ne veux point dissimuler que cette pièce est une de celles pour qui j'ai le plus d'amitié. Aussi n'y remarquerai-je que ce défaut de la fin qui va trop vite, comme je l'ai dit ailleurs, et où l'on peut même trouver quelque inégalité de mœurs en Prusias et Flaminius, qui, après avoir pris la fuite sur la mer, s'avisent tout d'un coup de rappeler leur courage, et viennent se ranger auprès de la reine Arsinoé, pour mourir avec elle en la défendant. Flaminius y demeure en assez méchante posture, voyant réunir toute la famille royale, malgré les soins qu'il avoit pris de la diviser, et les instructions qu'il en avoit apportées de Rome. Il s'y voit enlever par Nicomède les affections de cette reine et du prince Attale, qu'il avoit choisis pour instruments à traverser sa grandeur, et semble n'être revenu que pour être témoin du triomphe qu'il remporte sur lui. D'abord j'avois fini la pièce sans les faire revenir, et m'étois contenté de faire témoigner par Nicomède à sa belle-mère, un grand déplaisir de ce que la fuite du roi ne lui permettoit pas de lui rendre ses obéissances.

Cela ne démentoit point l'effet historique, puisqu'il laissoit sa mort en incertitude; mais le goût des spectateurs, que nous avons accoutumés à voir rassembler tous nos personnages à la conclusion de cette sorte de poëmes, fut cause de ce changement, où je me résolus pour leur donner plus de satisfaction, bien qu'avec moins de régularité.

REMARQUES
DE VOLTAIRE
SUR
NICOMÈDE.

REMARQUES SUR NICOMÈDE.

ACTE PREMIER.
SCÈNE I.ère

1 Après tant de hauts faits, il m'est bien doux, seigneur,
De voir encor mes yeux régner sur votre cœur.

On ne voit point ses yeux : cette figure manque un peu de justesse, mais c'est une faute légère. *a*

2 De voir, sous les lauriers qui vous couvrent la tête....

Ce *vous* rend l'expression trop vulgaire : je me suis couvert la tête; vous vous êtes fait mal au pied. Il faut chercher des tours plus nobles. Rarement alors on s'étudiait à perfectionner son style.

3 Un si grand conquérant être encor ma conquête.

Corneille paraît affectionner ces vers d'antithèses :

Ce qu'il doit au vaincu brûlant pour le vainqueur....
Et pour être invaincu on n'est pas invincible....
J'irai sous mes cyprès accabler ses lauriers.

---

a Nous croyons devoir rappeler que notre intention n'est pas de répondre à toutes les remarques du commentateur que nous croirons mal fondées, telles que les premières sur cet acte ; mais seulement de faire des observations sur les plus importantes.

Ces figures ne doivent pas être prodiguées. Racine s'en sert très-rarement; cependant il a imité ce vers dans Andromaque :

Mener en conquérant sa superbe conquête.

Il dit aussi :

Vous me voulez aimer, et je ne puis vous plaire.
Vous m'aimeriez, madame, en me voulant haïr.

Non ego paucis offendar maculis.

4 Et de toute la gloire acquise à ses travaux
Faire un illustre hommage à ce peu que je vaux.

Cette manière de s'exprimer est absolument bannie. On dirait à présent, dans le style familier, *au peu que je vaux*. L'épithète d'*illustre* gâte presque tous les vers où elle entre, parce qu'elle ne sert qu'à remplir les vers, qu'elle est vague, qu'elle n'ajoute rien au sens.

☞ 5 Je vous vois à regret, tant mon cœur amoureux
Trouve la cour pour vous un séjour dangereux.

Il ne sied point à une princesse de dire qu'elle est amoureuse, et sur-tout de commencer une tragédie par ces expressions qui ne conviennent qu'à une bergère naïve. Nous avons observé ailleurs qu'un personnage doit faire connaître ses sentiments sans les exprimer grossièrement : il faut qu'on découvre son ambition sans qu'il ait besoin de dire, je suis ambitieux; sa jalousie, sa colère, ses soupçons, et qu'il ne dise pas, je suis colère, je suis soupçonneux, jaloux, à moins que ce ne soit un aveu qu'il fasse de ses passions. [a]

[a] Cette remarque revient si souvent dans les commentaires de

ACTE I, SCÈNE I.

⁶ La haine que pour vous elle a si naturelle....

L'inversion de ce vers gâte et obscurcit un sens clair, qui est, *la haine naturelle qu'elle a pour vous*. Que Racine dit la même chose bien plus élégamment!

> Des droits de ses enfants une mère jalouse
> Pardonne rarement au fils d'une autre épouse.

⁷ A mon occasion encor se renouvelle.

A mon occasion est de la prose rampante.

⁸ Je le sais, ma princesse, et qu'il vous fait la cour.

Faire la cour, dans cette acception, est banni du style tragique : *ma princesse* est devenu comique, et ne l'était point alors.

⁹ Je sais que les Romains qui l'avoient en otage,
L'ont enfin renvoyé pour un plus digne ouvrage ;
Que ce don à sa mère étoit le prix fatal
Dont leur Flaminius marchandoit Annibal, etc.

Cette expression populaire, *marchandait*, devient ici très-énergique et très-noble, par l'opposition du grand nom d'Annibal qui inspire du respect. On dirait très-bien, même en prose, cet empereur, après avoir *marchandé* la couronne, trafiqua du sang des nations : ☞ mais ce *don dont leur Fla-*

Voltaire, qu'il nous paroît bon de faire observer qu'elle seroit juste, si un personnage se contentoit d'annoncer qu'il est jaloux, ambitieux, sans montrer sa jalousie, son ambition; mais que toutes les fois qu'on déploie fortement un caractère, il n'est pas inconvenant de l'avouer, ne fût-ce que pour témoigner qu'on n'ignore pas être mu par tel ou tel sentiment.

minius n'est ni harmonieux ni français; on ne marchande point d'un don. *a*

> 10 Que le roi par son ordre eût livré ce grand homme,
> S'il n'eût par le poison lui-même évité Rome....

Éviter une ville par le poison est une espèce de barbarisme; il veut dire, *éviter par le poison la honte d'être livré aux Romains, l'opprobre qu'on lui destinait à Rome.*

> 1 Et rompu par sa mort les spectacles pompeux
> Où l'effroi de son nom le destinoit chez eux.

Rompre des spectacles n'est pas français. Par une singularité commune à toutes les langues, on interrompt des spectacles, quoiqu'on ne les rompe pas; on corrompt le goût, on ne le rompt pas. Souvent le composé est en usage, quand le simple n'est pas admis : il y en a mille exemples.

> ☞ 12 Et je ne vois que vous qui le puisse arrêter,
> Pour aider à mon frère à vous persécuter.

Aider à quelqu'un est une expression populaire; *aidez-lui à marcher;* il faut, *pour aider mon frère.*

a La première partie de cette remarque est juste; mais que dire de la seconde? D'abord il est évident que le relatif *dont* est trop près du substantif *don;* mais ne le suivant pas immédiatement, il n'offre pas la consonnance désagréable que lui prête le commentateur, en rapprochant ces deux mots; ensuite *dont* signifiant *par lequel*, est très-français. Qui ne croiroit, en lisant la remarque de Voltaire, qu'elle est d'un critique qui veut faire rire, plutôt que d'un commentateur qui a la prétention d'instruire?

ACTE I, SCÈNE I.

¹³ Annibal, qu'elle vient de lui sacrifier,
L'engage en sa querelle, et m'en fait défier.

A quoi se rapporte cet en? Me fait défier n'est pas français : il veut dire, *me donne des soupçons sur elle, me force à me défier d'elle.*ᵃ

¹⁴ Ma gloire et mon amour peuvent bien peu sur moi,
S'il faut votre présence à soutenir ma foi.

Une présence à soutenir la foi n'est pas français; on dit, *il faut pour soutenir,* et non *à soutenir.*

¹⁵ Attale, qu'en otage ont nourri les Romains,
Ou plutôt qu'en esclave ont façonné leurs mains,
Sans lui rien mettre au cœur qu'une crainte servile
Qui tremble à voir une aigle, et respecte un édile.

La crainte qui tremble paraît une expression faible et négligée, un pléonasme; ce vers est très-beau, *qui tremble à voir une aigle, et respecte un édile.*

¹⁶ Et si Rome une fois contre nous s'intéresse....

On se ligue, on entreprend, on agit, on conspire *contre;* mais on s'intéresse *pour :* on peut dire, *Rome est intéressée dans un traité contre nous; contre* tombe alors sur le traité. Cependant je crois

---

ᵃ *En* me semble se rapporter clairement à Flaminius, que la mort d'Annibal engage dans la querelle de la reine, qui vient de le lui sacrifier. Je pense que *m'en fait défier* est très-français, pour exprimer *est cause que je me défie,* non pas *d'elle,* comme dit le commentateur, mais *de lui;* car il est certain, par le sens de la phrase, que c'est de *Flaminius,* et non de *la reine,* que parle Laodice.

qu'on peut dire en vers, *s'intéresse contre nous;* c'est une espèce d'ellipse.

17 . . . . La reine d'Arménie
Est due à l'héritier du roi de Bithynie,
Et ne prendra jamais un cœur assez abject
Pour se laisser réduire à l'hymen d'un sujet.

Cette expression de *prendre un cœur,* pour signifier *prendre des sentiments,* n'est guère permise que quand on dit, *prenez un cœur nouveau,* ou bien *reprendre cœur, reprendre courage.*

18 Et saura vous garder même fidélité
Qu'elle a gardée aux droits de l'hospitalité.

☞ *Même fidélité qu'elle a gardée* est un solécisme; il faut, *la même fidélité,* ou *cette fidélité.*

19 Seigneur, votre retour, loin de rompre ses coups,
Vous expose vous-même, et m'expose après vous.

On ne rompt pas plus des coups que des spectacles.

20 Comme il est fait sans ordre, il passera pour crime.

Faire un retour est un barbarisme.

21 Si j'ai besoin de vous de peur qu'on me contraigne,
J'ai besoin que le roi, qu'elle-même vous craigne.

Il faudrait, pour que la phrase fût exacte, la négation *ne,* qu'on ne me contraigne. En général voici la règle : quand les Latins emploient le *ne,* nous l'employons aussi, *vereor ne cadat,* je crains qu'il ne tombe; mais quand les Latins se servent d'*ut, utrùm,* nous supprimons ce *ne, dubito utrùm eas,* je doute que vous alliez; *opto ut vivas,* je souhaite que vous viviez. Quand *je doute* est accompagné d'une négation, *je* ne *doute pas*, on la redouble pour exprimer la chose ; *je* ne *doute pas que vous* ne *l'aimiez*. La suppression de *ne* dans le cas où il est d'usage, est une licence qui n'est permise que quand la force de l'expression la fait pardonner. [a]

²² S'ils vous tiennent ici, tout est pour eux sans crainte,

n'est pas français, et n'a de sens en aucune langue : il veut dire, *tout est sûr pour eux ; ils n'ont rien à craindre ; ils sont maîtres de tout ; ils peuvent tout ; tout les rassure.*

²³ Et ne vous flattez point ni sur votre grand cœur,
Ni sur l'éclat d'un nom cent et cent fois vainqueur.

Un nom n'est pas vainqueur, à moins qu'on n'exprime que la terreur seule de ce nom a tout fait ; on dit alors noblement, *son nom seul a vaincu*. Il ne faut jamais se servir de ces mots inutiles, *cent et cent fois*.

²⁴ Quelque haute valeur que puisse être la vôtre....

Ce vers est défectueux. Il est vrai qu'il n'était pas facile ; mais ce sont ces mêmes difficultés qui, lors-

---

[a] Cette règle, tirée du latin pour expliquer du français, peut n'être pas très-claire pour tout le monde. Nous allons tâcher de nous faire mieux entendre. On met *ne* après *que*, précédé de *craindre*, *empêcher*, et autres verbes de significations semblables, et après *de crainte que*, etc. *Je crains que vous* ne *tombiez ; j'empêcherai qu'il* ne *tombe ; de crainte qu'il* ne *tombe*. Lorsque *ne* se trouve avant les verbes *nier*, *douter*, on le répète après *que* : *Je ne doute pas qu'il* ne *vienne ; je ne doute pas que vous* ne *l'ayez dit*. La suppression de *ne* dans tous ces cas est une véritable faute ; rien ne peut la faire pardonner.

qu'elles sont vaincues, rendent la belle poésie si supérieure à la prose.

25 Vous n'avez en ces lieux que deux bras comme un autre.

Voilà de ces vers de la basse comédie qu'on se permettait trop souvent dans le style noble.

26 Deux (assassins) s'y sont découverts, que j'amène avec moi,
Afin de la convaincre et détromper le roi.

Il faut pour l'exactitude, *et de détromper;* mais cette licence est souvent très-excusable en vers : il n'est pas permis de la prendre en prose.

27 Trois sceptres à son trône attachés par mon bras
Parleront au lieu d'elle, et ne se tairont pas.

Toute métaphore, comme on l'a dit, pour être bonne, doit être une image qu'on puisse peindre; mais comment peindre trois sceptres qu'un bras attache à un trône, et qui parlent? D'ailleurs, puisque les sceptres parleront, il est clair qu'ils ne se tairont pas. Ces sortes de pléonasmes sont les plus vicieux; ils retombent quelquefois dans ce qu'on appelle le style niais : *Hélas! s'il n'était pas mort, il serait encore en vie.* [a]

28 Il ne m'a jamais vu; ne me découvrez pas.

Il serait mieux, à mon avis, que Nicomède apportât quelque raison qui fît voir qu'il ne doit pas être reconnu par son frère avant d'avoir parlé au roi. Il semble que Nicomède veuille seulement se procurer ici le plaisir d'embarrasser son frère, et que l'auteur ne songe qu'à ménager une de ces scènes théâtrales.

[a] Voyez les observations générales sur les *Métaphores.*

Celle-ci est plutôt de la haute comédie que de la tragédie; elle est attachante; et, quoiqu'elle ne produise rien dans la pièce, elle fait plaisir. *a*

SCÈNE II.

1 Si ce front est mal propre à m'acquérir le vôtre,
Quand j'en aurai dessein, j'en saurai prendre un autre.

Mal propre, dans toutes ses acceptions, est absolument banni du style noble; et, par la construction, il semble que le front de Laodice soit mal propre à acquérir le front d'Attale. De plus, *prendre un front* est un barbarisme : on dit bien, *il prit un visage sévère, un front serein* ou *triste;* mais en général on ne peut pas dire, *prendre un front*, parce qu'on ne peut pas prendre ce qu'on a. Il faut ajouter une épithète qui marque le sentiment qu'on peint sur son front, sur son visage.

2 Vous ne l'acquerrez point, puisqu'il est tout à vous.

Ces compliments, ces dialogues de conversation, ne doivent pas entrer dans la tragédie.

3 Je n'ai donc pas besoin d'un visage plus doux.

Avoir besoin d'un visage !

4 C'est un bien mal acquis que j'aime mieux vous rendre.

Laodice commence à prendre le ton de l'ironie.

---

a Au moment qu'Attale entre, Nicomède n'a pas le temps d'apporter une raison pour qu'on ne le découvre pas à son frère. Il n'en manque cependant point. Il n'a encore paru ni devant son père, ni devant la reine; de plus, il connoît les prétentions de son frère sur Laodice, et veut l'entendre s'expliquer à son aise, loin de vouloir l'embarrasser, comme le suppose le commentateur.

Corneille l'a prodiguée dans cette pièce d'un bout à l'autre. Il ne faut pas soutenir un ouvrage entier par la même figure. L'ironie par elle-même n'a rien de tragique ; il faudrait au moins qu'elle fût noble : mais *un bien mal acquis* est comique.

5 Pour garder votre cœur je n'ai pas où le mettre.

Après les beaux vers que Laodice a débités dans la scène précédente et va débiter encore, on ne peut sans chagrin lui voir prendre si souvent le ton du bas comique. Ce vers serait à peine souffert dans une farce.

6 La place est occupée,

ressemble trop à *la Signora è impedita* des Italiens. On ne doit jamais employer de ces expressions familières qui rappellent des idées comiques : c'est alors sur-tout qu'on doit chercher des tours nobles.

7 Que celui qui l'occupe a de bonne fortune !

est comique et n'est pas français : on ne dit point, *il a bonne fortune, mauvaise fortune;* et on sait ce qu'on entend par *bonnes fortunes* dans la conversation ; c'est précisément par cette raison que cette expression doit être bannie du théâtre tragique.

8 Et que seroit heureux qui pourroit aujourd'hui
 Disputer cette place, et l'emporter sur lui !

Que serait heureux qui, n'est pas français. *Qu'ils sont heureux ceux qui peuvent aimer!* est un fort joli vers. *Que sont heureux ceux qui peuvent aimer!* est un barbarisme. Remarquez qu'un seul mot

ACTE I, SCENE II. 119

de plus ou de moins suffit pour gâter absolument les plus nobles pensées et les plus belles expressions.

9 Et l'on ignore encor parmi ses ennemis
 L'art de reprendre un fort qu'une fois il a pris. —
 Celui-ci toutefois peut s'attaquer de sorte
 Que, tout vaillant qu'il est, il faudra qu'il en sorte.

Toutes les fois que l'on emploie un pronom dans une phrase, il se rapporte au dernier nom substantif; ainsi, dans cette phrase, *celui-ci* se rapporte au *fort*, et les deux pronoms *il* se rapportent à *celui-ci*. Le sens grammatical est, *quelque vaillant que soit ce fort, il faudra qu'il sorte :* et l'on voit assez combien ce sens est vicieux. Corneille veut dire, *quelque vaillant que soit le conquérant;* mais il ne le dit pas. *a*

10 Vous pourriez vous méprendre. — Et si le roi le veut?

On peut faire ici une réflexion. Attale parle de son amour, et des intérêts de l'état, et des secrets du roi, devant un inconnu : cela n'est pas conforme à la prudence dont Attale est souvent loué dans la pièce. Mais aussi sans ce défaut la scène ne subsisterait pas; et quelquefois on souffre des fautes qui amènent des beautés. *b*

a Nous avons démontré ailleurs la fausseté de cette assertion.

b Des beautés amenées par des fautes perdent de leur prix. Il est donc important de faire remarquer qu'il n'y a point de fautes ici. En effet, Attale ne doit attacher aucune importance à cet inconnu, qu'il est fondé à croire un confident de Laodice.

» . . . . S'il est roi, je suis reine :
Et vers moi tout l'effort de son autorité
N'agit que par prière et par civilité.

Civilité, terme de comédie. Ce sentiment de fierté est beau dans Laodice, mais est-il bien fondé? Elle est reine d'Arménie, mais elle n'est point dans son royaume; elle est à la cour de Prusias, qui, de son aveu, est le dépositaire de *ses jeunes ans*, qui a sur elle les plus grands droits par l'ordre de son père, qui est le maître enfin, et dont les prières sont des ordres. La jeune Laodice peut avec bienséance n'écouter que sa fierté, et se tromper un peu par grandeur d'âme. Elle peut avoir tort dans le fond; mais il est dans son caractère d'avoir ce tort. Enfin *n'agit que par prière* peut signifier, *ne doit agir que par prière*.

12 Seigneur, je crains pour vous qu'un Romain vous écoute.

Voyez la remarque ci-dessus. C'est encore ici une expression de doute, et la négation *ne* est nécessaire; *je crains qu'un Romain ne vous écoute*: mais en poésie on peut se dispenser de cette règle. *a*

13 Et ne savez-vous plus qu'il n'est princes ni rois
Qu'elle daigne égaler à ses moindres bourgeois?

Bourgeois; cette expression est bannie du style noble. Elle y était admise à Rome, et l'est encore dans les républiques: le *droit de bourgeoisie*, le

---

a Voltaire établit ici un principe dangereux. En poésie, dit-il, on peut se dispenser de mettre la négation après une expression de doute. Il a pu commettre lui-même souvent cette faute; mais ce n'est pas une raison pour l'excuser.

ACTE I, SCÈNE II.

titre de bourgeois. Elle a perdu chez nous de sa dignité, peut-être parce que nous ne jouissons pas des droits qu'elle exprime. Un bourgeois, dans une république, est en général un homme capable de parvenir aux emplois ; dans un état monarchique, c'est un homme du commun. Aussi ce mot est-il ironique dans la bouche de Nicomède, et n'ôte rien à la noble fermeté de son discours.

14 Mais je crains qu'elle échappe.

Voyez les notes ci-dessus. Il faudrait *qu'elle n'é-chappe.*

15 Puisqu'ils se sont privés, pour ce nom d'importance,
Des charmantes douceurs d'élever votre enfance.

Une affaire est d'importance, un nom ne l'est pas.

16 Dès l'âge de quatre ans ils vous ont éloigné.

Ce vers est très-adroit : il paraît sans artifice ; et il y a beaucoup d'art à donner ainsi une raison qui empêche évidemment qu'Attale ne reconnaisse son frère.

17 Madame, encore un coup, cet homme est-il à vous ?

Encore un coup; ce terme trop familier a été employé par Racine dans Bérénice :

Madame, encore un coup, qu'en peut-il arriver ?

Ce sont des négligences qui étaient pardonnables. [a]

---

[a] Cette citation est fausse : personne n'adresse ce vers à Bérénice ; c'est elle qui dit à Titus, scène 5 du 4.e acte :

Eh bien, seigneur, eh bien, qu'en peut-il arriver ?

Il est donc à-peu-près certain que Voltaire faisoit ses citations

18 Et pour vous divertir est-il si nécessaire
Que vous ne lui puissiez ordonner de se taire ?

Le mot *divertir*, et même les trois vers que dit Attale, sont absolument du style comique.

19 Et, loin de lui voler son bien en son absence....

Le mot *voler* est bas ; on emploie, dans le style noble, *ravir, enlever, arracher, ôter, priver, dépouiller,* etc. [a]

20 Sachez qu'il n'en est point que le ciel n'ait fait naître
Pour commander aux rois et pour vivre sans maître.

Ces deux vers sont de la tragédie de Cinna, dans le rôle d'Émilie ; mais ils conviennent bien mieux à Émilie romaine qu'à un prince arménien.

de mémoire, et que la sienne le trahissoit quelquefois. On trouve cependant ces mots, *encore un coup*, dans *Bérénice ;* et ce qui feroit croire que Racine ne regardoit pas cette expression comme une négligence, c'est qu'il l'a employée deux fois dans cette tragédie, généralement bien écrite :

Madame, *encore un coup*, vous loûrez mon silence.
ANTIOCHUS, *scène 3 du 3.e acte.*

Non, non, *encore un coup*, ne précipitons rien.
TITUS, *scène 4 du 4.e acte.*

Dans *Bajazet,* Atalide dit à ce prince :

Allez, *encore un coup*, je n'ose m'y trouver.

[a] *Voler son bien en son absence*, n'est sûrement pas plus bas que *voler sa conquête*. Personne ne doit hésiter à employer ces expressions, quand Racine, dans *Iphigénie*, a fait dire à Ulysse :

Et si quelqu'insolent lui *voloit* sa conquête,

et à Achille :

C'est un titre qu'en vain il prétend me *voler*.

Il faut, en général, se garder d'exclure de la poésie une infinité de mots que Voltaire en a bannis.

ACTE I, SCÈNE III.

Au reste, cette scène est très-attachante : toutes les fois que deux personnages se bravent sans se connaître, le succès de la scène est sûr. *a*

SCÈNE III. ¹

Presque toute la fin de la scène seconde et le commencement de celle-ci sont une ironie perpétuelle.

² . . . . Seigneur, vous êtes donc ici ?

C'est une naïveté qui échappe à tout le monde quand on voit quelqu'un qu'on n'attend pas. Cette familiarité et cette petite négligence doivent être bannies de la tragédie. *b*

³ Oui, madame, j'y suis, et Métrobate aussi.

Si Nicomède eût établi dans la première scène que ce Métrobate était un des assassins gagés par Arsinoé, ce vers ferait un grand effet; mais il en fait moins, parce qu'on ne connaît pas encore ce Métrobate. *c*

a Ces deux vers semblent convenir très-bien dans la bouche d'Attale, créature des Romains, élevé chez eux depuis l'âge de quatre ans. Voilà ce que devoit dire le commentateur. Voltaire se trompe, en qualifiant Attale prince arménien ; il est Bithynien, mais n'a jamais connu que Rome.

b Il n'y a pas de négligence dans cette exclamation d'Arsinoé, et rien ne doit engager à bannir de la tragédie ce qui est naturel.

c Ce vers n'est destiné à produire de l'effet que sur la reine de Bithynie, qui connoît trop Métrobate pour apprendre son arrivée avec indifférence.

4 J'avois ici laissé mon maître et ma maîtresse.

Maîtresse; on permettait alors ce terme peu tragique. *Maître* et *maîtresse* semblent faire ici un jeu de mots peu noble. *a*

5 Il ne tiendra qu'au roi qu'aux effets je ne passe.

Souvent en ce temps-là on supprimait le *ne* quand il fallait l'employer, et on s'en servait quand il fallait l'omettre. Le second *ne* est ici un solécisme. *Il tient à vous,* c'est-à-dire il dépend de vous que je passe, que je fasse, que je combatte, etc. *Il ne tient qu'à vous* est la même chose qu'*il tient à vous;* donc le *ne* suivant est un solécisme.

6 Ah seigneur ! excusez si, vous connoissant mal.... —

On connaît mal quand on se trompe au caractère. Laodice dit à Cléopâtre, Je vous connaissais mal; Photin dit, J'ai mal connu César. Mais quand on ignore quel est l'homme à qui l'on parle, alors il faut *je ne connaissais pas.*

7 Prince, faites-moi voir un plus digne rival, etc.

Tout ce discours est noble, ferme, élevé : c'est là de la véritable grandeur; il n'y a ni ironie ni enflure.

8 Et nous verrons ainsi qui fait mieux un brave homme,
Des leçons d'Annibal, ou de celles de Rome.

Dans la règle il faut *qui font;* et *faire mieux un brave homme* n'est pas élégant.

a Le terme *maîtresse* se trouve dans toutes les tragédies, notamment dans *Zaïre,* dans *Adélaïde Duguesclin,* etc., etc.

SCÈNE IV.

¹ Ce prompt retour me perd, et rompt votre entreprise. —
Tu l'entends mal, Attale; il la met dans ma main.

Tu l'entends mal est comique; et *mettre dans la main* n'est pas noble.

² Dedans mon cabinet amène-le sans suite.

Voyez les remarques des autres tragédies sur le mot *dedans*.

SCÈNE V.

¹ Je crains qu'à la vertu par les Romains instruit....
Il ne conçoive mal qu'il n'est fourbe ni crime
Qu'un trône acquis par-là ne rende légitime.

Ces derniers vers sont de la conversation la plus négligée, et ce sentiment est intolérable. On retrouve le même défaut toutes les fois que Corneille fait raisonner un prince, un ministre; tous disent qu'il faut être fourbe et méchant pour régner. On a déjà remarqué que jamais homme d'état ne parle ainsi. Ce défaut vient de ce qu'il est très-difficile de ménager ses expressions et de faire entendre avec art des choses qui révoltent. ☞ C'est une grande imprudence et une grande bassesse dans une reine de dire qu'il faut être fourbe et criminel pour régner. *Un trône acquis par-là* est une expression de comédie.

ᵃ Il est très-différent de dire, *il faut être fourbe ou criminel pour régner*, ou de dire, comme Arsinoé, *un trône rend légitime la fourbe ou le crime qu'on a commis pour l'acquérir*. Il n'est que trop souvent arrivé à Voltaire de dénaturer les expressions qu'il vouloit soumettre à sa critique.

2 Rome l'eût laissé vivre, et sa légalité
N'eût point forcé les lois de l'hospitalité.

Légalité n'a jamais signifié *justice, équité, magnanimité*; il signifie *authenticité d'une loi revêtue des formes ordinaires.*

3 Savante à ses dépens de ce qu'il savoit faire,
Elle le souffroit mal auprès d'un adversaire.

Savante de est un barbarisme : *savante, savait*, répétition fautive.

4 De chez Antiochus elle l'ait fait bannir.

Expression trop basse, *de chez lui, de chez nous.*

5 Car je crois que tu sais que, quand l'aigle romaine....

Tout écrivain doit éviter cet amas de monosyllabes qui se heurtent, *car, que, quand* : mais ce qu'on doit plus éviter, c'est de dire à sa confidente ce qu'elle sait; ce tour n'est pas assez adroit. *a*

6 Vit choir ses légions au bord du Trasimène,
Flaminius son père en étoit général.

Choir, expression absolument vieillie.

7 Ce fils donc, qu'a pressé la soif de sa vengeance....

Cacophonie qu'il faut éviter encore, *donc qu'a. b*

a Cléone, simple confidente de la reine de Bithynie, peut, sans invraisemblance, ignorer que le consul romain Flaminius périt à la bataille de Trasimène ; la reine peut donc lui dire, en parlant des suites de cette affaire, *car je crois que tu sais*. Dès-lors la remarque du commentateur sur ce point est au moins frivole.

b La virgule qui se trouve après *ce fils donc*, et qui exige un repos avant de dire *qu'a pressé*, nous semble empêcher qu'il y ait

8 S'est aisément rendu de mon intelligence,

n'est pas français; on est en intelligence, on se rend du parti de quelqu'un.

9 L'espoir d'en voir l'objet entre ses mains remis
A pratiqué par lui le retour de mon fils.

Il faut un effort pour deviner quel est cet *objet* : c'est, par la phrase, l'objet de leur intelligence; par le sens, c'est Laodice. La première loi est d'être clair; il ne faut jamais y manquer.

10 Par lui j'ai jeté Rome en haute jalousie,

n'est pas français; on inspire de la jalousie, on la fait naître : la jalousie ne peut être haute; elle est grande, elle est violente, soupçonneuse, etc.

11 Il s'en est fait lui-même nommer ambassadeur.

Cet *il* se rapporte au prince Attale, mais il en est trop loin : cela rend la phrase obscure, de même que *borner sa grandeur;* il semble que ce soit la grandeur de l'hymen. Les articles, les pronoms mal placés, jettent toujours de l'embarras dans le style : c'est le plus grand inconvénient de la langue française, qui est d'ailleurs si amie de la clarté.

12 Et voilà le seul point où Rome s'intéresse.

Pourquoi Arsinoé dit-elle tout cela à une confidente inutile? Cléopâtre, dans Rodogune, tombe dans le même défaut. La plupart des confidences

cacophonie; et nous n'aurions pas cité, comme exemple de ce défaut, *ingrat à ton* et *ingrat à tes,* dans un même vers de Voltaire, s'il y eût eu une virgule après le mot *ingrat.*

sont froides et déplacées, à moins qu'elles ne soient nécessaires : il faut qu'un personnage paraisse avoir besoin de parler, et non pas envie de parler.

13 Attale à ce dessein entreprend sa maîtresse.

On entreprend de faire quelque chose, ou bien on entreprend quelque chose; mais on n'entreprend pas quelqu'un : cela ne se pourrait dire à toute force que dans le bas comique, et encore c'est dans un autre sens; cela veut dire *attaquer, demander raison, embarrasser, faire querelle.* Ce vers n'est pas français.

14 . . . . Et j'ai cru pour le mieux
Qu'il falloit de son fort l'attirer en ces lieux.

Pour le mieux, expression de comédie.

15 Métrobate l'a fait, par des terreurs paniques....

L'a fait et *terreurs paniques,* expressions qui n'ont rien de noble.

16 Feignant de lui trahir mes ordres tyranniques,

est un barbarisme; il faut *de lui dévoiler, de lui déceler, de lui apprendre, de trahir mes ordres tyranniques en sa faveur.*

17 Tantôt en le voyant j'ai fait de l'effrayée.

Les comédiens ont corrigé, *j'ai feint d'être effrayée;* mais la chose n'est pas moins petite et moins indigne de la grandeur du tragique.

18 Et si ce diadème une fois est à nous,
Que cette reine après se choisisse un époux.

Cet *une fois* est une explétive trop triviale.

ACTE I, SCÈNE V.

¹⁹ Le roi, que le Romain poussera vivement,
De peur d'offenser Rome, agira chaudement....

Chaudement : cet adverbe est proscrit du style noble.

²⁰ Et ce prince, piqué d'une juste colère,
S'emportera sans doute, et bravera son père.

Piqué d'une juste colère n'est pas français. On est piqué d'un procédé, et animé de colère.

²¹ Et comme à l'échauffer j'appliquerai mes soins....
Mon entreprise est sûre, et sa perte infaillible.

Cette phrase et ce tour qui commencent par *comme,* sont familiers à Corneille : il n'y en a aucun exemple dans Racine. Ce tour est un peu trop prosaïque : il réussit quelquefois ; mais il ne faut pas en faire un trop fréquent usage.

²² Voilà mon cœur ouvert.

Mais pourquoi a-t-elle ouvert son cœur à Cléone? qu'en résulte-t-il? Je sais qu'il est permis d'ouvrir son cœur ; ces confidences sont pardonnées aux passions : une jeune princesse peut avouer à sa confidente des sentiments qui échappent à son cœur ; mais une reine politique ne doit faire part de ses projets qu'à ceux qui les doivent servir. Cette scène est froide et mal écrite.

²³ Mais dans mon cabinet Flaminius m'attend.

Il est clair que Flaminius attend la reine ; qu'elle a les plus grands intérêts du monde de hâter son entretien avec lui. Nicomède est arrivé ; il va trouver le roi ; il n'y a pas un moment à perdre : cependant elle s'arrête pour détailler inutilement à Cléone des projets qui sont d'une nature à n'être confiés qu'à ceux qui doivent les seconder. Cette manière d'instruire le spectateur est sans art et sans intérêt.

24 Vous me connoissez trop pour vous en mettre en peine.

Cela est trop trivial, et ce vers fait trop voir l'inutilité du rôle de Cléone; c'est un très-grand art de savoir intéresser les confidents à l'action. Néarque, dans Polyeucte, montre comment un confident peut être nécessaire.

ACTE DEUXIÈME.

SCÈNE I.ère

1 . . . . La haute vertu du prince Nicomède
Pour ce qu'on peut en craindre est un puissant remède.

UNE *haute vertu, remède pour ce qu'on en peut craindre,* n'est ni correct, ni clair.

2 Un retour si soudain manque un peu de respect.

Un retour qui *manque de respect!*

3 Il n'en veut plus dépendre, et croit que ses conquêtes
Au-dessus de son bras ne laissent point de têtes.

Des têtes au-dessus des bras! il n'était plus permis d'écrire ainsi en 1657 : mais Corneille ne châtia jamais son style; il passe pour valoir mieux par la force des idées que par l'expression : cependant observez que, toutes les fois qu'il est véritablement grand, son expression est noble et juste, et ses vers sont bons. *a*

4 A suivre leur devoir leurs hauts faits se ternissent.

Il semble que les hauts faits suivent un devoir, et qu'ils se ternissent en le suivant : ce n'est pas parler sa langue.

5 Et ces grands cœurs, enflés du bruit de leurs combats....
Font du commandement une douce habitude.

Des cœurs enflés du bruit sont aussi intolérables que *des têtes au-dessus des bras.*

6 Dis tout, Araspe; dis que le nom de sujet
Réduit toute leur gloire en un rang trop abject.

Qu'est-ce que le rang d'une gloire? on ne réduit pas *en*, on réduit *à*. Presque tout le style de cette pièce est vicieux; la raison en est que l'auteur emploie le ton de la conversation familière, dans laquelle on se permet beaucoup d'impropriétés, et souvent des solécismes et des barbarismes. Le style de la conversation peut être admis dans une comédie héroïque, mais il faut que ce soit la conversation des Condé, des la Rochefoucauld, des Retz, des Pascal, des Arnaud.

7 Que, bien que leur naissance au trône les destine,
Si son ordre est trop lent, leur grand cœur s'en mutine.

L'ordre de qui? de la naissance? Cela ne fait point de sens; et *mutine* n'est ni assez fort ni assez relevé.

a La tragédie de Nicomède n'a pas été écrite en 1657, mais en 1652; une différence de cinq ans, à cette époque, est importante, comme on le verra dans la suite de ces observations.

8 Qu'on voit naître de là mille sourdes pratiques,
Dans le gros de son peuple et dans ses domestiques.

Ces expressions n'appartiennent qu'au style familier de la comédie.

9 Si je n'étois bon père, il seroit criminel, etc.

On retrouve un peu Corneille dans cette tirade, quoique la même pensée y soit répétée et retournée en plusieurs façons ; ce qui était un vice commun en ce temps-là. Mais à quoi bon tous ces discours? Que veut Prusias? Rien. Quelle résolution prend-il avec Araspe? Aucune. Cette scène paraît peu nécessaire, ainsi que celle d'Arsinoé et de sa confidente. ☞ En général, toute scène entre un personnage principal et un confident est froide, à moins que ce personnage n'ait un secret important à confier, un grand dessein à faire réussir, une passion furieuse à développer.

☞ 10 Il n'est rien qui ne cède à l'ardeur de régner ;
Et depuis qu'une fois elle nous inquiète,
La nature est aveugle, et la vertu muette.

Inquiète n'est pas le mot propre ; *depuis* est ici un solécisme : le sens est, dès qu'une fois cette passion s'est emparée de nous.

11 . . . Si je lui laisse un jour une couronne,
Ma tête en porte trois que sa valeur me donne.
J'en rougis dans mon âme ; et ma confusion. . . .
Sans cesse offre à mes yeux cette vue importune,
Que qui m'en donne trois peut bien m'en ôter une ;
Qu'il n'a qu'à l'entreprendre, et peut tout ce qu'il veut.
Juge, Araspe, où j'en suis, s'il veut tout ce qu'il peut.

Ces antithèses et ces figures de mots, comme on

ACTE II, SCÈNE I.   133

l'a déjà remarqué, doivent être bien rares. La versification héroïque exige que les vers ne finissent point par des verbes en monosyllabes; l'harmonie en souffre; *il peut, il veut, il fait, il court,* sont des syllabes sèches et rudes : il n'en est pas de même dans les rimes féminines; *il vole, il presse, il prie;* ces mots sont plus soutenus; ils ne valent qu'une syllabe, mais on sent qu'il y en a deux, qui forment une syllabe longue et harmonieuse. Ces petites finesses de l'art sont à peine connues, et n'en sont pas moins importantes.

[12] Et le prends-tu pour homme à voir d'un œil égal
Et l'amour de son frère, et la mort d'Annibal ?...
Il est le dieu du peuple et celui des soldats.
Sûr de ceux-ci, sans doute il vient soulever l'autre,
Fondre avec son pouvoir sur le reste du nôtre.

Expressions vicieuses; on ne peut dire *l'autre* que quand on l'oppose à *l'un* : le *nôtre* ne se peut dire à la place *du mien,* à moins qu'on n'ait déjà parlé au pluriel. Je le répète encore, rien n'est si difficile et si rare que de bien écrire. [a]

<small>[a] Ce principe, on ne peut dire *l'autre* que quand on l'oppose à *l'un*, est-il bien certain ? On pourroit en douter, en lisant les vers suivants, de Racine, dans *Bajazet* :

L'imbécile Ibrahim, sans craindre sa naissance,
Traîne, exempt de périls, une éternelle enfance;
Indigne également de vivre et de mourir,
On l'abandonne aux mains qui daignent le nourrir;
L'autre, trop redoutable, etc.

Nous donnons cette observation comme une nouvelle preuve qu'on doit se méfier des principes établis par Voltaire, lesquels entraveroient fort souvent dans l'art de la poésie, déjà si difficile.</small>

☞ 13 Je veux bien toutefois agir avec adresse,
Joindre beaucoup d'honneur à bien peu de rudesse, etc.

Tout cela est d'un style confus, obscur. *Le reste du nôtre qui n'est pas tout-à-fait impuissant, et bien peu de rudesse,* et *le prix d'un mérite mêlé doucement à un ressentiment!* il n'y a pas là deux mots qui soient faits l'un pour l'autre.

SCÈNE II.

1 Je viens remercier et mon père et mon roi....
D'avoir choisi mon bras pour une telle gloire.

On ne choisit point un bras pour une gloire.

☞ 2 Vous pouviez vous passer de mes embrassements....
Et vous ne deviez pas envelopper d'un crime
Ce que votre victoire ajoute à votre estime.

Il a promis à son confident d'avoir *bien peu de rudesse,* et il commence par dire à Nicomède la chose du monde la plus rude ; il le déclare criminel d'état.

Ajoute à votre estime n'est pas français en ce sens : l'estime où nous sommes n'est pas notre estime : on ne peut dire *votre estime,* comme on dit, *votre gloire, votre vertu.*

3 Abandonner mon camp en est un capital,
Inexcusable en tous, et plus au général.

Au général est un solécisme ; il faut, *dans un général.*

4 .... Un bonheur si grand me coûte un petit crime.

Un petit crime; cette épithète n'est pas du style de la tragédie. Le crime de Nicomède est en effet bien faible. Nicomède parle ici ironiquement à son père, comme il a parlé à son frère; car par *ce désir trop ardent,* il entend le désir qu'il avait de voir sa maîtresse. Il n'a point du tout *d'amour* pour son père : le public n'en est pas fâché; on méprise Prusias; on aime beaucoup la hauteur d'un héros persécuté. *Petit crime, bonheur si grand;* ces contrastes affectés font un mauvais effet. *a*

5 . . . . L'âge ne m'en laisse
  Qu'un vain titre d'honneur qu'on rend à ma vieillesse.

On rend un honneur; on ne rend point un titre d'honneur.

☞ 6 L'intérêt de l'état vous doit seul regarder.

Seul semble dire que Prusias abdique; et il est si loin d'abdiquer, qu'il vient de menacer son fils. C'est trop se contredire. *b*

☞ 7 Prenez-en aujourd'hui la marque la plus haute.

La marque haute!

―――

a C'est à tort que le commentateur avance dans cette remarque que Nicomède parle ironiquement à son père. Corneille ne s'est pas permis une pareille inconvenance. Rien, dans ce que dit le prince, ne justifie l'assertion de Voltaire. Elle se trouve, au contraire, détruite par ces vers : *L'amour que j'ai pour vous,* etc.

b Y a-t-il en effet contradiction? Prusias, comme roi, a dû faire des reproches à son fils d'être revenu en Bithynie sans y avoir été appelé; mais après avoir dit qu'en raison de son âge, il n'a peut-être plus que deux jours à garder le titre de roi, il semble pouvoir ajouter, en parlant à son fils aîné, son présomptif héritier, *L'intérêt de l'état vous doit seul regarder.*

8 Mais gardez-vous aussi d'oublier votre faute ;
Et, comme elle fait brèche au pouvoir souverain,
Pour la bien réparer, retournez dès demain.

Cette expression *faire brèche* n'est plus d'usage : ce n'est pas que l'idée ne soit noble ; mais en français toutes les fois que le mot *faire* n'est pas suivi d'un article, il forme une façon de parler proverbiale trop familière. *Faire* assaut, *faire* force de voiles, *faire* de nécessité vertu, *faire* ferme, *faire* brèche, *faire* halte, etc.; toutes expressions bannies du vers héroïque. *a*

9 Remettez en éclat la puissance absolue.

Comme on ne met rien en éclat, on n'y remet rien ; on donne de l'éclat ; on met en lumière, en évidence, en honneur, en son jour.

10 . . . . N'autorisez pas
De plus méchants que vous à la mettre plus bas.

Cette manière de s'exprimer n'est plus d'usage, et n'a jamais fait un bon effet. Remarquez que *bas* est un adverbe monosyllabe : ne finissez jamais un vers par *bas, à bas, plus bas, haut, plus haut.*

11 Il est temps qu'en son ciel cet astre aille reluire.

Cette métaphore est vicieuse en ce qu'elle suppose que cet astre de Laodice est descendu du ciel en terre.

12 Vous savez qu'il y faut quelque cérémonie.

Prusias veut aussi railler. Cette pièce est trop pleine de railleries et d'ironies. *b*

a Voyez les observations générales, sur le mot *faire*.

b J'avoue que je ne vois aucune intention de railler dans

ACTE II, SCÈNE III.

13 Elle est prête à partir sans plus grand équipage.

Ce dernier hémistiche est absolument du style de la comédie.

14 Je n'ai garde à son rang de faire un tel outrage.
Mais l'ambassadeur entre, il le faut écouter ;
Puis nous verrons quel ordre on y doit apporter.

Ce dernier vers est trop familier. Mais à quoi se rapporte cet ordre ? à l'*ambassadeur*, à l'*outrage*, ou à l'*équipage* ?

SCÈNE III.

1 . . . Vous pouvez juger du soin qu'elle en a pris
Par les hautes vertus et les illustres marques
Qui font briller en lui le sang de vos monarques.

Illustres marques : on a déjà plusieurs fois remarqué ce mot vague qui n'est que pour la rime.

2 Si vous faites état de cette nourriture,
Donnez ordre qu'il règne.

Nourriture est ici pour *éducation*; et dans ce sens il ne se dit plus : c'est peut-être une perte pour notre langue. *Faire état* est aussi aboli.

3 . . . Vous offenseriez l'estime qu'elle en fait.

On ne fait point l'estime; cela n'a jamais été français : on a de l'estime, on conçoit de l'estime, on sent de l'estime ; et c'est précisément parce qu'on la sent qu'on ne la fait pas. Par la même raison on

---

ce que dit Prusias ; et je ne puis qu'inviter les lecteurs des remarques de Voltaire à se tenir en garde, pour n'être pas à chaque instant induits en erreur.

sent de l'amour, de l'amitié; on ne fait ni de l'amour ni de l'amitié.

4 *Je crois que pour régner il en a les mérites.*

Ni ces expressions ni cette construction ne sont françaises : *il en a les mérites pour régner!*

5 *Souffrez qu'il ait l'honneur de répondre pour moi.*

Le roi Prusias, qui n'est déjà pas trop respectable, est peut-être encore plus avili dans cette scène, où Nicomède lui donne, en présence de l'ambassadeur de Rome, des conseils qui ressemblent souvent à des reproches. Il est même assez étonnant que, connaissant la fierté de son fils, et sachant combien ce disciple d'Annibal hait les Romains, il le charge de répondre à l'ambassadeur de Rome, qu'il croit avoir grand intérêt à ménager. Prusias n'a nulle raison de répondre à l'ambassadeur par une autre bouche, et il s'expose visiblement à voir l'ambassadeur outragé par Nicomède.

Il a commencé par dire à son fils, Vous êtes criminel d'état, vous méritez d'être puni de mort; et il finit par lui dire, Répondez pour moi à l'ambassadeur de Rome en ma présence; faites le personnage de roi, tandis que je ferai celui de subalterne. C'est au fond une scène de lazzi : passe encore si cette scène était nécessaire; mais elle ne sert à rien. Prusias joue un rôle avilissant; mais celui de Nicomède est noble et imposant. Ces personnages plaisent toujours à la multitude, et révoltent quelquefois les honnêtes gens.

ACTE II, SCÈNE III.

C'est toujours un problème à résoudre si les caractères bas et faibles peuvent figurer dans une tragédie. Le parterre s'élève contre eux à une première représentation : on aime à faire tomber sur l'auteur le mépris que lui-même inspire pour le personnage ; les critiques se déchaînent : cependant ces personnages sont dans la nature ; Maxime dans Cinna, Félix dans Polyeucte. *a*

6 C'est un rare trésor qu'elle devroit garder,
 Et conserver chez soi sa chère nourriture.

Cela n'est pas français ; et *conserver* ne se lie pas avec *qu'elle devrait*. Nicomède a déjà parlé de bonne nourriture : *si vous faites état de cette nourriture*.

7 Ce perfide ennemi de la grandeur romaine
 N'en a mis en son cœur que mépris et que haine.

Cela n'est pas français ; *n'en mettre que mépris* !

8 On me croit son disciple, et je le tiens à gloire.

Cette manière de s'exprimer a vieilli. *b*

9 Attale a le cœur grand, l'esprit grand, l'âme grande,
 Et toutes les grandeurs dont se fait un grand roi.

Ces deux vers sont du nombre de ceux que les comédiens avaient corrigés : en effet, cette distinction du cœur, de l'esprit et de l'âme, cette énumé-

---

a Nous avons fait observer que Prusias, après avoir adressé des reproches à son fils, étoit fondé à lui dire, en sa qualité de présomptif héritier du trône, *l'intérêt de l'état vous doit seul regarder*. Il n'est donc pas étonnant qu'il charge son fils de répondre à l'ambassadeur romain.

b Cette manière de s'exprimer est approuvée par l'Académie.

ration de parties faite ironiquement, est trop loin de la tragédie ; et cette répétition de *grand* et *grande* est comique.

10 Qu'il en fasse pour lui ce que j'ai fait pour vous.

On ne devine pas d'abord ce que veut dire cet *en*; il est très-inutile, et il se rapporte à *vertu*, qui est deux vers plus haut.

11 Je lui prête mon bras, et veux dès maintenant,
S'il daigne s'en servir, être son lieutenant.
L'exemple des Romains m'autorise à le faire.

On a déjà dit que cette expression ne doit jamais être admise ; elle est vicieuse, parce que *le faire* se rapporte à *être*, et signifie à la lettre *faire son lieutenant*.

12 Le reste de l'Asie à nos côtes rangée, etc.

On dit *ranger les côtes*, mais non *rangée aux côtes*, pour *située* : c'est un barbarisme.

13 Et si Flaminius en est le capitaine,
Nous pourrons lui trouver un lac de Trasimène.

Ce n'est pas le même Flaminius, mais l'insulte n'en est pas moindre.

14 Ou laissez-moi parler, sire, ou faites-moi taire.

Il est clair qu'il n'y a pas de milieu : le sens est, *puisque vous m'avez fait répondre pour vous, laissez-moi parler*.

15 Seigneur, vous pardonnez aux chaleurs de son âge.

Chaleurs de son âge, mauvais terme.

16 Le temps et la raison pourront le rendre sage.

C'est ce qu'on dit à un enfant mal morigéné : ce

n'est pas ainsi qu'on parle à un prince qui a conquis trois royaumes ; et si ce jeune homme n'est pas sage, pourquoi Prusias l'a-t-il chargé de parler pour lui?

☞ 17 Puisqu'il peut la servir à me faire descendre,
    Il a plus de vertu que n'en eut Alexandre.

Ce premier vers est inintelligible. A quoi se rapporte ce *la servir?* Au dernier substantif, à la puissance de Nicomède, que Rome veut diviser. *Me faire descendre;* il faut dire d'où l'on descend : *Et, monté sur le faîte, il aspire à descendre.*

18 Et je lui dois quitter, pour le mettre en mon rang,
   Le bien de mes aïeux, ou le prix de mon sang.

On ne dit point *quitter à,* on dit *quitter pour : Je dois quitter pour lui,* ou *je lui dois céder, laisser, abandonner.*

19 Les plus rares exploits que vous ayez pu faire
   N'ont jeté qu'un dépôt sur la tête d'un père ;
   Vous n'avez fait le roi que garde de leur prix, etc.

Jeter un dépôt sur une tête, être garde d'un prix, une grandeur épanchée; toutes expressions impropres et incorrectes : de plus, ce discours de Flaminius semble un peu sophistique. L'exemple de Scipion, qui ne prit point Carthage pour lui, et qui ne le pouvait pas, ne conclut rien du tout contre un prince qui n'est pas républicain, et qui a des droits sur ses conquêtes.

20 Si vous en consultiez des têtes bien sensées,
   Elles vous déferoient de ces belles pensées....
   Prenez quelque loisir de rêver là-dessus.

Cela est du style de madame Pernelle dans Molière.

21 Laissez moins de fumée à vos feux militaires,
Et vous pourrez avoir des visions plus claires.

Laisser de la fumée est inintelligible : d'ailleurs, la fumée des feux militaires est une figure trop bizarre. Le second vers est du bas comique.

22 Le temps pourra donner quelque décision
Si la pensée est belle, ou si c'est vision.

Même style et même défaut.

23 . . . . Cependant, si vous trouvez des charmes
A pousser plus avant la gloire de vos armes,
Nous ne la bornons point.

Pousser plus avant une gloire!

24 La pièce est délicate.

Le mot de *pièce* ne dit point là ce que l'auteur a prétendu dire ; c'est d'ailleurs une expression populaire lorsqu'elle signifie *intrigue*.

25 Je n'y réponds qu'un mot, étant sans intérêt. . . .

Comment peut-il dire qu'il est sans intérêt, après avoir dit publiquement, au premier acte, que Laodice est sa maîtresse, qu'il n'a quitté l'armée que pour venir prendre sa défense? Voudrait-il cacher son amour à Flaminius, et le tromper? un tel dessein convient-il à la fierté du caractère de Nicomède? Flaminius ne doit-il pas être instruit? [a]

---

[a] Nicomède n'a pas dit *publiquement* au premier acte qu'il n'est venu que pour défendre Laodice ; c'est à elle qu'il l'a dit, et elle étoit seule. Il peut donc, il doit même s'abstenir de parler de son amour, quand il est chargé, par son père, de répondre à un ambassadeur.

ACTE II, SCÈNE IV. 143

☞ 26 Traitez cette princesse en reine comme elle est.

Il faut, *comme elle l'est* pour l'exactitude ; mais *comme elle l'est* serait encore plus mauvais.

27 N'avez-vous, Nicomède, à lui dire autre chose?

Cette interrogation de Prusias, qui n'a rien dit pendant le cours de cette scène, n'a-t-elle pas quelque chose de comique?

28 Non, seigneur, si ce n'est que la reine, après tout,
Sachant ce que je puis, me pousse trop à bout.

Cette expression est encore comique, ou du moins familière ; Racine s'en est servi dans Bajazet :

Poussons à bout l'ingrat.

Mais le mot *ingrat*, qui finit la phrase, la relève. Ce sont de petites nuances qui distinguent souvent le bon du mauvais. *a*

SCÈNE IV.

1 . . . . Eh quoi! toujours obstacle! —
De la part d'un amant ce n'est pas grand miracle.

Toujours obstacle n'est pas français ; et *grand miracle* n'est pas noble ; il est du bas comique.

2 Cet orgueilleux esprit, enflé de ses succès,
Pense bien de son cœur nous empêcher l'accès.

On ne dit point *empêcher à*, cela n'est pas fran-

---

a Non-seulement Racine a dit *pousser à bout*, mais on lit dans la même tragédie de *Bajazet* :

Pour garder *jusqu'au bout* un silence perfide.
Voudras-tu *jusqu'au bout* seconder mes fureurs?
Défendre *jusqu'au bout* leurs jours qu'ils m'ont commis

Ces expressions *jusqu'au bout*, sont sans doute plus familières que *pousser à bout*.

çais. *Il nous empêche l'accès de cette maison:* nous est là au datif; c'est un solécisme; il faut dire, *on nous défend l'accès de cette maison, on nous interdit l'accès, on nous défend, on nous empêche d'entrer.*

3 L'amour entre les rois ne fait pas l'hyménée....

Ce tour est impropre; il semble que des rois se marient l'un à l'autre. Ce n'est pas assez qu'on vous entende, il faut qu'on ne puisse pas vous entendre autrement.

☞ 4 Et les raisons d'état, plus fortes que ses nœuds,
Trouvent bien les moyens d'en éteindre les feux.

Des raisons d'état plus fortes que des nœuds, qui trouvent le moyen d'éteindre les feux de ces nœuds. Il faut renoncer à écrire quand on écrit de ce style. *a*

5 Comme elle a de l'amour, elle aura du caprice.

Et ce vers, et l'idée qu'il présente, appartiennent absolument à la comédie. Ce *comme* revient presque toujours. C'est un style trop incorrect, trop négligé, trop lâche, et qu'il ne faut jamais se permettre.

6 Proposez cet hymen vous-même à sa grandeur.

Il semble qu'il appelle ici la reine Laodice *sa grandeur*, comme on dit *sa majesté, son altesse.*

7 Je seconderai Rome, et veux vous introduire.
Puisqu'elle est en nos mains, l'amour ne nous peut nuire.

Le pronom *elle* se rapporte à Rome, qui est le

---

a Il faut avouer pourtant qu'on ne doit pas être fâché que Corneille ait écrit.

dernier nom. La construction dit, *puisque Rome est en nos mains;* et l'auteur veut dire, *puisque Laodice est en nos mains.*

³ Allons de sa réponse à votre compliment
Prendre l'occasion de parler hautement.

Ces deux vers sont trop mal construits; le mot de *compliment* ne se peut recevoir dans la tragédie, s'il n'est ennobli par une épithète : pour le mot de *civilité,* il ne doit jamais entrer dans le style héroïque. Mais ce qui ne peut jamais être ennobli, c'est le rôle de Prusias.

ACTE TROISIÈME.

SCÈNE I.ère

¹ Reine, puisque ce titre a pour vous tant de charmes,
Sa perte vous devroit donner quelques alarmes.

L'auteur n'exprime pas sa pensée; il veut dire, *vous devriez craindre de le perdre* : mais *sa perte* signifie qu'elle l'a déjà perdu; or une perte donne des regrets, et non des alarmes.

² Qui tranche trop du roi ne règne pas long-temps.

Cette manière de s'exprimer n'appartient plus qu'au comique; d'ailleurs un roi qui sait gouverner peut *trancher du roi,* et régner long-temps.

³ Vous vous mettez fort mal au chemin de régner.

Chemin de régner ne peut se dire. Toutes ces façons de parler sont trop basses.

4   Vous méprisez trop Rome, et vous devriez faire
    Plus d'estime d'un roi qui vous tient lieu de père.

Vous devriez faire à la fin d'un vers, et *plus d'estime* au commencement de l'autre, est ce qu'on appelle un enjambement vicieux. Cela n'est pas permis dans la poésie héroïque. Nous avons jusqu'ici négligé de remarquer cette faute : le lecteur la remarquera aisément par-tout où elle se trouve. Nous avons déjà observé que *faire estime, faire plus d'estime,* n'est pas français. a

5   Recevoir ambassade en qualité de reine,
    Ce seroit à vos yeux faire la souveraine, etc.

Ces petites discussions, ces subtilités politiques, sont toujours très-froides : d'ailleurs elle peut fort bien négocier avec Flaminius chez Prusias, qui lui sert de tuteur ; et en effet elle lui parle en particulier le moment d'après.

6   Ici c'est un métier que je n'entends pas bien....

Le mot *métier* ne peut être admis qu'avec une expression qui le fortifie, comme le *métier des armes.* Il est heureusement employé par Racine dans le sens le plus bas : Athalie dit à Joas :

Laissez là cet habit, quittez ce vil métier.

On ne peut exprimer plus fortement le mépris de cette reine pour le sacerdoce des Juifs.

---

a Le commentateur auroit encore pu différer sa remarque jusqu'à ce qu'il se fût présenté un véritable enjambement. Il n'y en a point ici. Il n'y a enjambement que lorsqu'un membre de période, commencé dans un vers, finit dans le vers suivant, avant la fin de celui-ci.

7 Car hors de l'Arménie enfin je ne suis rien.

Si elle *n'est rien* hors de l'Arménie, pourquoi dit-elle tant de fois qu'elle conserve toujours le titre et la dignité de reine, qu'on ne peut lui ravir? Être reine et en tenir le rang, c'est être quelque chose. Corneille n'aurait-il pas mis, *hors de l'Arménie je ne puis rien?* alors cette phrase et celles qui la suivent deviennent claires : Je ne puis rien ici, mais je n'y conserve pas moins le titre de reine, et en cette qualité je ne connais de véritables souverains que les dieux.

8 Et ce grand nom de reine ailleurs ne m'autorise....
    Qu'à vivre indépendante, et n'avoir en tous lieux
    Pour souverains que moi, la raison, et les dieux.

En tous lieux ne peut signifier que l'Arménie, car elle dit qu'elle n'est rien hors de l'Arménie. Il y a du moins là une apparence de contradiction; et *en tous lieux* est une cheville qu'il faut éviter autant qu'on le peut.

9 Je vais vous y remettre en bonne compagnie,

c'est-à-dire accompagnée d'une armée : mais cette expression, pour vouloir être ironique, ne devient-elle pas comique?

10 Préparez-vous à voir par toute votre terre
    Ce qu'ont de plus affreux les fureurs de la guerre,
    Des montagnes de morts, des rivières de sang.

Cette scène est une suite de la conversation dans laquelle on a proposé à Laodice la main d'Attale; sans cela ce long détail de menaces paraîtrait déplacé. Le spectateur ne voit pas comment la princesse peut les mériter : elle vient, par déférence pour le roi, de refuser la visite d'un ambassadeur ; il semble que cela ne doit pas engager à dévaster son pays. De plus, le faible Prusias, qui parle tout d'un coup de *montagnes de morts* à une jeune princesse, ne ressemble-t-il pas trop à ces personnages de comédie qui tremblent devant les forts, et qui sont hardis avec les faibles ?

11 Je serai bien changée et d'âme et de courage.

Mauvaise façon de parler : *âme* et *courage*, pléonasme.

12 Adieu.

Remarquez qu'un ambassadeur de Rome qui ne dit mot dans cette scène, y fait un personnage trop subalterne. Il faut rarement mettre sur la scène des personnages principaux sans les faire parler : c'est un défaut essentiel. Cette scène de petites bravades, de petites picoteries, de petites discussions entre Prusias et Laodice, n'a rien de tragique ; et Flaminius, qui ne dit mot, est insupportable. *a*

SCÈNE II.

1 .... Madame, enfin une vertu parfaite.... —

Ce n'est guère que dans la passion qu'il est permis de ne pas achever sa phrase. La faute est très-

---

a Un ambassadeur qui parleroit après qu'on lui auroit déclaré ne vouloir pas l'écouter, ne joueroit-il pas un fort mauvais personnage ? Le silence, en pareil cas, est le seul moyen de conserver sa dignité. Voilà ce qu'on peut opposer au commentateur.

petite; mais elle est si commune dans toutes les tragédies, qu'elle mérite attention. *a*

ᵃ Suivez le roi, seigneur, votre ambassade est faite.

Votre ambassade est faite est un peu comique. Sosie dit dans Amphitryon :

O juste ciel! j'ai fait une belle ambassade!

Mais aussi c'est Sosie qui parle.

3 La grandeur de courage en une âme royale
N'est, sans cette vertu, qu'une vertu brutale, etc.

Cette expression est très-brutale, sur-tout d'un ambassadeur à une princesse. D'ailleurs ce discours de Flaminius, pour être fin et adroit, n'en est pas moins entortillé et obscur : *Une vertu brutale qu'un faux jour d'honneur jette en divorce avec le vrai bonheur, qui se livre à ce qu'elle craint;* et *cette vertu brutale* qui, *après un grand soupir,* dit *qu'elle avait droit de régner ;* tout cela est bien étrange. La clarté, le naturel, doivent être les premières qualités de la diction. Quelle différence, quand Néron dit à Junie dans Racine :

Et ne préférez point à la solide gloire
Des honneurs dont César prétend vous revêtir,
La gloire d'un refus sujet au repentir!

4 Je ne sais si l'honneur eut jamais un faux jour.

Il semble que Laodice, par ce vers, reproche à Flaminius les expressions impropres, les phrases

---

a Je crois qu'il est permis de ne pas achever sa phrase lorsqu'une autre personne coupe la parole; c'est ce qui arrive ici.

obscures dont il s'est servi, et son galimatias, qui n'était pas le style des ambassadeurs romains.

5 . . . . Je veux bien vous répondre en amie.
Ma prudence n'est pas tout-à-fait endormie.

Prudence endormie, répondre en amie, etc.... toutes ces expressions sont familières ; il ne les faut jamais employer dans la vraie tragédie.

6 La grandeur de courage est si mal avec vous.

Style de conversation familière.

7 Le roi, s'il s'en fait fort, pourroit s'en trouver mal. . . .

Se faire fort de quelque chose ne peut être employé pour *s'en prévaloir;* il signifie, j'en réponds, je prends sur moi l'entreprise, je me flatte d'y réussir. *Se faire fort* ne peut être employé qu'en prose. Plusieurs étrangers se sont imaginé que nous n'avions qu'un langage pour la prose et pour la poésie ; ils se sont bien trompés.

8 Et, s'il vouloit passer de son pays au nôtre,
Je lui conseillerois de s'assurer *d'un autre.*

Autre se rapporte à *pays,* et non à *général,* qui est trois vers plus haut. *a*

9 La vertu trouve appui contre la tyrannie.

Il faut *trouve un appui,* ou *de l'appui; trouve un secours, du secours,* et non *trouve secours.*

---

a Il me semble que le mot *autre* ne se rapporte ni à *pays,* ni à *général,* mais à *armée.* Il est vrai que dans les éditions faites d'après celle de Voltaire, il y a *d'un autre;* mais c'est une faute; il faut *d'une autre,* conformément au véritable sens de la phrase, et à l'édition de 1682, que nous avons suivie.

ACTE III, SCÈNE II. 151

10 Tout son peuple a des yeux pour voir quel attentat
Font sur le bien public les maximes d'état:
Il connoît Nicomède, il connoît sa marâtre;
Il en sait, il en voit la haine opiniâtre;
Il voit la servitude où le roi s'est soumis,
Et connoît d'autant mieux les dangereux amis.

Ces vers sont ingénieusement placés pour préparer la révolte qui s'élève tout d'un coup au cinquième acte : reste à savoir s'ils la préparent assez, et s'ils suffisent pour la rendre vraisemblable : mais *un attentat que des maximes d'état font sur le bien public* forme une phrase trop incorrecte, trop irrégulière; et ce n'est pas parler sa langue.

☞ 11 Si vous me dites vrai, vous êtes ici reine.

Ces malheureuses contestations, ces froides discussions politiques, qui ne mènent à rien, qui n'ont rien de tragique, rien d'intéressant, sont aujourd'hui bannies du théâtre. Flaminius et Laodice ne parlent ici que pour parler. Quelle différence entre Acomat dans Bajazet, et Flaminius dans Nicomède! Acomat se trouve entre Bajazet et Roxane, qu'il veut réunir, entre Roxane et Atalide, entre Atalide et Bajazet: comme il parle convenablement, noblement, prudemment à tous les trois! et quel tragique dans tous ces intérêts! quelle force de raisons! quelle pureté de langage! quels vers admirables! Mais, dans Nicomède, tout est petit, presque tout est grossier : la diction est si vicieuse, qu'elle dépareroit le fond le plus intéressant.

12 Le roi n'est qu'une idée, et n'a de son pouvoir
Que ce que par pitié vous lui laissez avoir.

On dit bien *n'est qu'un fantôme*, mais non pas *n'est qu'une idée* : la raison en est que *fantôme* exclut la réalité, et qu'*idée* ne l'exclut pas.

13 . . . . . . Il suffit ; je vois bien ce que c'est,

est du style comique : c'est en général celui de la pièce.

☞ 14 Tous les rois ne sont rois qu'autant comme il vous plaît.

Il faut *autant que*.

15 Tout fléchit sur la terre, et tout tremble sur l'onde,
Et Rome est aujourd'hui la maîtresse du monde. —
La maîtresse du monde ? Ah ! vous me feriez peur
S'il ne s'en falloit pas l'Arménie et mon cœur.

Cette expression, placée ici ironiquement, dégénère peut-être trop en comique. Ce n'est pas là une bonne traduction de cet admirable passage d'Horace : *Et cuncta terrarum subacta, præter atrocem animum Catonis.* Ajoutez que *tout tremble sur l'onde* est ce qu'on appelle une cheville malheureusement amenée par la rime, comme on l'a déjà remarqué tant de fois. *a*

16 L'Asie en fait l'épreuve, où trois sceptres conquis
Font voir en quelle école il en a tant appris.

Le mot *école* est du style familier ; mais, quand il s'agit d'un disciple d'Annibal, ces mots *disciple, école*, etc., acquièrent de la grandeur. Il ne faut pas répéter trop ces figures.

a Je ne sais pas si *tout tremble sur l'onde*, qui exprime que le pouvoir des Romains est aussi grand sur mer que sur terre, doit passer pour *une cheville* ; mais on doit convenir que l'on rencontre peu de chevilles dans les vers de Corneille.

ACTE III, SCÈNE III.

17 Ce sont des coups d'essai, mais si grands, que peut-être
Le Capitole a droit d'en craindre un coup de maître.

Coup d'essai, coup de maître, figure employée dans le Cid, et qu'il ne faudrait pas imiter souvent.

18 . . . . Quelques-uns vous diront au besoin,
Quels dieux du haut en bas renversent les profanes.

Du haut en bas, qui n'est mis là que pour faire le vers, ne peut être admis dans la tragédie. Les dieux et les profanes ne sont pas là non plus à leur place. Un ambassadeur ne doit pas parler en poëte; un poëte même ne doit pas dire que son sénat est composé de dieux, que les rois sont des profanes, et que l'ombre du Capitole fit trembler Annibal. Un très-grand défaut encore est ce mélange d'enflure et de familiarité : *Quelques-uns vous diront au besoin quels dieux du haut en bas renversent les profanes!* Ce style est entièrement vicieux.

SCÈNE III.

1 Ou Rome à ses agens donne un pouvoir bien large,
Ou vous êtes bien long à faire votre charge.

Ces deux vers, que leur ridicule a rendus fameux, ont été aussi corrigés par les comédiens. Ce n'est plus ici une ironie qui peut quelquefois être ennoblie; c'est une plaisanterie basse, absolument indigne de la tragédie et de la comédie.

☞ 2 . . . . Laissez à ma flamme
Le bonheur à son tour d'entretenir madame,

est du comique le plus négligé.

☞ 3 Les malheurs où la plonge une indigne amitié
Me faisoient lui donner un conseil par pitié.

Flaminius, qui se donne pour un ambassadeur prudent, ne doit pas dire qu'un homme tel que Nicomède n'est pas digne de l'amitié de Laodice. Il n'a certainement aucune espérance de brouiller ces deux amants; par conséquent sa scène avec Laodice était inutile; et il ne reste ici avec Nicomède que pour en recevoir des nasardes. Quel ambassadeur!

4 C'est être ambassadeur et tendre et pitoyable.

Le mot *pitoyable* signifiait alors compatissant, aussi bien que *digne de pitié*. Cela forme une équivoque qui tourne l'ambassadeur en ridicule; et on devrait retrancher *pitoyable* aussi bien que *le long* et *le large*.

5 Vous a-t-il conseillé beaucoup de lâchetés?

Voilà des injures aussi grossières que les railleries. Une grande partie de cette pièce est du style burlesque; mais il y a de temps en temps un air de grandeur qui impose, et sur-tout qui intéresse pour Nicomède; ce qui est un grand point.

Au reste, jusqu'ici la plupart des scènes ne sont que des conversations assez étrangères à l'intrigue. En général, toute scène doit être une espèce d'action qui fait voir à l'esprit quelque chose de nouveau et d'intéressant.

SCÈNE IV.

¹ J'ai fait entendre au roi Zénon et Métrobate.

Voici la première fois que le spectateur entend parler de ce Zénon ; il ne sait encore quel il est : on sait seulement que Nicomède a conduit deux traîtres avec lui ; mais on ignore que Zénon soit un des deux.

☞ Voilà le sujet et l'intrigue de la pièce : mais quel sujet et quelle intrigue ! deux malheureux que la reine Arsinoé a subornés pour l'accuser faussement elle-même, et pour faire retomber la calomnie sur Nicomède. Il n'y a rien de si bas que cette invention : c'est pourtant là le nœud, et le reste n'est que l'accessoire. Mais on n'a point encore vu paraître cette reine Arsinoé ; on n'a dit qu'un mot d'un Métrobate ; et cependant on est au milieu du troisième acte. *a*

> ⁿ Les mystères de cour souvent sont si cachés,
> Que les plus clairvoyants y sont bien empêchés.

Le mot *clairvoyants* est aujourd'hui banni du style noble : on ne dit pas non plus *être empêché à*

---

a Le lecteur doit s'apercevoir que nous tenons parole, en laissant passer, sans observation, un très-grand nombre de remarques ; mais comment garder le silence sur celle-ci, où Voltaire annonce qu'on n'a point encore vu paroître la reine Arsinoé, quoique l'on soit au milieu du troisième acte ? Arsinoé a paru dès le premier acte, et ce n'est pas dans une seule scène, mais dans trois de suite, la 3.ᵉ, la 4.ᵉ et la 5.ᵉ

quelque chose; cela est à peine souffert dans le comique.

Rien n'est plus utile que de comparer : opposons à ces vers ceux que Junie dit à Britannicus, et qui expriment un sentiment à-peu-près semblable, quoique dans une circonstance différente :

>Je ne connois Néron et la cour que d'un jour ;
>Mais, si je l'ose dire, hélas ! dans cette cour
>Combien tout ce qu'on dit est loin de ce qu'on pense !
>Que la bouche et le cœur sont peu d'intelligence !
>Avec combien de joie on y trahit sa foi !
>Quel séjour étranger et pour vous et pour moi !

Voilà le style de la nature ; ce sont là des vers : c'est ainsi qu'on doit écrire. C'est une dispute bien inutile, bien puérile, que celle qui dura si long-temps entre les gens de lettres sur le mérite de Corneille et de Racine. Qu'importe à la connaissance de l'art, aux règles de la langue, à la pureté du style, à l'élégance des vers, que l'un soit venu le premier, et soit parti de plus loin, et que l'autre ait trouvé la route aplanie? ces frivoles questions n'apprennent point comment il faut parler. Le but de ce commentaire, je ne puis trop le redire, est de tâcher de former des poëtes, et de ne laisser aucun doute sur notre langue aux étrangers.

3 Pour moi, je ne vois goutte en ce raisonnement.

Expression populaire et basse.

4 Qu'il est trop bon mari pour être assez bon père.

On ne s'exprimerait pas autrement dans une comédie. Jusqu'ici on ne voit qu'une petite intrigue

ACTE III, SCÈNE VI.

et de petites jalousies. Ce qui est encore bien plus du ressort de la comédie, c'est cet Attale qui vient n'ayant rien à dire, et à qui Laodice dit qu'il est un importun.

⁵ Voyez quel contre-temps Attale prend ici.

On ne dit point *prendre un contre-temps;* et quand on le dirait, il ne faudrait pas se servir de ces tours trop familiers.

⁶ Qui l'appelle avec nous? quel projet? quel souci?

Est-ce le contre-temps qui appelle? A quoi se rapportent *quel projet, quel souci?* Quel mot que celui de *souci* en cette occasion! Elle *conçoit mal ce qu'il faut* qu'elle *pense; mais elle en rompra le coup:* est-ce le coup de ce qu'elle pense? *Rompre un coup, s'il y faut sa présence!* Il n'y a pas là un vers qui ne soit obscur, faible, vicieux, et qui ne pèche contre la langue. Elle sort en disant, *je vous quitte,* sans dire pourquoi elle quitte Nicomède. Les personnages importants doivent toujours avoir une raison d'entrer et de sortir; et quand cette raison n'est pas assez déterminée, il faut qu'ils se donnent bien de garde de dire, *je sors,* de peur que le spectateur, trop averti de la faute, ne dise: Pourquoi sortez-vous?

SCÈNE VI.

¹ . . . J'ai quelque chose aussi bien à vous dire.

Non-seulement dans une tragédie on ne doit point avoir *aussi bien à dire quelque chose,* mais il faut, autant qu'on le peut, dire des choses qui tiennent lieu d'action, qui nouent l'intrigue, qui augmentent la terreur, qui mènent au but : une simple bravade dont on peut se passer, n'est pas un sujet de scène.

2 Je vous avois prié de l'attaquer de même,
　Et de ne mêler point sur-tout dans vos desseins
　Ni le secours du roi, ni celui des Romains....

Ces deux *ni* avec *point* ne sont pas permis ; les étrangers y doivent prendre garde. *Je n'ai point ni crainte ni espérance,* c'est un barbarisme de phrase ; dites, *je n'ai ni crainte ni espérance.*

3 Mais ou vous n'avez pas la mémoire fort bonne,
　Ou vous n'y mettez rien de ce qu'on vous ordonne.

Ces deux vers, ainsi que le dernier de cette scène, sont une ironie amère qui peut-être avilit trop le caractère d'Attale, que Corneille cependant veut rendre intéressant. Il paraît étonnant que Nicomède mette de la grandeur d'âme à injurier tout le monde, et qu'Attale, qui est brave et généreux, et qui va bientôt en donner des preuves, ait la complaisance de le souffrir.

Plus on examine cette pièce, plus on trouve qu'il fallait l'intituler comédie, ainsi que don Sanche d'Aragon.

4 . . . . De ce qu'on vous ordonne,

est trop forte, et ne s'accorde pas avec le mot de *prière.*

5 Mais vous défaites-vous du cœur de la princesse....
　De trois sceptres conquis, du gain de six batailles,
　Des glorieux assauts de plus de cent murailles ?

On ne se défait pas d'un gain de bataille et d'un

assaut : le mot de *se défaire,* qui d'ailleurs est familier, convient à des droits d'aînesse ; mais il est impropre avec des assauts et des batailles gagnées.

6 Rendez donc la princesse égale entre nous deux.

Il fallait, *rendez le combat égal.*

7 Vous avez de l'esprit, si vous n'avez du cœur.

Il ne doit pas traiter son frère de poltron, puisque ce frère va faire une action très-belle, et que cet outrage même devrait l'empêcher de la faire. *a*

SCÈNE VII. 1

Cette scène est encore une scène inutile de picoterie et d'ironie entre Arsinoé et Nicomède. A quel propos Arsinoé vient-elle ? quel est son but ? Le roi mande Nicomède. Voilà une action petite à la vérité, mais qui peut produire quelque effet ; Arsinoé n'en produit aucun.

2 Ces hommes du commun tiennent mal leurs promesses.

Ces mots seuls font la condamnation de la pièce ; *deux hommes du commun subornés !* Il y a dans cette invention de la froideur et de la bassesse.

3 Je les ai subornés contre vous, à ce compte ?

On voit assez combien ces termes populaires doivent être proscrits.

a Nicomède peut avoir tort de traiter son frère de poltron, mais la raison qu'en donne le commentateur, *puisque ce frère va faire une action très-belle,* ne nous paroît pas bonne. En effet, comment Nicomède peut-il savoir ce qu'Attale va faire ?

4 Seigneur, le roi s'ennuie, et vous tardez long-temps.

Le roi s'ennuie n'est pas bien noble ; et on est étonné peut-être qu'Araspe, un simple officier, parle d'une manière si pressante à un prince tel que Nicomède.

5 Mais... — Achevez, seigneur ; ce mais, que veut-il dire ?

Cette interrogation, qui ressemble au style de la comédie, n'est évidemment placée en cet endroit que pour amener les trois vers suivants, qui répondent en écho aux trois autres. On trouve fréquemment des exemples de ces répétitions ; elles ne sont plus souffertes aujourd'hui. Ce *mais* est intolérable.

SCÈNE VIII. 1

Cette fausse accusation, ménagée par Arsinoé, n'est pas sans quelque habileté, mais elle est sans noblesse et sans tragique ; et Arsinoé est plus basse encore que Prusias. Pourquoi les petits moyens déplaisent-ils, et que les grands crimes font tant d'effet ? C'est que les uns inspirent la terreur, les autres le mépris : c'est par la même raison qu'on aime à entendre parler d'un grand conquérant plutôt que d'un voleur ordinaire. *Ce tour qu'on a joué* met le comble à ce défaut. Arsinoé n'est qu'une bourgeoise qui accuse son beau-fils d'une friponnerie, pour mieux marier son propre fils.

2 Qu'en présence des rois les vérités sont fortes !

Ce ne sont point ces vérités qui sont fortes ; c'est

ACTE III, SCÈNE VIII.

la présence des rois qui est supposée ici assez forte pour forcer la vérité de paraître.

³ Que pour sortir d'un cœur elles trouvent de portes!

On a déjà dit que toute métaphore, pour être bonne, doit fournir un tableau à un peintre : il est difficile de peindre des vérités qui sortent d'un cœur par plusieurs portes. On ne peut guère écrire plus mal. Il est à croire que l'auteur fit cette pièce au courant de la plume. Il avait acquis une prodigieuse facilité d'écrire, qui dégénéra enfin en impossibilité d'écrire élégamment.

⁴ Mais pour l'examiner et bien voir ce que ce c'est,
Si vous pouviez vous mettre un peu hors d'intérêt...
Contre tant de vertus, contre tant de victoires,
Doit-on quelque croyance à des âmes si noires?

Bien voir ce que c'est, devoir de la croyance contre des victoires; le premier est trop familier, le second n'est pas exact.

⁵ Nous ne sommes qu'un sang.

Je crois que cette expression peut s'admettre, quoiqu'on ne dise pas *deux sangs*.

Ibid. . . . . Et ce sang dans mon cœur
A peine à le passer pour calomniateur.

A peine à le passer n'est pas français; on dit dans le comique, *je le passe pour honnête homme*.

⁶ Et vous en avez moins à me croire assassine?

Je ne sais si le mot *assassine* pris comme substantif féminin se peut dire; il est certain du moins qu'il n'est pas d'usage.

7 Vous êtes peu du monde, et savez mal la cour. —
Est-ce autrement qu'en prince on doit traiter l'amour ? —
Vous le traitez, mon fils, et parlez en jeune homme.

Style comique; mais le caractère d'Attale, trop avili, commence ici à se developper, et devient intéressant.

On ne peut terminer un acte plus froidement : la raison est que l'intrigue est très-froide, parce que personne n'est véritablement en danger.

ACTE QUATRIÈME.

SCÈNE I.ère 1

A<small>RSINOÉ</small> joue précisément le rôle de la femme du *Malade imaginaire*, et Prusias celui du *malade qui croit sa femme*. Très-souvent des scènes tragiques ont le même fond que des scènes de comédie : c'est alors qu'il faut faire les plus grands efforts pour fortifier par le style la faiblesse du sujet. On ne peut cacher entièrement le défaut, mais on l'orne, on l'embellit par le charme de la poésie. Ainsi dans Mithridate, dans Britannicus, etc.

SCÈNE II.

1 Grâce à ce conquérant, à ce preneur de villes!
Grâce.... — De quoi, madame ? etc.

C'est encore ici de l'ironie. Nicomède ne doit pas répondre sur le même ton, et ne faire que répéter qu'il a pris des villes.

ACTE IV, SCÈNE II.

2 Qui n'a que la vertu de son intelligence,
Et, vivant sans remords, marche sans défiance.

Cela veut dire, *qui ne s'entend qu'avec la vertu;* mais cela est très-mal dit : il semble qu'il n'ait d'autre vertu que l'*intelligence*.

3 Que son maître Annibal, malgré la foi publique,
S'abandonne aux fureurs d'une terreur panique.

Fureurs d'une terreur est un contre-sens : *fureur* est le contraire de la crainte.

☞ 4 Car enfin hors de là que peut-il m'imputer?

Hors de là, c'est toujours le style de la comédie.

☞ 5 Mais tout est excusable en un amant jaloux.

Il y a de l'ironie dans ce vers; et le pauvre Prusias ne le sent pas; il ne sent rien : tranchons le mot, il joue le rôle d'un vieux père de famille imbécile. Mais, dira-t-on, cela n'est-il pas dans la nature? n'y a-t-il pas des rois qui gouvernent très-mal leurs familles, qui sont trompés par leurs femmes, et méprisés par leurs enfants? Oui, mais il ne faut pas les mettre sur le théâtre tragique. Pourquoi? C'est qu'il ne faut pas peindre des ânes dans les batailles d'Arbelles ou de Pharsale.

☞ 6 Que par mon propre bras elle amassoit pour lui.

Amassait quoi? *Amasser* n'est point un verbe sans régime. Par-tout des solécismes.

7 L'offense une fois faite à ceux de notre rang
Ne se répare point que par des flots de sang.

Point que n'est pas français; il faut, *ne se répare que par des flots*.

8 L'exemple est dangereux, et hasarde nos vies,
S'il met en sûreté de telles calomnies.

L'expression propre était, *s'il laisse de telles calomnies impunies :* on ne met point la calomnie en sûreté ; on l'enhardit par l'impunité.

9 C'est être trop adroit, prince, et trop bien l'entendre.

Ce ton bourgeois rend encore le rôle d'Arsinoé plus bas et plus petit. L'accusation d'un assassinat devait au moins jeter du tragique dans la pièce; mais il y produit à peine un faible intérêt de curiosité.

10 Laisse-là Métrobate, et songe à te défendre.

Ce discours est d'un prince imbécile : c'est précisément de Métrobate qu'il s'agit. Le roi ne peut savoir la vérité qu'en faisant donner la question à ces deux misérables; et cette vérité, qu'il néglige, lui importe infiniment.

11 M'en purger! moi, seigneur! vous ne le croyez pas.

Ce vers est beau, noble, convenable au caractère et à la situation ; il fait voir tous les défauts précédents. *a*

12 Vous ne savez que trop qu'un homme de ma sorte,
Quand il se rend coupable, un peu plus haut se porte ;
Qu'il lui faut un grand crime à tenter son devoir.

Un homme de sa sorte, qui un peu plus haut se

---

a Voltaire a-t-il imité ce vers dans *OEdipe*, parce qu'il l'avoit trouvé beau, ou, quand il a fait ses commentaires, l'a-t-il trouvé beau parce qu'il l'avoit imité ? Quoi qu'il en soit, le mot *purger*, qu'il renferme, nous paroît ne devoir être employé qu'avec beaucoup de circonspection.

ACTE IV, SCÈNE II.

porte, et à qui il faut un grand crime à tenter son devoir, n'a pas un style digne de ce beau vers :

> M'en purger! moi, seigneur! vous ne le croyez pas.

Il y a de la grandeur dans ce que dit Nicomède ; mais il faut que la grandeur et la pureté du style y répondent.

> 13 La fourbe n'est le jeu que des petites âmes,
> Et c'est là proprement le partage des femmes.

Ce vers, quoiqu'indirectement adressé à Arsinoé, n'est-il pas un trait un peu fort contre tout le sexe ? Quoique Corneille ait pris plaisir à faire des rôles de femmes nobles, fiers et intéressants, on peut cependant remarquer qu'en général il ne les ménage pas.

> 14 A ce dernier moment la conscience presse ;
> Pour rendre compte aux dieux tout respect humain cesse.

Ces idées sont belles et justes ; elles devraient être exprimées avec plus de force et d'élégance.

> 15 Et ces esprits légers, approchant des abois,
> Pourroient bien se dédire une seconde fois.

Cette expression *des abois,* qui par elle-même n'est pas noble, n'est plus d'usage aujourd'hui : *un esprit léger qui approche des abois,* est une impropriété très-grande.

> 16 Je ne demande point que par compassion
> Vous assuriez un sceptre à ma protection.

Le sens n'est pas assez clair ; elle veut dire, *que ma protection assure le sceptre à mon fils.*

17 Je n'aime point si mal que de ne vous pas suivre,
Sitôt qu'entre mes bras vous cesserez de vivre.

Cela n'est pas français ; il fallait, *je vous aime trop pour ne vous pas suivre* ; ou plutôt il ne fallait pas exprimer ce sentiment, qui est admirable quand il est vrai, et ridicule quand il est faux.

18 . . . . . . Oui, seigneur, cette heure infortunée
Par mes derniers soupirs clorra ma destinée.

Clorre, *clos*, n'est absolument point d'usage dans le style tragique. L'intérêt devrait être pressant dans cette scène, et ne l'est pas : c'est que Prusias, sur qui se fixent d'abord les yeux, partagé entre une femme et un fils, ne dit rien d'intéressant. Il est même encore avili : on voit que sa femme le trompe ridiculement, et que son fils le brave. On ne craint rien au fond pour Nicomède ; on méprise le roi, on hait la reine.

19 Il sait tous les secrets du fameux Annibal.

Il sait tous les secrets est une expression bien basse pour signifier, *il est l'élève du grand Annibal ; il a été formé par lui dans l'art de la guerre et de la politique.* Arsinoé parle avec trop d'ironie, et laisse peut-être trop voir sa haine dans le temps qu'elle veut la dissimuler.

SCÈNE III.

1 Nicomède, en deux mots, ce désordre me fâche.

Le mot *fâcher* est bien bourgeois. Ce vers comique et trivial jette du ridicule sur le caractère

ACTE IV, SCÈNE III.

de Prusias, et fait trop apercevoir au spectateur que toute l'intrigue de cette tragédie n'est qu'une tracasserie.

² Et tâchons d'assurer la reine qui te craint.

Le mot d'*assurer* n'est pas français ici; il faut *de rassurer:* on assure une vérité; on rassure une âme intimidée. *a*

³ J'ai tendresse pour toi, j'ai passion pour elle.

Il faut pour l'exactitude, *j'ai de la tendresse, j'ai de la passion;* et, pour la noblesse et l'élégance, il faut un autre tour.

⁴ . . . . Et que dois-je être? — Roi.
Reprenez hautement ce noble caractère.
Un véritable roi n'est ni mari ni père ;
Il regarde son trône, et rien de plus. Régnez;
Rome vous craindra plus que vous ne la craignez.

Ce morceau sublime, jeté dans cette comédie, fait voir combien le reste est petit. Il n'y a peut-être rien de plus beau dans les meilleures pièces de Corneille. Ce vrai sublime fait sentir combien l'ampoulé doit déplaire aux esprits bien faits. Il n'y a pas un mot dans ces quatre vers qui ne soit simple et noble; rien de trop ni de trop peu; l'idée est grande, vraie, bien placée, bien exprimée. Je ne connais point dans les anciens de passage qui l'emporte sur celui-ci. Il fallait que toute la pièce fût sur ce ton héroïque. Je ne veux pas dire que tout doive tendre au sublime, car alors il n'y en aurait

---

a On a déjà prouvé, par l'exemple de nos meilleurs poëtes, qu'*assurer* est très-français dans ce sens.

point; mais tout doit être noble. Nicomède insulte ici un peu son père; mais Prusias le mérite. *a*

5   Quelle fureur t'aveugle en faveur d'une femme!
    Tu la préfères, lâche! à ces prix glorieux
    Que ta valeur unit au bien de tes aïeux!

Prusias ne doit point traiter son fils de lâche, ni lui dire qu'il *est indigne de vivre après cette infamie;* il doit avoir assez d'esprit pour entendre ce que lui dit son fils, et ce que ce prince lui explique bientôt après.

6 Mais un monarque enfin comme un autre homme expire.

Quoique ce vers soit un peu prosaïque, il est si vrai, si ferme, si naturel, si convenable au caractère de Nicomède, qu'il doit plaire beaucoup, ainsi que le reste de la tirade. On aime ces vérités dures et fières, sur-tout quand elles sont dans la bouche d'un personnage qui les relève encore par sa situation.

a Nous remarquerons, à l'occasion de cet éloge, que Voltaire s'est plu à le faire, ainsi que quelques autres, avec d'autant plus d'étalage, qu'il tire moins à conséquence. En effet, si la pièce étoit détestable, comme il l'a prétendu, ce ne seroient sûrement pas quatre vers, supposés les meilleurs qu'on eût jamais faits, qui la pourroient rendre bonne; d'où nous conclurons que, puisqu'on la joue depuis cent soixante ans, il faut croire qu'elle a des beautés plus importantes qui ont échappé au commentateur. Nous ajouterons que nous ne voyons pas en quoi Nicomède insulte son père. La vie publique et particulière de Corneille nous est garant qu'il n'auroit jamais rien risqué d'insultant dans la bouche d'un fils, le père l'eût-il mérité.

SCÈNE IV.

1 Le sénat en effet pourra s'en indigner;
Mais j'ai quelques amis qui sauront le gagner.

Autre ironie de Flaminius. *a*

2 Je veux qu'au lieu d'Attale il lui serve d'otage;
Et, pour l'y mieux conduire, il vous sera donné,
Sitôt qu'il aura vu son frère couronné.

Pourquoi cette idée soudaine d'envoyer Nicomède à Rome? elle paraît bizarre. Flaminius ne l'a point demandé, il n'en a jamais été question. Prusias est un peu comme les vieillards de comédie, qui prennent des résolutions outrées, quand on leur a reproché d'être trop faibles. Il est bien lâche dans sa colère, de remettre son fils aîné entre les mains de Flaminius, son ennemi.

3 Va, va lui demander ta chère Laodice.

Autre ironie, qui est dans Prusias le comble de la lâcheté et de l'avilissement.

4 Rome sait vos hauts faits, et déjà vous adore.

Autre ironie aussi froide que le mot *vous adore* est déplacé.

SCÈNE V.

1 Seigneur, l'occasion fait un cœur différent.

Faire au lieu de *rendre* ne se dit plus; on n'écrit point *cela vous fait heureux*, mais *cela vous rend heureux*. Cette remarque, ainsi que

―――
a Voltaire croit voir de l'ironie par-tout. Nous avouerons que nous n'en trouvons pas dans les deux vers que dit Flaminius.

toutes celles purement grammaticales, sont pour les étrangers principalement.

Cette scène est toute de politique, et par conséquent très-froide : quand on veut de la politique, il faut lire Tacite ; quand on veut une tragédie, il faut lire Phèdre. Cette politique de Flaminius est d'ailleurs trop grossière. Il dit que Rome faisait une injustice en procurant le royaume de Laodice au prince Attale, et que lui Flaminius s'était chargé de cette injustice : n'est-ce pas perdre tout son crédit? Quel ambassadeur a jamais dit, On m'a chargé d'être un fripon? Ces expressions, *ce n'est pas loi pour elle, reine comme elle est, à bien parler,* etc. ne relèvent pas cette scène.

2 Ce seroit mettre encor Rome dans le hasard
Que l'on crût artifice ou force de sa part, etc.

La plupart de tous ces vers sont des barbarismes : ce dernier en est un ; il veut dire, *ce serait exposer le sénat à passer pour un fourbe ou pour un tyran.*

3 Rome ne m'aime pas ; elle hait Nicomède.

Ce vers excellent est fait pour servir de maxime à jamais.

4 Mais puisqu'enfin ce jour vous doit faire connoître
Que Rome vous a fait ce que vous allez être,
Que perdant son appui vous ne serez plus rien,
Que le roi vous l'a dit, souvenez-vous-en bien.

Tâchons d'éviter ces phrases louches et embarrassées.

SCÈNE VI.

Attale, étoit-ce ainsi que régnoient tes ancêtres?

Dans ce monologue, qui prépare le dénoûment, [j]'aime à voir le prince Attale prendre les sentiments qui conviennent au fils d'un roi qui va ré[gn]er lui-même; mais Flaminius lui a laissé très-[im]prudemment voir que Rome hait Nicomède sans [aim]er Attale. Mais si Flaminius est un peu mal[ad]roit, Attale est un peu imprudent d'abandonner [tou]t d'un coup des protecteurs tels que les Romains, [qu]i l'ont élevé, qui viennent de le couronner, et [ce]la en faveur d'un prince qui l'a toujours traité [av]ec un mépris insultant qu'on ne pardonne jamais. [Ri]en de tout cela ne paraît naturel, ni bien con[du]it, ni intéressant; mais le monologue plaît, parce [qu]'il est noble. Il est toujours désagréable de voir [un] prince qui ne prend une résolution noble que [pa]rce qu'il s'aperçoit qu'on l'a joué, qu'on l'a mé[pr]isé : je ne sais s'il n'eût pas mieux valu qu'il eût [pu]isé ces nobles sentiments dans son caractère, à la [vu]e des lâches intrigues qu'on faisait (même en sa [fav]eur) contre son frère.

Et comme ils font pour eux faisons aussi pour nous,

[C']encore du style comique.

ACTE CINQUIÈME.

SCÈNE I.ère

1 J'ai prévu ce tumulte, et n'en vois rien à craindre;
Comme un moment l'allume, un moment peut l'éteindre.

On n'allume pas un tumulte; il se fait dans la ville une sédition imprévue. C'est une machine qu'il n'est plus guère permis d'employer aujourd'hui, parce qu'elle est triviale, parce qu'elle n'est pas renfermée dans l'exposition de la pièce, parce que, n'étant pas née du sujet, elle est sans art et sans mérite. Cependant, si cette sédition est sérieuse, Arsinoé et son fils perdent leur temps à raisonner sur la puissance et sur la politique des Romains. Arsinoé lui dit froidement, *vous me ravissez d'avoir cette prudence*. Ce vers comique et les fautes de langue ne contribuent pas à embellir cette scène.

☞ 2 Puisque te voilà roi, l'Asie a d'autres reines,
Qui, loin de te donner des rigueurs à souffrir,
T'épargneront bientôt la peine de t'offrir.

On ne donne point des rigueurs comme on donne des faveurs; cela n'est pas français, parce que cela n'est admis dans aucune langue.

☞ 3 Pourras-tu dans son lit dormir en assurance?
Et refusera-t-elle à son ressentiment
Le fer ou le poison pour venger son amant?

Quelle idée! pourquoi lui dire que sa femme l'empoisonnera ou l'assassinera?

ACTE V, SCÈNE I.

☞ 4 Que de fausses raisons pour me cacher la vraie !

Ce n'est pas elle qui cache la vraie raison ; ce qu'il dit à sa mère ne doit être dit qu'à Flaminius : ce n'est pas assurément sa mère qui craint qu'Attale ne soit trop puissant.

☞ 5 Sa chute doit guérir l'ombrage qu'elle en prend.

On ne guérit point un ombrage ; cette expression est impropre.

☞ 6 C'est blesser les Romains que faire une conquête,
Que mettre trop de bras sous une seule tête....

Mettre des bras sous une tête !

☞ 7 Et leur guerre est trop juste après cet attentat
Que fait sur leur grandeur un tel crime d'état.

Un attentat qu'un crime d'état fait sur une grandeur, c'est à-la-fois un solécisme et un barbarisme.

☞ 8 Je les connois, madame ; et j'ai vu cet ombrage
Détruire Antiochus et renverser Carthage.

Un ombrage qui a détruit Carthage ! a

☞ 9 Et cède à des raisons que je ne puis forcer.

Des raisons qu'on ne peut forcer, c'est un barbarisme.

☞ 10 . . . . Cependant prenez soin
D'assurer des jaloux dont vous avez besoin.

Assurer des jaloux ne s'entend point. Quelque sens qu'on donne à cette phrase, elle est inintelligible.

---

a Certainement *ombrage* doit paroître ici bien ridicule aux étrangers, à qui il falloit dire, parce qu'eux seuls peuvent l'ignorer, que ce mot, même en prose, signifie *jalousie, soupçon, inquiétude*.

SCÈNE II.[1]

Cette scène paraît jeter un peu de ridicule sur la reine. Flaminius vient l'avertir, elle et son fils, qu'il n'est pas sage de parler de toute autre chose que d'une sédition qui est à craindre, et lui cite de vieux exemples de l'histoire de Rome. Au lieu de s'adresser au roi, il vient parler à sa femme : c'est traiter ce roi en vieillard de comédie, qui n'est pas le maître chez lui.

☞ [2] Ne vous figurez plus que ce soit le confondre
Que de le laisser faire et ne lui point répondre.

Laisser faire le peuple, expression trop triviale. *Ne point répondre au peuple*, expression impropre. *L'escadron mutin qu'on aurait abandonné à sa confusion* n'est pas meilleur.

SCÈNE III.

[1] Ces mutins ont pour chefs les gens de Laodice.

Mais que veut Laodice? sauver son amant? C'est le perdre : il n'est point libre ; il est en la puissance du roi. Laodice, en faisant révolter le peuple en sa faveur, le rend décidément criminel, et expose sa vie et la sienne, sur-tout dans une cour tyrannique dont elle a dit : *Quiconque entre au palais porte sa tête au roi*. On pardonnerait cette action violente et peu réfléchie à une amante emportée par sa passion, à une Hermione ; mais ce n'est pas ainsi que Corneille a peint Laodice.

ACTE V, SCÈNE IV.

Les mutins n'entendent plus raison, dit la Bruyère, *dénoûment vulgaire de tragédie*. Ce dénoûment n'était pas encore vulgaire du temps de Corneille; il ne l'avait employé que dans Héraclius. On ne conseillerait pas aujourd'hui d'employer ce moyen, qui serait trop grossier, s'il n'était relevé par de grandes beautés.

☞ ² Ainsi votre tendresse et vos soins sont payés!

C'est ici une ironie d'Attale; il a dessein de sauver Nicomède.

SCÈNE IV.¹

C'est une règle invariable que quand on introduit des personnages chargés d'un secret important, il faut que ce secret soit révélé : le public s'y attend; on doit, dans tous les cas, lui tenir ce qu'on lui a promis. Arsinoé a été menacée de la délation de ces prisonniers; Arsinoé a fait accroire au roi que Nicomède les a subornés : cet éclaircissement est la chose la plus importante, et il ne se fait point. C'est peut-être mal dénouer cette intrigue que de faire massacrer ces deux hommes par le peuple.

² Mais un dessein formé ne tombe pas ainsi.

Flaminius presse toujours d'agir; cependant le roi, la reine, et le prince Attale, restent dans la plus grande tranquillité. Cette inaction est extraordinaire, sur-tout de la part de la reine, dont le caractère est remuant : n'a-t-elle pas tort d'être tranquille, et de ne pas craindre qu'on la traite comme

Métrobate et Zénon? Le peuple ne les a déchirés que parce qu'il les a crus apostés par elle ; si on a tué ses complices, elle doit trembler pour elle-même. Il est beau de présenter au public une reine intrépide, mais il faut qu'elle soit assez éclairée pour connaître son danger.

☞ ³ Il suit toujours son but jusqu'à ce qu'il l'emporte....
Il l'amorce, il l'acharne ; il en éteint l'horreur.

On n'emporte point un but, on n'éteint point une horreur. Toujours des termes impropres et sans justesse.

SCÈNE V.

☞ ¹ . . . . Et livrer à sa rage
Tout ce qui de plus près touche votre courage.

Expression vicieuse.

² C'est l'otage de Rome, et non plus votre fils.

Tout ce discours de Flaminius est une conséquence de son caractère artificieux parfaitement soutenu : mais remarquez que jamais des raisonnemens politiques ne font un grand effet dans un cinquième acte, où tout doit être action ou sentiment, où la terreur et la pitié doivent s'emparer de tous les cœurs.

³ Ah ! rien de votre part ne sauroit me choquer.

On sent assez que cette manière de parler est trop familière. Je passe plusieurs termes déjà observés ailleurs.

⁴ Amusez-le du moins à débattre avec vous.

Débattre est un verbe réfléchi qui n'emporte

ACTE V, SCÈNE V.

point son action avec lui : il en est ainsi de *plaindre, souvenir;* on dit, *se plaindre, se souvenir, se débattre;* mais quand *débattre* est actif, il faut un sujet, un objet, un régime; nous avons débattu ce point; cette opinion fut débattue.

☞ 5 Vous ferez comme lui le surpris, le confus.

C'est un vers de comédie; et le conseil d'Arsinoé tient aussi un peu du comique.

☞ 6 . . . Mille empêchements que vous ferez vous-même....

n'est ni noble ni français; on ne fait point des empêchements.

7 Pourront de toutes parts aider au stratagème.

Le roi et son épouse, qui, dans une situation si pressante, ont resté si long-temps paisibles, se déterminent enfin à prendre un parti : mais il paraît que le lâche conseil que donne Arsinoé est petit, indigne de la tragédie; et ses expressions, *faire le surpris, le confus, sitôt qu'il sera jour,* et *fuir vous et moi,* sont d'un style aussi lâche que le conseil.

☞ 8 . . . . Ah! j'avouerai, madame,
Que le ciel a versé ce conseil dans votre âme.

C'est là que Prusias est plus que jamais un vieillard de Molière, qui ne sait quel parti prendre, et qui trouve toujours que sa femme a raison.

☞ 9 Il vous assure et vie, et gloire, et liberté.

Il vous assure vie!

SCÈNE VI.

¹ Attale, où courez-vous? — Je vais de mon côté....
A votre stratagème en ajouter quelqu'autre.

Le projet que forme sur-le-champ le prince Attale de délivrer son frère est noble, grand, et produit dans la scène un très-bel effet ; mais la manière dont il l'annonce aux spectateurs ne tient-elle pas trop de la comédie ?

SCÈNE VII. ¹

☞ Pourquoi la reine d'Arménie vient-elle là ? si elle veut qu'Arsinoé soit sa prisonnière, elle doit venir avec des gardes.

☞ ² Qu'il lui faudroit du front tirer le diadème.
Tirer un diadème du front!

³ Le ciel ne m'a pas fait l'âme plus violente.

Voici encore, au cinquième acte, dans le moment où l'action est la plus vive, une scène d'ironie, mais remplie de beaux vers. Laodice, en qualité de chef de parti, au lieu de venir braver la reine sous le frivole prétexte de la prendre sous sa protection, devrait veiller plus soigneusement à la suite de la révolte, et à la sûreté du prince qu'elle appelle son époux : elle vient inutilement ; elle n'a rien à dire à Arsinoé. Ces deux femmes se bravent sans savoir en quel état sont leurs affaires ; mais les scènes de bravades réussissent presque toujours au théâtre.

ACTE V, SCÈNE VII.

☞ 4 Nous nous entendons mal, madame; et, je le voi,
Ce que je dis pour vous, vous l'expliquez pour moi.

Ces méprises entre deux reines, ces équivoques, semblent bien peu dignes de la tragédie.

☞ 5 Et je viens vous chercher pour vous prendre en ma garde,
Pour ne hasarder pas en vous la majesté
Au manque de respect d'un grand peuple irrité.

Hasarder une majesté au manque de respect! Encore s'il y avoit *exposer*. Ce ne sont point là les *pompeux solécismes* que Boileau réprouve avec tant de raison; ce sont de très-plats solécismes.

6 Mais hâtez-vous de grâce, et faites bien ramer,
Car déjà sa galère a pris le large en mer.

Ironie, ou plutôt plaisanterie indigne de la noblesse tragique, ainsi que toutes celles qu'on a remarquées.

☞ 7 Mais plutôt demeurez pour me servir d'otage.

Elle lui parle comme si elle était maîtresse du palais; elle devrait donc avoir des gardes.

☞ 8 Je veux qu'elle me voie au cœur de ses états
Soutenir ma fureur d'un million de bras;
Et sous mon désespoir rangeant sa tyrannie....

Ranger une tyrannie sous un désespoir! quelle phrase! quelle barbarie de langage!

9 Puisque le roi veut bien n'être roi qu'en peinture,
Que lui doit importer qui donne ici la loi?

Être roi en peinture; cette expression est du grand nombre de celles auxquelles on reproche d'être trop familières.

SCÈNE VIII.

☞ 1 . . . . Tous les dieux irrités
Dans les derniers malheurs nous ont précipités :
Le prince est échappé.

C'est dommage que la belle action d'Attale ne se présente ici que sous l'idée d'un mensonge et d'une supercherie : *le prince est échappé* tient encore du comique.

2 Le malheureux Araspe, avec sa foible escorte,
L'avoit déjà conduit à cette fausse porte.

Je pense qu'on doit rarement parler dans un cinquième acte de personnages qui n'ont rien fait dans la pièce. ☞ Araspe sacrifié ici n'est pas un objet assez important; et le prince qui l'a fait tuer est coupable d'une très-vilaine action.

☞ 3 . . . . Ce monarque étonné
A ses frayeurs déjà s'étoit abandonné.

Voilà ce pauvre bon homme de Prusias avili plus que jamais ; il est traité tour à tour par ses deux enfants de sot et de poltron.

SCÈNE IX.

1 Non, non, nous revenons l'un et l'autre en ces lieux
Défendre votre gloire, ou mourir à vos yeux.

Corneille dit lui-même, dans son Examen, qu'il avait d'abord fini sa pièce sans faire revenir l'ambassadeur et le roi ; qu'il n'a fait ce changement que pour plaire au public, qui aime à voir à la fin d'une pièce tous les acteurs réunis : il convient que ce

ACTE V, SCÈNE IX.

retour avilit encore plus le caractère de Prusias, de même que celui de Flaminius, qui se trouve dans une situation humiliante, puisqu'il semble n'être revenu que pour être témoin du triomphe de son ennemi. Cela prouve que le plan de cette tragédie était impraticable. *a*

☞ ² Mourons, mourons, seigneur, et dérobons nos vies
A l'absolu pouvoir des fureurs ennemies ;
N'attendons pas leur ordre, et montrons-nous jaloux
De l'honneur qu'ils auroient à disposer de nous.

La pensée est très-mal exprimée ; il fallait dire, *ravissons-leur en mourant la gloire d'ordonner de notre sort :* il fallait au moins s'énoncer avec plus de clarté et de justesse.

☞ ³ Je le désavoûrois s'il n'étoit magnanime,
S'il manquoit à remplir l'effort de mon estime.

Manquer à remplir l'effort d'une estime ! On s'indigne quand on voit la profusion de ces irrégularités, de ces termes impropres. On ne voit point cette foule de barbarismes dans les belles scènes des Horaces et de Cinna. Par quelle fatalité Corneille écrivait-il toujours avec plus d'incorrection, et dans un style plus grossier, à mesure que la langue se

---

a Un ancien proverbe dit : *Qui veut trop prouver ne prouve rien.* De ce que Corneille convient avoir ramené le roi et Flaminius pour donner plus de satisfaction aux spectateurs, cela ne prouve nullement que *le plan de cette tragédie étoit impraticable.* Corneille dit encore, dans son Examen, que cette pièce est une de celles qu'il aimoit le plus. L'accueil que le public fait à cet ouvrage depuis cent soixante ans, montre qu'il partage l'avis de l'auteur beaucoup plus que celui du commentateur.

perfectionnait sous Louis XIV ? Plus son goût et son style devaient se perfectionner, et plus ils se corrompaient.*a*

SCÈNE X.

1 Je viens en bon sujet vous rendre le repos.

Nicomède, toujours fier et dédaigneux, bravant toujours son père, sa marâtre, et les Romains, devient généreux, et même docile, dans le moment où ils veulent le perdre, et où il se trouve leur maître. Cette grandeur d'âme réussit toujours ; mais il ne doit pas dire qu'il adore les bontés d'Arsinoé. Quant au royaume qu'il offre de conquérir au prince Attale, cette promesse ne paraît-elle pas trop romanesque ? et ne peut-on pas craindre que cette vanité ne fasse une opposition trop forte avec les discours nobles et sensés qui la précèdent ? Au reste, le retour de Nicomède dut faire grand plaisir aux spectateurs ; et je présume qu'il en eût fait davantage si ce prince eût été dans un danger évident de perdre la vie.

2 Je me rends donc aussi, madame ; et je veux croire
Qu'avoir un fils si grand est ma plus grande gloire, etc.

Si Prusias n'est pas du commencement jusqu'à la fin un vieillard de comédie, j'ai tort.

3 Mais il m'a demandé mon diamant pour gage.

Attale paraît ici bien prudent, et Nicomède bien

a Il n'est pas indifférent d'examiner la bonne-foi de Voltaire dans différentes occasions. Il a reconnu plusieurs fois que Boileau et Racine étoient les seuls qui eussent perfectionné la langue. Quels étoient donc les ouvrages que ces auteurs avoient publiés avant que Corneille composât Nicomède ? Cette tragédie parut en 1652. Boileau avoit alors seize ans, et Racine treize.

peu curieux; mais si ce moyen n'est pas digne de
la tragédie, la situation n'en est pas moins belle :
il paraît seulement bien injuste et bien odieux
qu'Attale ait assassiné un officier du roi son père
qui faisait son devoir; ne pouvait-il pas faire une
belle action sans la souiller par cette horreur? A
l'égard du diamant, je ne sais si Boileau, qui blâ-
mait tant l'anneau royal dans Astrate, était content
du diamant de Nicomède.

4 Seigneur, à découvert toute âme généreuse
D'avoir votre amitié doit se tenir heureuse;
Mais nous n'en voulons plus avec ces dures lois
Qu'elle jette toujours sur la tête des rois.

Jeter des lois sur la tête! cette métaphore a le
vice que nous avons remarqué dans les autres, de
manquer de justesse, parce qu'on ne peut jeter
une loi comme on jette de l'opprobre, de l'infamie,
du ridicule : dans ces cas, le mot *jeter* rappelle
l'idée de quelque souillure dont on peut physique-
ment couvrir quelqu'un; mais on ne peut couvrir
un homme *d'une loi*. Je n'ai rien à dire de plus sur
la pièce de Nicomède; il faut lire l'Examen que
l'auteur lui-même en a fait. [a]

[a] Personne n'a sûrement été tenté de reprocher à Voltaire de
n'en avoir pas assez dit sur cette tragédie : il recommande de lire
l'Examen que l'auteur en a fait. Le même conseil à l'égard des
autres pièces, eût été très-utile; mais nous pensons qu'il n'auroit
pas été à l'avantage du commentateur, qui a eu la prudence de ne
pas imprimer les Examens de Corneille sur le *Cid* et sur le
Menteur.

FIN DES REMARQUES SUR NICOMÈDE.

SERTORIUS,

TRAGÉDIE

REPRÉSENTÉE EN 1662.

PRÉFACE

DE CORNEILLE.

AU LECTEUR.

Ne cherchez point dans cette tragédie les agréments qui sont en possession de faire réussir au théâtre les poëmes de cette nature : vous n'y trouverez ni tendresse d'amour, ni emportements de passions, ni descriptions pompeuses, ni narrations pathétiques. Je puis dire toutefois qu'elle n'a point déplu, et que la dignité des noms illustres, la grandeur de leurs intérêts, et la nouveauté de quelques caractères, ont suppléé au manque de ces grâces. Le sujet est simple, et du nombre de ces événements connus où il ne nous est pas permis de rien changer qu'autant que la nécessité indispensable de les réduire dans la règle nous force d'en resserrer le temps et les lieux. Comme il ne m'a fourni aucunes femmes, j'ai été obligé de recourir à l'invention pour en introduire deux, assez compatibles l'une et l'autre avec les vérités historiques auxquelles je me suis attaché. L'une a vécu de ce temps-là ; c'est la première femme de Pompée, qu'il répudia pour entrer dans l'alliance de Sylla par le mariage d'Émilie, fille de sa femme. Ce divorce est constant par le rapport de tous ceux qui ont écrit la vie de

Pompée; mais aucun d'eux ne nous apprend ce que devint cette malheureuse, qu'ils appellent tous Antistie, à la réserve d'un Espagnol, évêque de Gironne, qui lui donne le nom d'Aristie, que j'ai préféré, comme plus doux à l'oreille. Leur silence m'ayant laissé liberté entière de lui faire un refuge, j'ai cru ne lui en pouvoir choisir un avec plus de vraisemblance que chez les ennemis de ceux qui l'avoient outragée : cette retraite en a d'autant plus, qu'elle produit un effet véritable par les lettres des principaux de Rome que je lui fais porter à Sertorius, et que Perpenna remit entre les mains de Pompée, qui en usa comme je le marque. L'autre femme est une pure idée de mon esprit, mais qui ne laisse pas aussi d'avoir quelque fondement dans l'histoire. Elle nous apprend que les Lusitaniens appelèrent Sertorius d'Afrique pour être leur chef contre le parti de Sylla ; mais elle ne nous dit point s'ils étoient en république, ou sous une monarchie. Il n'y a donc rien qui répugne à leur donner une reine ; et je ne la pouvois faire sortir d'un sang plus considérable que celui de Viriatus, dont je lui fais porter le nom, le plus grand homme que l'Espagne ait opposé aux Romains, et le dernier qui leur ait fait tête dans ces provinces avant Sertorius. Il n'étoit pas roi en effet, mais il en avoit toute l'autorité, et les préteurs et consuls que Rome envoya pour le combattre et qu'il défit souvent, l'estimèrent assez pour faire des traités de paix avec lui comme avec un souverain et juste ennemi. Sa mort arriva soixante et huit ans avant celle que je traite ; de sorte qu'il auroit pu être aïeul ou bisaïeul de cette reine que je fais parler ici.

Il fut défait par le consul Q. Servilius, et non par Brutus, comme je l'ai fait dire à cette princesse sur la foi de cet évêque espagnol que je viens de citer, et qui m'a jeté dans l'erreur après lui. Elle est aisée à corriger par le changement d'un mot dans ce vers unique qui en parle, et qu'il faut rétablir ainsi :

Et de Servilius l'astre prédominant.

Je sais bien que Sylla, dont je parle tant dans ce poëme, étoit mort six ans avant Sertorius ; mais, à le prendre à la rigueur, il est permis de presser les temps pour faire l'unité de jour ; et, pourvu qu'il n'y ait pas d'impossibilité formelle, je puis faire arriver en six jours, voire en six heures, ce qui s'est passé en six ans. Cela posé, rien n'empêche que Sylla ne meure avant Sertorius, sans rien détruire de ce que je dis ici, puisqu'il a pu mourir depuis qu'Arcas est parti de Rome pour apporter la nouvelle de la démission de sa dictature ; ce qu'il fait en même temps que Sertorius est assassiné. Je dis de plus que, bien que nous devions être assez scrupuleux observateurs de l'ordre des temps, néanmoins, pourvu que ceux que nous faisons parler se soient connus, et aient eu ensemble quelques intérêts à démêler, nous ne sommes pas obligés à nous attacher si précisément à la durée de leur vie. Sylla étoit mort quand Sertorius fut tué, mais il pouvoit vivre encore sans miracle; et l'auditeur, qui communément n'a qu'une teinture superficielle de l'histoire, s'offense rarement d'une pareille prolongation qui ne sort point de la vraisemblance. Je ne voudrois pas toutefois faire une règle générale de cette licence, sans y mettre quelque distinction. La mort de Sylla n'apporta aucun changement aux affaires de Sertorius en Espagne, et lui fut de si peu d'importance, qu'il est malaisé, en lisant la vie de ce héros chez Plutarque, de remarquer lequel des deux est mort le premier, si l'on n'en est instruit d'ailleurs. Autre chose est de celles qui renversent les états, détruisent les partis, et donnent une autre face aux affaires, comme a été celle de Pompée, qui feroit révolter tout l'auditoire contre un auteur, s'il avoit l'imprudence de la mettre après celle de César. D'ailleurs, il falloit colorer et excuser en quelque sorte la guerre que Pompée et les autres chefs romains continuoient contre Sertorius; car il est assez malaisé de comprendre pourquoi l'on s'y obstinoit, après que la république sembloit être rétablie par la démission volontaire et la mort de son tyran. Sans doute que son esprit de souveraineté, qu'il avoit fait revivre dans Rome, n'y étoit pas mort avec lui, et que Pompée et beaucoup d'autres, aspirant dans l'âme à prendre sa place, craignoient que Sertorius ne leur y fût un puissant obstacle, ou par l'amour qu'il avoit toujours pour sa patrie, ou par la grandeur de sa réputation et le mérite de ses actions, qui lui eussent fait donner la préférence si ce grand ébranlement de la république l'eût mise en état de ne se pouvoir passer de maître. Pour ne pas déshonorer Pompée par cette jalousie secrète de son ambition, qui semoit dès-lors ce qu'on a vu depuis éclater si hautement, et qui peut-être étoit le véritable motif de cette guerre, je me suis persuadé qu'il étoit plus à propos de faire vivre Sylla, afin d'en attribuer l'injustice à la violence de sa domination. Cela m'a servi de plus à arrêter l'effet de ce puissant amour que je lui fais conserver pour son Aristie, avec qui il n'eût pu se défendre de renouer, s'il n'eût eu rien à craindre du côté de Sylla, dont le nom odieux, mais illustre, donne un grand poids aux raisonnements de la politique, qui fait l'âme de toute cette tragédie.

Le même Pompée semble s'écarter un peu de la prudence d'un général d'armée, lorsque, sur la foi de Sertorius, il vient conférer avec lui dans une ville dont le chef du parti contraire est maître absolu ; mais c'est une confiance de généreux à généreux, et de Romain à Romain, qui lui donne quelque droit de ne craindre aucune supercherie de la part d'un si grand homme. Ce n'est pas que je ne veuille bien accorder aux critiques qu'il n'a pas assez pourvu à sa propre sûreté ; mais il m'étoit impossible de garder l'unité de lieu sans lui faire faire cette échappée, qu'il faut imputer à l'incommodité de la règle plus qu'à moi, qui l'ai bien vue. Si vous ne voulez la pardonner à l'impatience qu'il avoit de voir sa femme, dont je le fais encore si passionné, et à la peur qu'elle ne prît un autre mari, faute de savoir ses intentions pour elle, vous la pardonnerez au plaisir qu'on a pris à cette conférence, que quelques-uns des premiers dans la cour et pour la naissance et pour l'esprit, ont estimée autant qu'une pièce entière. Vous n'en serez pas désavoué par Aristote, qui souffre qu'on mette quelquefois des choses sans raison sur le théâtre, quand il y a apparence qu'elles seront bien reçues, et qu'on a lieu d'espérer que les avantages que le poëme en retirera pourront mériter cette grâce.

PERSONNAGES.

SERTORIUS, général du parti de Marius e Espagne.
PERPENNA, lieutenant de Sertorius.
AUFIDE, tribun de l'armée de Sertorius.
POMPÉE, général du parti de Sylla.
ARISTIE, femme de Pompée.
VIRIATE, reine de Lusitanie, à présent Portug
THAMIRE, dame d'honneur de Viriate.
CELSUS, tribun du parti de Pompée.
ARCAS, affranchi d'Aristius, frère d'Aristie.

La scène est à Nertobrige, ville d'Aragon, conqu par Sertorius, à présent Calatayud.

SERTORIUS,

TRAGÉDIE.

ACTE PREMIER.

SCÈNE I.ère [1]

PERPENNA, AUFIDE.

PERPENNA.

D'où me vient ce désordre, Aufide ? et que veut dire [2]
Que mon cœur sur mes vœux garde si peu d'empire ?
L'horreur que malgré moi me fait la trahison [3]
Contre tout mon espoir révolte ma raison ; [4]
« Et de cette grandeur sur le crime fondée,
« Dont jusqu'à ce moment m'a trop flatté l'idée,
« L'image tout affreuse au point d'exécuter
« Ne trouve plus en moi de bras à lui prêter.
En vain l'ambition qui presse mon courage
D'un faux brillant d'honneur pare son noir ouvrage ;
En vain, pour me soumettre à ses lâches efforts,
Mon âme a secoué le joug de cent remords :
Cette âme, d'avec soi tout-à-coup divisée, [5]
Reprend de ses remords la chaîne mal brisée ;

Et de Sertorius le surprenant bonheur
Arrête une main prête à lui percer le cœur.

AUFIDE.

Quel honteux contre-temps de vertu délicate [6]
S'oppose au beau succès de l'espoir qui vous flatte ?
Et depuis quand, seigneur, la soif du premier rang
Craint-elle de répandre un peu de mauvais sang ?
Avez-vous oublié cette grande maxime,
Que la guerre civile est le règne du crime ;
Et qu'aux lieux où le crime a plein droit de régner
L'innocence timide est seule à dédaigner ?
L'honneur et la vertu sont des noms ridicules : [7]
Marius ni Carbon n'eurent point de scrupules ;
Jamais Sylla, jamais....

PERPENNA.

Sylla et Marius [8]
N'ont jamais épargné le sang de leurs vaincus ;
Tour à tour la victoire autour d'eux en furie
A poussé leur courroux jusqu'à la barbarie ;
Tour à tour le carnage et les proscriptions
Ont sacrifié Rome à leurs dissensions : [9]
« Mais leurs sanglants discords, qui nous donnent des
« Ont fait des meurtriers, et n'ont point fait de traîtres;
« Leurs plus vastes fureurs jamais n'ont consenti
« Qu'aucun versât le sang de son propre parti ;
Et dans l'un ni dans l'autre aucun n'a pris l'audace
D'assassiner son chef pour monter en sa place.

AUFIDE.

Vous y renoncez donc, et n'êtes plus jaloux [10]
De suivre les drapeaux d'un chef moindre que vous?

ACTE I, SCÈNE I.

Ah! s'il faut obéir, ne faisons plus la guerre;
Prenons le même joug qu'a pris toute la terre.
Pourquoi tant de périls? pourquoi tant de combats?
Si nous voulons servir, Sylla nous tend les bras.
C'est mal vivre en Romain que prendre loi d'un homme:
Mais, tyran pour tyran, il vaut mieux vivre à Rome.

PERPENNA.

Vois mieux ce que tu dis quand tu parles ainsi.
Du moins la liberté respire encore ici :
De notre république à Rome anéantie
On y voit refleurir la plus noble partie;
Et cet asile ouvert aux illustres proscrits
Réunit du sénat le précieux débris.
Par lui Sertorius gouverne ces provinces, [11]
Leur impose tribut, fait des lois à leurs princes,
Maintient de nos Romains le reste indépendant.
Mais comme tout parti demande un commandant,
Le bonheur imprévu qui par-tout l'accompagne,
Le nom qu'il s'est acquis chez les peuples d'Espagne...

AUFIDE.

Ah! c'est ce nom acquis avec trop de bonheur
Qui rompt votre fortune et vous ravit l'honneur :
Vous n'en sauriez douter, pour peu qu'il vous souvienne
Du jour que votre armée alla joindre la sienne.
Lors....

PERPENNA.
N'envenime point le cuisant souvenir [a]
Que le commandement devoit m'appartenir.

Lors....
PERPENNA.
Éloigne de moi le cuisant souvenir

Je le passois en nombre, aussi bien qu'en noblesse;
Il succomboit sans moi sous sa propre foiblesse :
Mais sitôt qu'il parut, je vis en moins de rien
Tout mon camp déserté pour repeupler le sien;
Je vis par mes soldats mes aigles arrachées;
Pour se ranger sous lui voler vers ses tranchées,
Et, pour en colorer l'emportement honteux,
Je les suivis de rage, et m'y rangeai comme eux.

L'impérieuse aigreur de l'âpre jalousie [12]
Dont en secret dès-lors mon âme fut saisie
Grossit de jour en jour sous une passion
Qui tyrannise encor plus que l'ambition :
J'adore Viriate; et cette grande reine, [13]
Des Lusitaniens l'illustre souveraine,
Pourroit par son hymen me rendre sur les siens
Ce pouvoir absolu qu'il m'ôte sur les miens.
« Mais elle-même, hélas! de ce grand nom charmée,
« S'attache au bruit heureux que fait sa renommée;
« Cependant qu'insensible à ce qu'elle a d'appas
« Il me dérobe un cœur qu'il ne demande pas.
« De son astre opposé telle est la violence, [14]
« Qu'il me vole par-tout, même sans qu'il y pense,
« Et que, toutes les fois qu'il m'enlève mon bien,
« Son nom fait tout pour lui sans qu'il en sache rien.
« Je sais qu'il peut aimer, et nous cacher sa flamme: [a]
Mais je veux sur ce point lui découvrir mon âme;
Et, s'il peut me céder ce trône où je prétends,
J'immolerai ma haine à mes désirs contents; [15]

[a] Sertorius l'aime, et nous cache sa flamme :

ACTE I, SCÈNE I.

Et je n'envîrai plus le rang dont il s'empare,
S'il m'en assure autant chez ce peuple barbare,
Qui, formé par nos soins, instruit de notre main,
Sous notre discipline est devenu romain.

AUFIDE.

Lorsqu'on fait des projets d'une telle importance,
Des intérêts d'amour entrent-ils en balance?
Et si ces intérêts vous sont enfin si doux,
Viriate, lui mort, n'est-elle pas à vous?

PERPENNA.

Oui; mais de cette mort la suite m'embarrasse. [16]
Aurai-je sa fortune aussi bien que sa place?
Ceux dont il a gagné la croyance et l'appui [17]
Prendront-ils même joie à m'obéir qu'à lui?
Et, pour venger sa trame indignement coupée,
N'arboreront-ils point l'étendard de Pompée?

AUFIDE.

C'est trop craindre, et trop tard; c'est dans votre festin
Que ce soir, par votre ordre, on tranche son destin.
La trêve a dispersé l'armée à la campagne,
Et vous en commandez ce qui nous accompagne.
L'occasion nous rit dans un si grand dessein;
Mais tel bras n'est à nous que jusques à demain.
Si vous rompez le coup, prévenez les indices:
Perdez Sertorius, ou perdez vos complices.
Craignez ce qu'il faut craindre: il en est parmi nous
Qui pourroient bien avoir même remords que vous;
Et si vous différez.... Mais le tyran arrive.
Tâchez d'en obtenir l'objet qui vous captive;

Et je prîrai les dieux que dans cet entretien
Vous ayez assez d'heur pour n'en obtenir rien.

SCÈNE II.
SERTORIUS, PERPENNA.

SERTORIUS.

Apprenez un dessein qui vient de me surprendre.
Dans deux heures Pompée en ce lieu se doit rendre ;
Il veut sur nos débats conférer avec moi,
Et pour toute assurance il ne prend que ma foi.

PERPENNA.

La parole suffit entre les grands courages.
D'un homme tel que vous la foi vaut cent otages ;
Je n'en suis point surpris : mais ce qui me surprend,
C'est de voir que Pompée ait pris le nom de Grand,
Pour faire encore au vôtre entière déférence,
Sans vouloir de lieu neutre à cette conférence.
C'est avoir beaucoup fait que d'avoir jusque-là
Fait descendre l'orgueil des héros de Sylla.

SERTORIUS.

S'il est plus fort que nous, ce n'est plus en Espagne,
Où nous forçons les siens de quitter la campagne,
Et de se retrancher dans l'empire douteux
Que lui souffre à regret une province ou deux,
Qu'à sa fortune lasse il craint que je n'enlève,
Sitôt que le printemps aura fini la trève.
C'est l'heureuse union de vos drapeaux aux miens
Qui fait ces beaux succès qu'à toute heure j'obtiens ;

ACTE I, SCÈNE II.

C'est à vous que je dois ce que j'ai de puissance :
Attendez tout aussi de ma reconnoissance.
Je reviens à Pompée, et pense deviner
Quels motifs jusqu'ici peuvent nous l'amener.
  Comme il trouve avec nous peu de gloire à prétendre,
Et qu'au lieu d'attaquer il a peine à défendre, 3
Il voudroit qu'un accord, avantageux ou non,
L'affranchît d'un emploi qui ternit ce grand nom ;
Et chatouillé d'ailleurs par l'espoir qui le flatte
De faire avec plus d'heur la guerre à Mithridate,
Il brûle d'être à Rome, afin d'en recevoir
Du maître qu'il s'y donne et l'ordre et le pouvoir.

PERPENNA.

J'aurois cru qu'Aristie, ici réfugiée, 4
Que, forcé par ce maître, il a répudiée,
Par un reste d'amour l'attirât en ces lieux
Sous une autre couleur lui faire ses adieux ;
Car de son cher tyran l'injustice fut telle,
Qu'il ne lui permit pas de prendre congé d'elle.

SERTORIUS.

Cela peut être encore ; ils s'aimoient chèrement :
Mais il pourroit ici trouver du changement.
L'affront pique à tel point le grand cœur d'Aristie,
Que, sa première flamme en haine convertie,
Elle cherche bien moins un asile chez nous,
Que la gloire d'y prendre un plus illustre époux.
C'est ainsi qu'elle parle, et m'offre l'assistance 5
De ce que Rome encore a de gens d'importance,
Dont les uns ses parents, les autres ses amis,
Si je veux l'épouser, ont pour moi tout promis.

Leurs lettres en font foi, qu'elle me vient de rendre. 6
Voyez avec loisir ce que j'en dois attendre ;
Je veux bien m'en remettre à votre sentiment.

PERPENNA.

Pourriez-vous bien, seigneur, balancer un moment,
A moins d'une secrète et forte antipathie
Qui vous montre un supplice en l'hymen d'Aristie?
Voyant ce que pour dot Rome lui veut donner,
Vous n'avez aucun lieu de rien examiner.

SERTORIUS.

Il faut donc, Perpenna, vous faire confidence
Et de ce que je crains et de ce que je pense.

J'aime ailleurs. A mon âge il sied si mal d'aimer, 7
Que je le cache même à qui m'a su charmer : 8
Mais, tel que je puis être, on m'aime, ou, pour mieux dire,
La reine Viriate à mon hymen aspire ;
Elle veut que ce choix de son ambition
De son peuple avec nous commence l'union,
Et qu'ensuite à l'envi mille autres hyménées
De nos deux nations, l'une à l'autre enchaînées,
Mêlent si bien le sang et l'intérêt commun,
Qu'ils réduisent bientôt les deux peuples en un. 9
« C'est ce qu'elle prétend pour digne récompense
« De nous avoir servis avec cette constance
« Qui n'épargne ni biens ni sang de ses sujets
« Pour affermir ici nos généreux projets :
« Non qu'elle me l'ait dit, ou quelqu'autre pour elle ;
« Mais j'en vois chaque jour quelque marque fidèle ;
« Et comme ce dessein n'est plus pour moi douteux,
« Je ne puis l'ignorer qu'autant que je le veux.

ACTE I, SCÈNE II.

Je crains donc de l'aigrir si j'épouse Aristie,
Et que de ses sujets la meilleure partie,
Pour venger ce mépris, et servir son courroux,
Ne tourne obstinément ses armes contre nous.
« Auprès d'un tel malheur, pour nous irréparable, 10
« Ce qu'on promet pour l'autre est peu considérable ;
« Et, sous un faux espoir de nous mieux établir,
« Ce renfort accepté pourroit nous affoiblir.
Voilà ce qui retient mon esprit en balance.
Je n'ai pour Aristie aucune répugnance ;
Et la reine à tel point n'asservit pas mon cœur,
Qu'il ne fasse encor tout pour le commun bonheur.

PERPENNA.

Cette crainte, seigneur, dont votre âme est gênée
Ne doit pas d'un moment retarder l'hyménée.
Viriate, il est vrai, pourra s'en émouvoir ;
Mais que sert la colère où manque le pouvoir ?
Malgré sa jalousie et ses vaines menaces
N'êtes-vous pas toujours le maître de ses places ?
Les siens, dont vous craignez le vif ressentiment,
Ont-ils dans votre armée aucun commandement ?
Des plus nobles d'entre eux, et des plus grands courages,
N'avez-vous pas les fils dans Osca pour otages ?
« Tous leurs chefs sont romains; et leurs propres soldats, 12
« Dispersés dans nos rangs, ont fait tant de combats,
« Que la vieille amitié qui les attache aux nôtres
« Leur fait aimer nos lois et n'en vouloir point d'autres.
Pourquoi donc tant les craindre ? et pourquoi refuser...

SERTORIUS.

Vous-même, Perpenna, pourquoi tant déguiser ?

Je vois ce qu'on m'a dit : vous aimez Viriate ; [13]
Et votre amour caché dans vos raisons éclate.
Mais les raisonnements sont ici superflus :
Dites que vous l'aimez, et je ne l'aime plus. [14]
Parlez : je vous dois tant, que ma reconnoissance
Ne peut être sans honte un moment en balance.

PERPENNA.

L'aveu que vous voulez à mon cœur est si doux,
Que j'ose...

SERTORIUS.

C'est assez : je parlerai pour vous.

PERPENNA.

Ah seigneur! c'en est trop; et....

SERTORIUS.

Point de repartie :
Tous mes vœux sont déjà du côté d'Aristie ; [15]
Et je l'épouserai, pourvu qu'en même jour
La reine se résolve à payer votre amour :
Car, quoi que vous disiez, je dois craindre sa haine, [16]
Et fuirois à ce prix cette illustre Romaine.
La voici : laissez-moi ménager son esprit :
Et voyez cependant de quel air on m'écrit. [17]

SCÈNE III. [1]

SERTORIUS, ARISTIE.

ARISTIE.

NE vous offensez pas si, dans mon infortune,
Ma foiblesse me force à vous être importune ;

Non pas pour mon hymen ; les suites d'un tel choix
Méritent qu'on y pense un peu plus d'une fois :
Mais vous pouvez, seigneur, joindre à mes espérances ²
Contre un péril nouveau nouvelles assurances.
J'apprends qu'un infidèle, autrefois mon époux,
Vient jusque dans ces murs conférer avec vous.
« L'ordre de son tyran, et sa flamme inquiète,
« Me pourront envier l'honneur de ma retraite :
« L'un en prévoit la suite, et l'autre en craint l'éclat ;
« Et tous les deux contre elle ont leur raison d'état.
Je vous demande donc sûreté toute entière
Contre la violence et contre la prière,
Si par l'une ou par l'autre il veut se ressaisir
De ce qu'il ne peut voir ailleurs sans déplaisir.

SERTORIUS.

Il en a lieu, madame ; un si rare mérite
Semble croître de prix quand par force on le quitte.
Mais vous avez ici sûreté contre tous,
Pourvu que vous puissiez en trouver contre vous,
Et que contre un ingrat dont l'amour fut si tendre,
Lorsqu'il vous parlera, vous sachiez vous défendre.
On a peine à haïr ce qu'on a bien aimé,
Et le feu mal éteint est bientôt rallumé.

ARISTIE.

L'ingrat, par son divorce en faveur d'Émilie,
M'a livrée au mépris de toute l'Italie.
Vous savez à quel point mon courage est blessé :
Mais s'il se dédisoit d'un outrage forcé, ³
S'il chassoit Émilie, et me rendoit ma place,
J'aurois peine, seigneur, à lui refuser grâce ;

Et tant que je serai maîtresse de ma foi,
Je me dois toute à lui, s'il revient tout à moi.

SERTORIUS.

En vain donc je me flatte ; en vain j'ose, madame,
Promettre à mon espoir quelque part en votre âme;
Pompée en est encor l'unique souverain.
Tous vos ressentiments n'offrent que votre main ;
Et quand par ses refus j'aurai droit d'y prétendre,
Le cœur toujours à lui ne voudra pas se rendre.

ARISTIE.

Qu'importe de mon cœur, si je sais mon devoir,
Et si mon hyménée enfle votre pouvoir ?
Vous ravaleriez-vous jusques à la bassesse 4
D'exiger de ce cœur des marques de tendresse,
Et de les préférer à ce qu'il fait d'effort
Pour braver mon tyran et relever mon sort ?
Laissons, seigneur, laissons pour les petites âmes 5
Ce commerce rampant de soupirs et de flammes ;
Et ne nous unissons que pour mieux soutenir
La liberté que Rome est prête à voir finir.
Unissons ma vengeance à votre politique, 6
« Pour sauver des abois toute la république : *a*
L'hymen seul peut unir des intérêts si grands.
Je sais que c'est beaucoup que ce que je prétends :
Mais, dans ce dur exil que mon tyran m'impose,
Le rebut de Pompée est encor quelque chose ;
Et j'ai des sentiments trop nobles ou trop vains,
Pour le porter ailleurs qu'au plus grand des Romains.

a Pour sauver, s'il se peut, la liberté publique :

ACTE I, SCÈNE III.

SERTORIUS.

Ce nom ne m'est pas dû ; je suis....

ARISTIE.

Ce que vous faites
Montre à tout l'univers, seigneur, ce que vous êtes ;
Mais quand même ce nom sembleroit trop pour vous,
Du moins mon infidèle est d'un rang au-dessous :
Il sert dans son parti, vous commandez au vôtre ;
Vous êtes chef de l'un, et lui sujet dans l'autre ;
Et son divorce enfin, qui m'arrache sa foi,
L'y laisse par Sylla plus opprimé que moi,
« Si votre hymen m'élève à la grandeur sublime, 7
« Tandis qu'en l'esclavage un autre hymen l'abîme. 8
« Mais, seigneur, je m'emporte, et l'excès d'un tel heur
« Me fait vous en parler avec trop de chaleur.
Tout mon bien est encor dedans l'incertitude : 9
Je n'en conçois l'espoir qu'avec inquiétude ;
Et je craindrai toujours d'avoir trop prétendu,
Tant que de cet espoir vous m'ayez répondu. 10
Vous me pouvez d'un mot assurer ou confondre.

SERTORIUS.

Mais, madame, après tout, que puis-je vous répondre ?
De quoi vous assurer, si vous-même parlez
Sans être sûre encor de ce que vous voulez ?
« De votre illustre hymen je sais les avantages ;
« J'adore les grands noms que j'en ai pour otages, 11
« Et vois que leur secours, nous rehaussant le bras,
« Auroit bientôt jeté la tyrannie à bas :
« Mais cette attente aussi pourroit se voir trompée
« Dans l'offre d'une main qui se garde à Pompée,

« Et qui n'étale ici la grandeur d'un tel bien,
« Que pour me tout promettre et ne me donner rien.

ARISTIE.

Si vous vouliez ma main par choix de ma personne, [12]
Je vous dirois : *Seigneur, prenez, je vous la donne;*
Quoi que veuille Pompée, il le voudra trop tard.
Mais comme en cet hymen l'amour n'a point de part,
Qu'il n'est qu'un pur effet de noble politique,
Souffrez que je vous dise, afin que je m'explique,
Que quand j'aurois pour dot un million de bras
Je vous donne encor plus en ne l'achevant pas.

Si je réduis Pompée à chasser Émilie,
Peut-il, Sylla régnant, regarder l'Italie?
Ira-t-il se livrer à son juste courroux ?
Non, non ; si je le gagne, il faut qu'il vienne à vous.
Ainsi par mon hymen vous avez assurance
Que mille vrais Romains prendront votre défense:
Mais si j'en romps l'accord pour lui rendre mes vœux,
Vous aurez ces Romains, et Pompée avec eux ;
« Vous aurez ses amis par ce nouveau divorce ;
« Vous aurez du tyran la principale force,
« Son armée, ou du moins ses plus braves soldats,
« Qui de leur général voudront suivre les pas;
Vous marcherez vers Rome à communes enseignes.
Il sera temps alors, Sylla, que tu me craignes.
Tremble, et crois voir bientôt trébucher ta fierté,
Si je puis t'enlever ce que tu m'as ôté.
Pour faire de Pompée un gendre de ta femme,
Tu l'as fait un parjure, un méchant, un infâme : [13]

ACTE 1, SCÈNE III.

Mais s'il me laisse encor quelques droits sur son cœur,
Il reprendra sa foi, sa vertu, son honneur;
Pour rentrer dans mes fers il brisera tes chaînes;
Et nous t'accablerons sous nos communes haines.
 J'abuse trop, seigneur, d'un précieux loisir :
Voilà vos intérêts; c'est à vous de choisir.
Si votre amour trop prompt veut borner sa conquête, 14
Je vous le dis encor, ma main est toute prête.
Je vous laisse y penser : sur-tout souvenez-vous
Que ma gloire en ces lieux me demande un époux;
Qu'elle ne peut souffrir que ma fuite m'y range
En captive de guerre, au péril d'un échange;
Qu'elle veut un grand homme à recevoir ma foi ; 15
Qu'après vous, et Pompée, il n'en est point pour moi;
« Et que....

SERTORIUS.
Vous le verrez, et saurez sa pensée. *a*

ARISTIE.
Adieu, seigneur ; j'y suis la plus intéressée,
« Et j'y vais préparer mon reste de pouvoir. 16 *b*

SERTORIUS.
Moi, je vais donner ordre à le bien recevoir. 17
 (Seul.)
« Dieux, souffrez qu'à mon tour avec vous je m'explique. 18
« Que c'est un sort cruel d'aimer par politique!
« Et que ses intérêts sont d'étranges malheurs,
« S'ils font donner la main, quand le cœur est ailleurs!

---

a Vous le verrez, madame, et saurez sa pensée.
b Et j'y vais employer mon reste de pouvoir.

FIN DU PREMIER ACTE.

ACTE SECOND.

SCÈNE I.ère

VIRIATE, THAMIRE.

VIRIATE.

Thamire, il faut parler, l'occasion nous presse:
Rome jusqu'en ces murs m'envoie une maîtresse;
Et l'exil d'Aristie, enveloppé d'ennuis, [1]
Est prêt à l'emporter sur tout ce que je suis.
En vain de mes regards l'ingénieux langage,
Pour découvrir mon cœur, a tout mis en usage;
En vain par le mépris des vœux de tous nos rois
J'ai cru faire éclater l'orgueil d'un autre choix: [2]
Le seul pour qui je tâche à le rendre visible, [3]
Ou n'ose en rien connoître, ou demeure insensible,
Et laisse à ma pudeur des sentiments confus, [4]
Que l'amour-propre obstine à douter du refus.
Épargne-m'en la honte, et prends soin de lui dire, [5]
A ce héros si cher.... Tu le connois, Thamire:
Car d'où pourroit mon trône attendre un ferme appui?
Et pour qui mépriser tous nos rois, que pour lui?
Sertorius, lui seul digne de Viriate,
Mérite que pour lui tout mon amour éclate.

Fais-lui, fais-lui savoir le glorieux dessein
De m'affermir au trône en lui donnant la main :
Dis-lui... Mais j'aurois tort d'instruire ton adresse, 6
Moi qui connois ton zèle à servir ta princesse.

THAMIRE.

Madame, en ce héros tout est illustre et grand ;
Mais, à parler sans fard, votre amour me surprend.
Il est assez nouveau qu'un homme de son âge 7
Ait des charmes si forts pour un jeune courage,
Et que d'un front ridé les replis jaunissants
Trouvent l'heureux secret de captiver les sens.

VIRIATE.

Ce ne sont pas les sens que mon amour consulte ;
Il hait des passions l'impétueux tumulte ;
Et son feu, que j'attache aux soins de ma grandeur,
Dédaigne tout mélange avec leur folle ardeur.
J'aime en Sertorius ce grand art de la guerre
Qui soutient un banni contre toute la terre ;
J'aime en lui ces cheveux tout couverts de lauriers,
Ce front qui fait trembler les plus braves guerriers,
Ce bras qui semble avoir la victoire en partage.
L'amour de la vertu n'a jamais d'yeux pour l'âge :
Le mérite a toujours des charmes éclatants ;
Et quiconque peut tout est aimable en tout temps. 8

THAMIRE.

Mais, madame, nos rois, dont l'amour vous irrite,
N'ont-ils tous ni vertu, ni pouvoir, ni mérite ?
Et dans votre parti se peut-il qu'aucun d'eux
N'ait signalé son nom par des exploits fameux ?

Celui des Turdetans, celui des Celtibères,
Soutiendroient-ils si mal le sceptre de vos pères?...

VIRIATE.

Contre des rois comme eux j'aimerois leur soutien;
Mais contre des Romains tout leur pouvoir n'est rien.

Rome seule aujourd'hui peut résister à Rome:
Il faut pour la braver qu'elle nous prête un homme, 9
Et que son propre sang en faveur de ces lieux 10
Balance les destins, et partage les dieux.
Depuis qu'elle a daigné protéger nos provinces, 11
Et de son amitié faire honneur à leurs princes,
Sous un si haut appui nos rois humiliés
N'ont été que sujets sous le nom d'alliés;
Et ce qu'ils ont osé contre leur servitude
N'en a rendu le joug que plus fort et plus rude.

Qu'a fait Mandonius, qu'a fait Indibilis,
Qu'y plonger plus avant leurs trônes avilis,
Et voir leur fier amas de puissance et de gloire
Brisé contre l'écueil d'une seule victoire?

Le grand Viriatus, de qui je tiens le jour, 12
D'un sort plus favorable eut un pareil retour.
Il défit trois préteurs, il gagna dix batailles, 13
Il repoussa l'assaut de plus de cent murailles;
Et de Servilius l'astre prédominant
Dissipa tout d'un coup ce bonheur étonnant.
Ce grand roi fut défait; il en perdit la vie,
Et laissoit sa couronne à jamais asservie,
Si, pour briser les fers de son peuple captif,
Rome n'eût envoyé ce noble fugitif.

ACTE II, SCÈNE I.

Depuis que son courage à nos destins préside,
Un bonheur si constant de nos armes décide,
Que deux lustres de guerre assurent nos climats
Contre ces souverains de tant de potentats,
Et leur laissent à peine, au bout de dix années,
Pour se couvrir de nous, l'ombre des Pyrénées.

Nos rois, sans ce héros, l'un de l'autre jaloux, [14]
Du plus heureux sans cesse auroient rompu les coups ;
Jamais ils n'auroient pu choisir entre eux un maître.

THAMIRE.

Mais consentiront-ils qu'un Romain puisse l'être ?

VIRIATE.

Il n'en prend pas le titre, et les traite d'égal :
Mais, Thamire, après tout, il est leur général ;
Ils combattent sous lui, sous son ordre ils s'unissent ;
Et tous ces rois de nom en effet obéissent,
« Tandis que de leur rang l'inutile fierté
« S'applaudit d'une vaine et fausse égalité.

THAMIRE.

« Je n'ose vous rien dire après cet avantage,
« Et voudrois comme vous faire grâce à son âge :
Mais enfin ce héros, sujet au cours des ans,
A trop long-temps vaincu pour vaincre encor long-temps ;
Et sa mort....

VIRIATE.

   Jouissons, en dépit de l'envie,
Des restes glorieux de son illustre vie :
Sa mort me laissera pour ma protection [15]
La splendeur de son ombre et l'éclat de son nom.

Sur ces deux grands appuis ma couronne affermie
Ne redoutera point de puissance ennemie;
Ils feront plus pour moi que ne feroient cent rois.
Mais nous en parlerons encor quelque autre fois :
Je l'aperçois qui vient.

SCÈNE II.

SERTORIUS, VIRIATE, THAMIRE.

SERTORIUS.

Que direz-vous, madame,[1]
Du dessein téméraire où s'échappe mon âme?
N'est-ce point oublier ce qu'on vous doit d'honneur,
Que demander à voir le fond de votre cœur?

VIRIATE.

Il est si peu fermé que chacun y peut lire,
Seigneur, peut-être plus que je ne puis vous dire;
Pour voir ce qui s'y passe il ne faut que des yeux.

SERTORIUS.

J'ai besoin toutefois qu'il s'explique un peu mieux.
Tous vos rois à l'envi briguent votre hyménée;
Et comme vos bontés font notre destinée,
Par ces mêmes bontés j'ose vous conjurer,
En faisant ce grand choix, de nous considérer.
Si vous prenez un prince inconstant, infidèle,
Ou qui pour le parti n'ait pas assez de zèle,
Jugez en quel état nous nous verrons réduits,
Si je pourrai long-temps encor ce que je puis,
Si mon bras....

ACTE II, SCÈNE II.

VIRIATE.

Vous formez des craintes que j'admire.
J'ai mis tous mes états si bien sous votre empire,
Que quand il me plaira faire choix d'un époux,
Quelque projet qu'il fasse, il dépendra de vous.
Mais, pour vous mieux ôter cette frivole crainte,
Choisissez-le vous-même, et parlez-moi sans feinte :
Pour qui de tous ces rois êtes-vous sans soupçon ? 2
A qui d'eux pouvez-vous confier ce grand nom ?

SERTORIUS.

Je voudrois faire un choix qui pût aussi vous plaire;
Mais, à ce froid accueil que je vous vois leur faire,
Il semble que pour tous sans aucun intérêt....

VIRIATE.

C'est peut-être, seigneur, qu'aucun d'eux ne me plaît,
Et que de leur haut rang la pompe la plus vaine
S'efface au seul aspect de la grandeur romaine.

SERTORIUS.

Si donc je vous offrois pour époux un Romain ?

VIRIATE.

Pourrois-je refuser un don de votre main ?

SERTORIUS.

J'ose après cet aveu vous faire offre d'un homme
Digne d'être avoué de l'ancienne Rome. 3
Il en a la naissance, il en a le grand cœur;
Il est couvert de gloire, il est plein de valeur;
De toute votre Espagne il a gagné l'estime;
Libéral, intrépide, affable, magnanime, 4

Enfin c'est Perpenna sur qui vous emportez...

VIRIATE.

J'attendois votre nom après ces qualités ;
Les éloges brillants que vous daignez y joindre
Ne me permettoient pas d'espérer rien de moindre.
Mais certes le détour est un peu surprenant :
Vous donnez une reine à votre lieutenant !
Si vos Romains ainsi choisissent des maîtresses,
A vos derniers tribuns il faudra des princesses.

SERTORIUS.

Madame....

VIRIATE.

Parlons net sur ce choix d'un époux.
Êtes-vous trop pour moi? suis-je trop peu pour vous?
C'est m'offrir, et ce mot peut blesser les oreilles ;
Mais un pareil amour sied bien à mes pareilles ; 5
Et je veux bien, seigneur, qu'on sache désormais
Que j'ai d'assez bons yeux pour voir ce que je fais.
Je le dis donc tout haut, afin que l'on m'entende : 6
Je veux bien un Romain, mais je veux qu'il commande,
Et ne trouverois pas nos rois à dédaigner,
N'étoit qu'ils savent mieux obéir que régner.
Mais si de leur puissance ils vous laissent l'arbitre, 7
Leur foiblesse du moins en conserve le titre.
Ainsi ce noble orgueil qui vous préfère à tous 8
En préfère le moindre à tout autre qu'à vous :
Car enfin, pour remplir l'honneur de ma naissance, 9
Il me faudroit un roi de titre et de puissance ; 10
Mais comme il n'en est plus, je pense m'en devoir
Ou le pouvoir sans nom, ou le nom sans pouvoir.

ACTE II, SCÈNE II.

SERTORIUS.

J'adore ce grand cœur qui rend ce qu'il doit rendre 11
Aux illustres aïeux dont on vous voit descendre :
A de moindres pensers son orgueil abaissé
Ne soutiendroit pas bien ce qu'ils vous ont laissé.
Mais puisque, pour remplir la dignité royale,
Votre haute naissance en demande une égale,
Perpenna parmi nous est le seul dont le sang 12
Ne mêleroit point d'ombre à la splendeur du rang ;
Il descend de nos rois et de ceux d'Étrurie.
Pour moi, qu'un sang moins noble a transmis à la vie,
Je n'ose m'éblouir d'un peu de nom fameux, 13
Jusqu'à déshonorer le trône par mes vœux. 14
Cessez de m'estimer jusqu'à lui faire injure :
Je ne veux que le nom de votre créature ; 15
Un si glorieux titre a de quoi me ravir ; 16
Il m'a fait triompher en voulant vous servir ; 17
Et, malgré tout le peu que le ciel m'a fait naître... 18

VIRIATE.

Si vous prenez ce titre, agissez moins en maître ;
Ou m'apprenez du moins, seigneur, par quelle loi
Vous n'osez m'accepter, et disposez de moi.
Accordez le respect que mon trône vous donne 19
Avec cet attentat sur ma propre personne :
Voir toute mon estime, et n'en pas mieux user,
C'en est un qu'aucun art ne sauroit déguiser.
Ne m'honorez donc plus jusqu'à me faire injure ;
Puisque vous le voulez, soyez ma créature ;
Et me laissant en reine ordonner de vos vœux,
Portez-les jusqu'à moi, parce que je le veux.

Pour votre Perpenna, que sa haute naissance
N'affranchit point encor de votre obéissance,
Fût-il du sang des dieux aussi bien que des rois,
Ne lui promettez plus la gloire de mon choix.
Rome n'attache point le grade à la noblesse :
Votre grand Marius naquit dans la bassesse ;
Et c'est pourtant le seul que le peuple romain
Ait jusques à sept fois choisi pour souverain.
Ainsi, pour estimer chacun à sa manière, 20*
Au sang d'un Espagnol je ferois grâce entière ; 21
Mais parmi vos Romains je prends peu garde au sang,
Quand j'y vois la vertu prendre le plus haut rang.
Vous, si vous haïssez, comme eux, le nom de reine, 22
Regardez-moi, seigneur, comme dame romaine :
Le droit de bourgeoisie à nos peuples donné
Ne perd rien de son prix sur un front couronné.
Sous ce titre adoptif, étant ce que vous êtes,
Je pense bien valoir une de mes sujettes ;
Et si quelque Romaine a causé vos refus,
Je suis tout ce qu'elle est, et reine encor de plus.
Peut-être la pitié d'une illustre misère....

SERTORIUS.

Je vous entends, madame ; et, pour ne vous rien taire,
J'avoûrai qu'Aristie....

VIRIATE.

Elle nous a tout dit ;
Je sais ce qu'elle espère, et ce qu'on vous écrit.
Sans y perdre de temps ouvrez votre pensée.

SERTORIUS.

Au seul bien de la cause elle est intéressée.

ACTE II, SCÈNE II.

Mais puisque, pour ôter l'Espagne à nos tyrans,
Nous prenons, vous et moi, des chemins différents,
De grâce, examinez le commun avantage,
Et jugez ce que doit un généreux courage.

Je trahirois, madame, et vous et vos états, [23]
De voir un tel secours, et ne l'accepter pas :
« Mais ce même secours deviendroit notre perte,
« S'il nous ôtoit la main que vous m'avez offerte,
« Et qu'un destin, jaloux de nos communs desseins, [24]
« Jetât ce grand dépôt en de mauvaises mains.
Je tiens Sylla perdu, si vous laissez unie
A ce puissant renfort votre Lusitanie.
Mais vous pouvez enfin dépendre d'un époux,
Et le seul Perpenna peut m'assurer de vous.
Voyez ce qu'il a fait : je lui dois tant, madame,
Qu'une juste prière en faveur de sa flamme...

VIRIATE.

Si vous lui devez tant, ne me devez-vous rien?
Et lui faut-il payer vos dettes de mon bien?
Après que ma couronne a garanti vos têtes, [25]
Ne mérité-je point de part en vos conquêtes?
Ne vous ai-je servi que pour servir toujours,
Et m'assurer des fers par mon propre secours?
Ne vous y trompez pas : si Perpenna m'épouse,
Du pouvoir souverain je deviendrai jalouse,
Et le rendrai moi-même assez entreprenant
Pour ne vous pas laisser un roi pour lieutenant.
Je vous avoûrai plus ; à qui que je me donne,
Je voudrai hautement soutenir ma couronne,

Et c'est ce qui me force à vous considérer,
De peur de perdre tout, s'il nous faut séparer.
Je ne vois que vous seul qui, des mers aux montagnes,
Sous un même étendard puisse unir nos Espagnes :
Mais ce que je propose en est le seul moyen ;
Et, quoi qu'ait fait pour vous ce cher concitoyen,
S'il vous a secouru contre la tyrannie,
Il en est bien payé d'avoir sauvé sa vie. 26
Les malheurs du parti l'accabloient à tel point,
Qu'il se voyoit perdu, s'il ne vous eût pas joint :
Et même, si j'en veux croire la renommée,
Ses troupes, malgré lui, grossissoient votre armée.
Rome offre un grand secours ; du moins on vous l'écrit ;
Mais s'armât-elle toute en faveur d'un proscrit,
Quand nous sommes aux bords d'une pleine victoire, 27
Quel besoin avons-nous d'en partager la gloire ?
Encore une campagne, et nos seuls escadrons
Aux aigles de Sylla font repasser les monts.
Et ces derniers venus auront droit de nous dire
Qu'ils auront en ces lieux établi notre empire !
Soyons d'un tel honneur l'un et l'autre jaloux ;
Et quand nous pouvons tout, ne devons rien qu'à nous.

SERTORIUS.

« L'espoir le mieux fondé n'a jamais trop de forces : 28
« Le plus heureux destin surprend par les divorces ; 29
« Du trop de confiance il aime à se venger ; 30
« Et dans un grand dessein rien n'est à négliger.

« Devons-nous exposer à tant d'incertitude 31
« L'esclavage de Rome, et notre servitude,.

ACTE II, SCÈNE II.

« De peur de partager avec d'autres Romains
« Un honneur où le ciel veut peut-être leurs mains ?
Notre gloire, il est vrai, deviendra sans seconde,
Si nous faisons sans eux la liberté du monde ;
Mais si quelque malheur suit tant d'heureux combats,
Quels reproches cruels ne nous ferons-nous pas !
D'ailleurs, considérez que Perpenna vous aime ;
Qu'il est ou qu'il se croit digne du diadème ;
Qu'il peut ici beaucoup ; qu'il s'est vu de tous temps
Qu'en gouvernant le mieux on fait des mécontents ;
Que, piqué du mépris, il osera peut-être...

VIRIATE.

Tranchez le mot, seigneur : je vous ai fait mon maître,
Et je dois obéir malgré mon sentiment ;
C'est à quoi se réduit tout ce raisonnement.
 « Faites, faites entrer ce héros d'importance ; [32] *a*
Que je fasse un essai de mon obéissance ;
Et si vous le craignez, craignez autant du moins [33]
Un long et vain regret d'avoir prêté vos soins.

SERTORIUS.

Madame, croiriez-vous...

VIRIATE.

          Ce mot vous doit suffire ;
J'entends ce qu'on me dit, et ce qu'on me veut dire.
Allez, faites-lui place ; et ne présumez pas...

SERTORIUS.

Je parle pour un autre ; et toutefois, hélas ! [34]
Si vous saviez...

---

a Eh bien ! faites entrer ce héros d'importance ;

SERTORIUS.

VIRIATE.

Seigneur, que faut-il que je sache?
Et quel est ce secret que ce soupir me cache?

SERTORIUS.

« Ce soupir redoublé...

VIRIATE.

N'achevez point; allez : *a*
Je vous obéirai plus que vous ne voulez.

SCÈNE III.

VIRIATE, THAMIRE.

THAMIRE.

SA dureté m'étonne; et je ne puis, madame... 1

VIRIATE.

L'apparence t'abuse; il m'aime au fond de l'âme. 2

THAMIRE.

Quoi! quand pour un rival il s'obstine au refus... 3

VIRIATE.

« Il veut que je l'amuse, et ne veut rien de plus. 4 *b*

THAMIRE.

« Vous avez des clartés que mon insuffisance... *c*

VIRIATE.

Parlons à ce rival; le voilà qui s'avance.

---

a Ce soupir dit assez.

VIRIATE.

N'achevez point; allez :

b Il veut gagner du temps, et ne veut rien de plus.

c Vous savez mieux que moi ce que son âme pense.....

SCÈNE IV.

VIRIATE, PERPENNA, AUFIDE, THAMIRE.

VIRIATE.

Vous m'aimez, Perpenna; Sertorius le dit : [1]
Je crois sur sa parole, et lui dois tout crédit.
Je sais donc votre amour; mais tirez-moi de peine :
Par où prétendez-vous mériter une reine?
A quel titre lui plaire? et par quel charme un jour [2]
Obliger sa couronne à payer votre amour?

PERPENNA.

Par de sincères vœux, par d'assidus services,
Par de profonds respects, par d'humbles sacrifices;
Et si quelques effets peuvent justifier....

VIRIATE.

Eh bien, qu'êtes-vous prêt de lui sacrifier? [3]

PERPENNA.

Tous mes soins, tout mon sang, mon courage, ma vie.

VIRIATE.

Pourriez-vous la servir dans une jalousie? [4]

PERPENNA.

Ah madame!

VIRIATE.

A ce mot en vain le cœur vous bat;
Elle n'est pas d'amour, elle n'est que d'état.
J'ai de l'ambition, et mon orgueil de reine
Ne peut voir sans chagrin une autre souveraine,
Qui, sur mon propre trône à mes yeux s'élevant,
Jusque dans mes états prenne le pas devant.

Sertorius y règne, et dans tout notre empire
Il dispense des lois où j'ai voulu souscrire.
Je ne m'en repens point ; il en a bien usé ;
Je rends grâces au ciel qui l'a favorisé.
Mais, pour vous dire enfin de quoi je suis jalouse,
Quel rang puis-je garder auprès de son épouse ?
Aristie y prétend, et l'offre qu'elle fait, 5
Ou que l'on fait pour elle, en assure l'effet.
« Délivrez nos climats de cette vagabonde,
« Qui vient par son exil troubler un autre monde ;
« Et forcez-la sans bruit d'honorer d'autres lieux
« De cet illustre objet qui me blesse les yeux.
« Assez d'autres états lui prêteront asile. *a*

PERPENNA.

Quoi que vous m'ordonniez, tout me sera facile :
Mais quand Sertorius ne l'épousera pas,
Un autre hymen vous met dans le même embarras. 6
Et qu'importe, après tout, d'une autre, ou d'Aristie,
Si...

VIRIATE.

Rompons, Perpenna, rompons cette partie ;
Donnons ordre au présent ; et quant à l'avenir,
Suivant l'occasion, nous y saurons fournir.
Le temps est un grand maître ; il règle bien des choses.
Enfin je suis jalouse, et vous en dis les causes.
Voulez-vous me servir ?

PERPENNA.

Si je le veux ! j'y cours, 7
Madame, et meurs déjà d'y consacrer mes jours.

---

a Obligez-la, seigneur, de quitter cet asile.

Mais pourrai-je espérer que ce foible service
Attirera sur moi quelque regard propice,
Que le cœur attendri fera suivre...

VIRIATE.

Arrêtez;
Vous porteriez trop loin des vœux précipités.
Sans doute un tel service aura droit de me plaire;
Mais laissez-moi, de grâce, arbitre du salaire :
Je ne suis point ingrate, et sais ce que je dois;
Et c'est vous dire assez pour la première fois.
Adieu.

SCÈNE V.

PERPENNA, AUFIDE.

AUFIDE.

Vous le voyez, seigneur, comme on vous joue.
Tout son cœur est ailleurs; Sertorius l'avoue,
Et fait auprès de vous l'officieux rival, [1]
Cependant que la reine.....

PERPENNA.

Ah! n'en juge point mal.
A lui rendre service elle m'ouvre une voie [2]
Que tout mon cœur embrasse avec excès de joie.

AUFIDE.

Vous ne voyez donc pas que son esprit jaloux
Ne cherche à se servir de vous que contre vous,
Et que, rompant le cours d'une flamme nouvelle,
Vous forcez ce rival à retourner vers elle?

PERPENNA.

N'importe, servons-la, méritons son amour;
La force et la vengeance agiront à leur tour.
Hasardons quelques jours sur l'espoir qui nous flatte,
Dussions-nous pour tout fruit ne faire qu'une ingrate.

AUFIDE.

Mais, seigneur....

PERPENNA.

Épargnons les discours superflus;
Songeons à la servir, et ne contestons plus;
Cet unique souci tient mon âme occupée.
Cependant de nos murs on découvre Pompée;
Tu sais qu'on me l'a dit : allons le recevoir,
Puisque Sertorius m'impose ce devoir.

FIN DU SECOND ACTE.

ACTE TROISIÈME.

SCÈNE I.ère 1

SERTORIUS, POMPÉE; SUITE.

SERTORIUS.

Seigneur, qui des mortels eût jamais osé croire 2
Que la trève à tel point dût rehausser ma gloire;
Qu'un nom à qui la guerre a fait trop applaudir, 3
Dans l'ombre de la paix trouvât à s'agrandir?
Certes, je doute encor si ma vue est trompée,
Alors que dans ces murs je vois le grand Pompée;
Et, quand il lui plaira, je saurai quel bonheur
Comble Sertorius d'un tel excès d'honneur.

POMPÉE.

Deux raisons. Mais, seigneur, faites qu'on se retire, 4
Afin qu'en liberté je puisse vous les dire.

SCÈNE II.

SERTORIUS et POMPÉE, assis.

POMPÉE.

L'inimitié qui règne entre nos deux partis 1
N'y rend pas de l'honneur tous les droits amortis :
Comme le vrai mérite a ses prérogatives, 2
Qui prennent le dessus des haines les plus vives,

L'estime et le respect sont de justes tributs
Qu'aux plus fiers ennemis arrachent les vertus ;
Et c'est ce que vient rendre à la haute vaillance [3]
Dont je ne fais ici que trop d'expérience
L'ardeur de voir de près un si fameux héros,
Sans lui voir en la main piques ni javelots, [4]
Et le front désarmé de ce regard terrible [5]
Qui dans nos escadrons guide un bras invincible.

Je suis jeune, et guerrier, et tant de fois vainqueur,
Que mon trop de fortune a pu m'enfler le cœur ;
Mais, et ce franc aveu sied bien aux grands courages, [6]
J'apprends plus contre vous par mes désavantages, [7]
Que les plus beaux succès qu'ailleurs j'aie emportés
Ne m'ont encore appris par mes prospérités.
Je vois ce qu'il faut faire, à voir ce que vous faites : [8]
Les siéges, les assauts, les savantes retraites,
Bien camper, bien choisir à chacun son emploi ;
Votre exemple est par-tout une étude pour moi.
Ah ! si je vous pouvois rendre à la république,
Que je croirois lui faire un présent magnifique !
Et que j'irois, seigneur, à Rome avec plaisir,
Puisque la trêve enfin m'en donne le loisir,
Si j'y pouvois porter quelque foible espérance
D'y conclure un accord d'une telle importance !
Près de l'heureux Sylla ne puis-je rien pour vous ?
Et près de vous, seigneur, ne puis-je rien pour tous ?

SERTORIUS.

Vous me pourriez sans doute épargner quelque peine,
Si vous vouliez avoir l'âme toute romaine :

Mais, avant que d'entrer en ces difficultés,
Souffrez que je réponde à vos civilités. 9

Vous ne me donnez rien par cette haute estime [10]
Que vous n'ayez déjà dans le degré sublime.
La victoire attachée à vos premiers exploits,
Un triomphe avant l'âge où le souffrent nos lois,
Avant la dignité qui permet d'y prétendre,
Font trop voir quels respects l'univers vous doit rendre.
Si dans l'occasion je ménage un peu mieux [11]
L'assiette du pays et la faveur des lieux,
Si mon expérience en prend quelqu'avantage,
Le grand art de la guerre attend quelquefois l'âge ;
Le temps y fait beaucoup ; et de mes actions
S'il vous a plu tirer quelques instructions,
Mes exemples un jour ayant fait place aux vôtres,
Ce que je vous apprends, vous l'apprendrez à d'autres ;
Et ceux qu'aura ma mort saisis de mon emploi,
S'instruiront contre vous, comme vous contre moi.

Quant à l'heureux Sylla, je n'ai rien à vous dire :
Je vous ai montré l'art d'affoiblir son empire ;
Et si je puis jamais y joindre des leçons
Dignes de vous apprendre à repasser les monts,
Je suivrai d'assez près votre illustre retraite
Pour traiter avec lui sans besoin d'interprète,
Et sur les bords du Tibre, une pique à la main, [12]
Lui demander raison pour le peuple romain.

POMPÉE.

De si hautes leçons, seigneur, sont difficiles, [13]
Et pourroient vous donner quelques soins inutiles,

Si vous faisiez dessein de me les expliquer
Jusqu'à m'avoir appris à les bien pratiquer.
SERTORIUS.
Aussi me pourriez-vous épargner quelque peine,
Si vous vouliez avoir l'âme toute romaine ;
Je vous l'ai déjà dit.
POMPÉE.
    Ce discours rebattu
Lasseroit une austère et farouche vertu.
Pour moi, qui vous honore assez pour me contraindre
A fuir obstinément tout sujet de m'en plaindre,
Je ne veux rien comprendre en ces obscurités.
SERTORIUS.
Je sais qu'on n'aime point de telles vérités :
Mais, seigneur, étant seuls, je parle avec franchise ;
Bannissant les témoins, vous me l'avez permise ;
Et je garde avec vous la même liberté
Que si votre Sylla n'avoit jamais été.
 Est-ce être tout Romain qu'être chef d'une guerre [14]
Qui veut tenir aux fers les maîtres de la terre ?
Ce nom, sans vous et lui, nous seroit encor dû ;
C'est par lui, c'est par vous, que nous l'avons perdu.
C'est vous qui sous le joug traînez des cœurs si braves ; [15]
Ils étoient plus que rois, ils sont moindres qu'esclaves ;
Et la gloire qui suit vos plus nobles travaux
Ne fait qu'approfondir l'abîme de leurs maux ;
Leur misère est le fruit de leur illustre peine.
Et vous pensez avoir l'âme toute romaine !
Vous avez hérité ce nom de vos aïeux ;
Mais s'il vous étoit cher, vous le rempliriez mieux

ACTE III, SCÈNE II.

POMPÉE.

Je crois le bien remplir quand tout mon cœur s'applique
Aux soins de rétablir un jour la république :
Mais vous jugez, seigneur, de l'âme par le bras ; [16]
Et souvent l'un paroît ce que l'autre n'est pas.
 Lorsque deux factions divisent un empire,
Chacun suit au hasard la meilleure ou la pire,
Suivant l'occasion ou la nécessité
Qui l'emporte vers l'un ou vers l'autre côté.
Le plus juste parti, difficile à connoître,
Nous laisse en liberté de nous choisir un maître ;
Mais quand ce choix est fait on ne s'en dédit plus.
J'ai servi sous Sylla du temps de Marius,
Et servirai sous lui tant qu'un destin funeste [17]
De nos divisions soutiendra quelque reste.
Comme je ne vois pas dans le fond de son cœur,
J'ignore quels projets peut former son bonheur : [18]
S'il les pousse trop loin, moi-même je l'en blâme ;
Je lui prête mon bras sans engager mon âme ;
Je m'abandonne au cours de sa félicité,
Tandis que tous mes vœux sont pour la liberté ;
Et c'est ce qui me force à garder une place
Qu'usurperoient sans moi l'injustice et l'audace,
Afin que, Sylla mort, ce dangereux pouvoir [19]
Ne tombe qu'en des mains qui sachent leur devoir.
Enfin je sais mon but, et vous savez le vôtre.

SERTORIUS.

Mais cependant, seigneur, vous servez comme un autre ;
Et nous, qui jugeons tout sur la foi de nos yeux,
Et laissons le dedans à pénétrer aux dieux,

Nous craignons votre exemple, et doutons si dans Rome
Il n'instruit point le peuple à prendre loi d'un homme,
Et si votre valeur sous le pouvoir d'autrui
Ne sème point pour vous lorsqu'elle agit pour lui.
 Comme je vous estime, il m'est aisé de croire
Que de la liberté vous feriez votre gloire,
Que votre âme en secret lui donne tous ses vœux;
Mais si je m'en rapporte aux esprits soupçonneux,
Vous aidez aux Romains à faire essai d'un maître,
Sous ce flatteur espoir qu'un jour vous pourrez l'être.
La main qui les opprime, et que vous soutenez,
Les accoutume au joug que vous leur destinez;
Et doutant s'ils voudront se faire à l'esclavage,
Aux périls de Sylla vous tâtez leur courage. 20

POMPÉE.

Le temps détrompera ceux qui parlent ainsi;
Mais justifira-t-il ce que l'on voit ici?
Permettez qu'à mon tour je parle avec franchise;
Votre exemple à la fois m'instruit et m'autorise.
Je juge, comme vous, sur la foi de mes yeux,
Et laisse le dedans à pénétrer aux dieux.
 Ne vit-on pas ici sous les ordres d'un homme?
N'y commandez-vous pas comme Sylla dans Rome?
Du nom de dictateur, du nom de général,
Qu'importe, si des deux le pouvoir est égal?
Les titres différents ne font rien à la chose;
Vous imposez des lois ainsi qu'il en impose;
Et s'il est périlleux de s'en faire haïr,
Il ne seroit pas sûr de vous désobéir.

ACTE III, SCÈNE II.

Pour moi, si quelque jour je suis ce que vous êtes,
J'en userai peut-être alors comme vous faites :
Jusque-là....

SERTORIUS.

. Vous pourriez en douter jusque-là,
Et me faire un peu moins ressembler à Sylla.
Si je commande ici, le sénat me l'ordonne.
Mes ordres n'ont encore assassiné personne.
Je n'ai pour ennemis que ceux du bien commun;
Je leur fais bonne guerre, et n'en proscris pas un.
C'est un asile ouvert que mon pouvoir suprême;
Et si l'on m'obéit, ce n'est qu'autant qu'on m'aime.

POMPÉE.

Et votre empire en est d'autant plus dangereux,
Qu'il rend de vos vertus les peuples amoureux,
Qu'en assujettissant vous avez l'art de plaire,
Qu'on croit n'être en vos fers qu'esclave volontaire,
Et que la liberté trouvera peu de jour
A détruire un pouvoir que fait régner l'amour.
Ainsi parlent, seigneur, les âmes soupçonneuses.
Mais n'examinons point ces questions fâcheuses,
Ni si c'est un sénat qu'un amas de bannis
Que cet asile ouvert sous vous a réunis.
Une seconde fois, n'est-il aucune voie
Par où je puisse à Rome emporter quelque joie?
Elle seroit extrême à trouver les moyens
De rendre un si grand homme à ses concitoyens.
Il est doux de revoir les murs de la patrie :
C'est elle par ma voix, seigneur, qui vous en prie;
C'est Rome....

SERTORIUS.

Le séjour de votre potentat, [21]
Qui n'a que ses fureurs pour maximes d'état!
Je n'appelle plus Rome un enclos de murailles
Que ses proscriptions comblent de funérailles;
Ces murs dont le destin fut autrefois si beau,
N'en sont que la prison, ou plutôt le tombeau :
Mais, pour revivre ailleurs dans sa première force,
Avec les faux Romains elle a fait plein divorce;
Et comme autour de moi j'ai tous ses vrais appuis,
Rome n'est plus dans Rome, elle est toute où je suis.

Parlons pourtant d'accord. Je ne sais qu'une voie
Qui puisse avec honneur nous donner cette joie.
Unissons-nous ensemble, et le tyran est bas :
Rome à ce grand dessein ouvrira tous ses bras.
Ainsi nous ferons voir l'amour de la patrie,
Pour qui vont les grands cœurs jusqu'à l'idolâtrie;
Et nous épargnerons ces flots de sang romain
Que versent tous les ans votre bras et ma main.

POMPÉE.

Ce projet, qui pour vous est tout brillant de gloire,
N'auroit-il rien pour moi d'une action trop noire?
Moi qui commande ailleurs, puis-je servir sous vous?

SERTORIUS.

Du droit de commander je ne suis point jaloux :
« Je ne l'ai qu'en dépôt; et je vous l'abandonne,
« Non jusqu'à vous servir de ma seule personne;
« Je prétends un peu plus : mais dans cette union
« De votre lieutenant m'enviriez-vous le nom?

ACTE III, SCÈNE II.

POMPÉE.

De pareils lieutenants n'ont des chefs qu'en idée ;
Leur nom retient pour eux l'autorité cédée ;
Ils n'en quittent que l'ombre ; et l'on ne sait que c'est [22]
De suivre ou d'obéir que suivant qu'il leur plaît.
Je sais une autre voie, et plus noble, et plus sûre.
Sylla, si vous voulez, quitte sa dictature ;
Et déjà de lui-même il s'en seroit démis,
S'il voyoit qu'en ces lieux il n'eût plus d'ennemis.
Mettez les armes bas, je réponds de l'issue ;
J'en donne ma parole après l'avoir reçue.
Si vous êtes Romain, prenez l'occasion.

SERTORIUS.

Je ne m'éblouis point de cette illusion.
Je connois le tyran, j'en vois le stratagème ;
Quoiqu'il semble promettre, il est toujours lui-même.
Vous qu'à sa défiance il a sacrifié [23]
Jusques à vous forcer d'être son allié....

POMPÉE.

Hélas ! ce mot me tue ; et, je le dis sans feinte,
C'est l'unique sujet qu'il m'a donné de plainte :
J'aimois mon Aristie, il m'en vient d'arracher. [24]
Mon cœur frémit encore à me le reprocher :
Vers tant de biens perdus sans cesse il me rappelle ;
Et, je vous rends, seigneur, mille grâces pour elle.
A vous, à ce grand cœur dont la compassion
Daigne ici l'honorer de sa protection.

SERTORIUS.

Protéger hautement les vertus malheureuses, [25]
C'est le moindre devoir des âmes généreuses :

Aussi fais-je encor plus, je lui donne un époux.

POMPÉE.

Un époux! Dieux! qu'entends-je? Et qui, seigneur?

SERTORIUS.

Moi.

POMPÉE.

Vous!
Seigneur, toute son âme est à moi dès l'enfance :
N'imitez point Sylla par cette violence ;
Mes maux sont assez grands, sans y joindre celui
De voir tout ce que j'aime entre les bras d'autrui.

SERTORIUS.

Tout est encore à vous.

SCÈNE III.

ARISTIE, SERTORIUS, POMPÉE.

SERTORIUS.

Venez, venez, madame,
Faire voir quel pouvoir j'usurpe sur votre âme,
Et montrer, s'il se peut, à tout le genre humain
La force qu'on vous fait pour me donner la main.

POMPÉE.

C'est elle-même, ô ciel!

SERTORIUS.

Je vous laisse avec elle,
Et sais que tout son cœur vous est encor fidèle.
Reprenez votre bien ; ou ne vous plaignez plus
Si j'ose m'enrichir, seigneur, de vos refus.

SCÈNE IV.[1]

POMPÉE, ARISTIE.

POMPÉE.

Le dit-on vrai, madame? et seroit-il possible....

ARISTIE.

Oui, seigneur, il est vrai que j'ai le cœur sensible ;
Suivant qu'on m'aime ou hait, j'aime ou hais à mon tour,[2]
Et ma gloire soutient ma haine et mon amour.
« Mais si de mon amour elle est la souveraine,
« Elle n'est pas toujours maîtresse de ma haine :
« Je ne la suis pas même ; et je hais quelquefois
« Et moins que je ne veux, et moins que je ne dois.

POMPÉE.

Cette haine a pour moi toute son étendue,
Madame, et la pitié ne l'a point suspendue ;
Ma générosité n'a pu la modérer.

ARISTIE.

Vous ne voyez donc pas qu'elle a peine à durer?
Mon feu, qui n'est éteint que parce qu'il doit l'être,[3]
Cherche en dépit de moi le vôtre pour renaître ;
Et je sens qu'à vos yeux mon courroux chancelant
Trébuche, perd sa force, et meurt en vous parlant.[a]
M'aimeriez-vous encor, seigneur?

POMPÉE.
                    Si je vous aime![4]
Demandez si je vis, ou si je suis moi-même.

<small>Hésite, perd sa force, et meurt en vous parlant.</small>

Votre amour est ma vie, et ma vie est à vous.
ARISTIE.
Sortez de mon esprit, ressentimens jaloux : 5
Noirs enfants du dépit, ennemis de ma gloire,
Tristes ressentiments, je ne veux plus vous croire.
Quoi qu'on m'ait fait d'outrage, il ne m'en souvient plus.
Plus de nouvel hymen, plus de Sertorius.
Je suis au grand Pompée; et puisqu'il m'aime encore,
Puisqu'il me rend son cœur, de nouveau je l'adore.
Plus de Sertorius.... Mais, seigneur, répondez;
Faites parler ce cœur qu'enfin vous me rendez.
Plus de Sertorius.... Hélas! quoi que je die, 6
Vous ne me dites point, seigneur, *Plus d'Émilie.*

Rentrez dans mon esprit, jaloux ressentiments,
Fiers enfants de l'honneur, nobles emportements;
C'est vous que je veux croire; et Pompée infidèle
Ne sauroit plus souffrir que ma haine chancelle;
Il l'affermit pour moi. Venez, Sertorius;
Il me rend tout à vous par ce muet refus.
Donnons ce grand témoin à ce grand hyménée;
Son âme toute ailleurs n'en sera point gênée :
Il le verra sans peine, et cette dureté
Passera chez Sylla pour magnanimité.
POMPÉE.
Ce qu'il vous fait d'injure également m'outrage; 7
Mais enfin je vous aime, et ne puis davantage.
« Vous, si jamais ma flamme eut pour vous quelque appas,
« Plaignez-vous, haïssez, mais ne vous donnez pas;
« Demeurez en état d'être toujours ma femme;
« Gardez jusqu'au tombeau l'empire de mon âme.

ACTE III, SCÈNE IV.

Sylla n'a que son temps; il est vieil et cassé;
Son règne passera, s'il n'est déjà passé;
Ce grand pouvoir lui pèse, il s'apprête à le rendre :
Comme à Sertorius, je veux bien vous l'apprendre.
Ne vous jetez donc point, madame, en d'autres bras;
Plaignez-vous, haïssez, mais ne vous donnez pas :
Si vous voulez ma main, n'engagez point la vôtre.

ARISTIE.

Mais quoi ! n'êtes-vous pas entre les bras d'une autre ?

POMPÉE.

Non, puisqu'il vous en faut confier le secret.
Émilie à Sylla n'obéit qu'à regret.
Des bras d'un autre époux ce tyran qui l'arrache,
Ne rompt point dans son cœur le saint nœud qui l'attache;
Elle porte en ses flancs un fruit de cet amour, [8]
Que bientôt chez moi-même elle va mettre au jour;
Et, dans ce triste état, sa main qu'il m'a donnée
N'a fait que l'éblouir par un feint hyménée,
Tandis que, tout entière à son cher Glabrion,
Elle paroît ma femme, et n'en a que le nom.

ARISTIE.

Et ce nom seul est tout pour celles de ma sorte.
Rendez-le-moi, seigneur, ce grand nom qu'elle porte.[9]
J'aimai votre tendresse et vos empressements;
Mais je suis au-dessus de ces attachements;
Et tout me sera doux, si ma trame coupée
Me rend à mes aïeux en femme de Pompée,
Et que sur mon tombeau ce grand titre gravé
Montre à tout l'avenir que je l'ai conservé.

J'en fais toute ma gloire et toutes mes délices ;
Un moment de sa perte a pour moi des supplices.
Vengez-moi de Sylla qui me l'ôte aujourd'hui,
Ou souffrez qu'on me venge et de vous et de lui ;
« Qu'un autre hymen me rende un titre qui l'égale ;
« Qu'il me relève autant que Sylla me ravale :
« Non que je puisse aimer aucun autre que vous ;
« Mais pour venger ma gloire il me faut un époux ; [10]
« Il m'en faut un illustre, et dont la renommée....

POMPÉE.

« Ah ! ne vous lassez point d'aimer et d'être aimée. [11]
« Peut-être touchons-nous au moment désiré
« Qui saura réunir ce qu'on a séparé.
« Ayez plus de courage et moins d'impatience ; [12]
« Souffrez que Sylla meure, ou quitte sa puissance...

ARISTIE.

« J'attendrai de sa mort ou de son repentir
« Qu'à me rendre l'honneur vous daigniez consentir !
« Et je verrai toujours votre cœur plein de glace,
« Mon tyran impuni, ma rivale en ma place,
« Jusqu'à ce qu'il renonce au pouvoir absolu,
« Après l'avoir gardé tant qu'il l'aura voulu !

POMPÉE.

Mais tant qu'il pourra tout, que pourrai-je, madame ? [13]

ARISTIE.

Suivre en tous lieux, seigneur, l'exil de votre femme, [14]
La ramener chez vous avec vos légions,
Et rendre un heureux calme à nos divisions. [15]
Que ne pourrez-vous point en tête d'une armée
Par-tout, hors de l'Espagne, à vaincre accoutumée?

ACTE III, SCÈNE IV.

Et quand Sertorius sera joint avec nous,
Que pourra le tyran? qu'osera son courroux?

POMPÉE.

Ce n'est pas s'affranchir qu'un moment le paroître, 16
Ni secouer le joug, que de changer de maître.
Sertorius pour vous est un illustre appui;
Mais en faire le mien, c'est me ranger sous lui;
Joindre nos étendards, c'est grossir son empire.
Perpenna qui l'a joint saura que vous en dire. 17
Je sers : mais jusqu'ici l'ordre vient de si loin,
Qu'avant qu'on le reçoive il n'en est plus besoin;
Et ce peu que j'y rends de vaine déférence, 18
Jaloux du vrai pouvoir, ne sert qu'en apparence.
Je crois n'avoir plus même à servir qu'un moment;
Et quand Sylla prépare un si doux changement,
Pouvez-vous m'ordonner de me bannir de Rome,
Pour la remettre au joug sous les lois d'un autre homme,
Moi qui ne suis jaloux de mon autorité
Que pour lui rendre un jour toute sa liberté?
Non, non : si vous m'aimez, comme j'aime à le croire,
Vous saurez accorder votre amour et ma gloire,
Céder avec prudence au temps prêt à changer,
Et ne me perdre pas au lieu de vous venger.

ARISTIE.

Si vous m'avez aimée, et qu'il vous en souvienne,
Vous mettrez votre gloire à me rendre la mienne.
Mais il est temps qu'un mot termine ces débats.
Me voulez-vous, seigneur? ne me voulez-vous pas? 19
Parlez, que votre choix règle ma destinée.
Suis-je encore à l'époux à qui l'on m'a donnée?

5.   16

Suis-je à Sertorius? C'est assez consulté;
Rendez-moi mes liens, ou pleine liberté....

POMPÉE.

Je le vois bien, madame, il faut rompre la trêve,
Pour briser en vainqueur cet hymen s'il s'achève;
Et vous savez si peu l'art de vous secourir,
Que, pour vous en instruire, il faut vous conquérir.

ARISTIE.

Sertorius sait vaincre, et garder ses conquêtes. 20

POMPÉE.

La vôtre à la garder coûtera bien des têtes;
Comme elle fermera la porte à tout accord,
Rien ne la peut jamais assurer, que ma mort.
Oui, j'en jure les dieux, s'il faut qu'il vous obtienne,
Rien ne peut empêcher sa perte, que la mienne;
Et peut-être tous deux, l'un par l'autre percés,
Nous vous ferons connoître à quoi vous nous forcez.

ARISTIE.

Je ne suis pas, seigneur, d'une telle importance.
D'autres soins éteindront cette ardeur de vengeance:
Ceux de vous agrandir vous porteront ailleurs,
Où vous pourrez trouver quelques destins meilleurs;
Ceux de servir Sylla, d'aimer son Émilie,
D'imprimer du respect à toute l'Italie,
De rendre à votre Rome un jour sa liberté,
Sauront tourner vos pas de quelque autre côté.
Sur-tout ce privilége acquis aux grandes âmes
De changer à leur gré de maris et de femmes,
Mérite qu'on l'étale au bout de l'univers,
Pour en donner l'exemple à cent climats divers.

ACTE III, SCÈNE IV.

POMPÉE.

Ah! c'en est trop, madame; et de nouveau je jure... 21

ARISTIE.

Seigneur, les vérités font-elles quelque injure?

POMPÉE.

Vous oubliez trop tôt que je suis votre époux.

ARISTIE.

Ah! si ce nom vous plaît, je suis encore à vous.
Voilà ma main, seigneur.

POMPÉE.

Gardez-la-moi, madame.

ARISTIE.

Tandis que vous avez à Rome une autre femme!
Que par un autre hymen vous me déshonorez!
Me punissent les dieux que vous avez jurés, 22
Si, passé ce moment, et hors de votre vue,
Je vous garde une foi que vous avez rompue!

POMPÉE.

Qu'allez-vous faire? hélas!

ARISTIE.

Ce que vous m'enseignez.

POMPÉE.

Éteindre un tel amour!

ARISTIE.

Vous-même l'éteignez. 23

POMPÉE.

La victoire aura droit de le faire renaître.

ARISTIE.

Si ma haine est trop foible, elle la fera croître.

POMPÉE.

Pourrez-vous me haïr?

ARISTIE.

J'en fais tous mes souhaits.

POMPÉE.

Adieu donc pour deux jours.

ARISTIE.

Adieu pour tout jamais. 24

FIN DU TROISIÈME ACTE.

ACTE QUATRIÈME.

SCÈNE I.ère

SERTORIUS, THAMIRE.

SERTORIUS.

Pourrai-je voir la reine ?
TIIAMIRE.
Attendant qu'elle vienne,
Elle m'a commandé que je vous entretienne,
Et veut demeurer seule encor quelques moments.
SERTORIUS.
Ne m'apprendrez-vous point où vont ses sentiments,
Et que doit Perpenna concevoir d'espérance ?
THAMIRE.
Elle ne m'en fait pas beaucoup de confidence;
Mais j'ose présumer qu'offert de votre main
Il aura peu de peine à fléchir son dédain.
Vous pouvez tout sur elle.
SERTORIUS.
Ah ! j'y puis peu de chose,
Si jusqu'à l'accepter mon malheur la dispose;
Ou, pour en parler mieux, j'y puis trop, et trop peu.
THAMIRE.
Elle croit fort vous plaire en secondant son feu.
SERTORIUS.
Me plaire ?

THAMIRE.

Oui. Mais, seigneur, d'où vient cette surprise?
Et de quoi s'inquiète un cœur qui la méprise?

SERTORIUS.

N'appelez point mépris un violent respect
Que sur mes plus doux vœux fait régner son aspect.

THAMIRE.

« Il est peu de respects qui ressemblent au vôtre,
« S'il ne sait que trouver des raisons pour un autre;
« Et je préférerois un peu d'emportement ²
« Aux plus humbles devoirs d'un tel accablement.

SERTORIUS.

« Il n'en est rien parti capable de me nuire,
« Qu'un soupir échappé ne dût soudain détruire :
« Mais la reine, sensible à de nouveaux désirs,
« Entendoit mes raisons, et non pas mes soupirs.

THAMIRE.

« Seigneur, quand un Romain, quand un héros soupire,
« Nous n'entendons pas bien ce qu'un soupir veut dire;
« Et je vous servirois de meilleur truchement
« Si vous vous expliquiez un peu plus clairement.
Je sais qu'en ce climat, que vous nommez barbare,
L'amour par un soupir quelquefois se déclare :
Mais la gloire, qui fait toutes vos passions,
Vous met trop au-dessus de ces impressions ;
De tels désirs, trop bas pour les grands cœurs de Rome....

SERTORIUS.

Ah! pour être Romain, je n'en suis pas moins homme. ³
J'aime, et peut-être plus qu'on n'a jamais aimé ; ⁴
Malgré mon âge et moi, mon cœur s'est enflammé.

ACTE IV, SCÈNE II.

J'ai cru pouvoir me vaincre, et toute mon adresse
Dans mes plus grands efforts m'a fait voir ma foiblesse;
« Ceux de la politique et ceux de l'amitié
« M'ont mis en un état à me faire pitié.
« Le souvenir m'en tue, et ma vie incertaine
« Dépend d'un peu d'espoir que j'attends de la reine.
Si toutefois....

THAMIRE.

Seigneur, elle a de la bonté:
Mais je vois son esprit fortement irrité;
Et si vous m'ordonnez de vous parler sans feindre,
Vous pouvez espérer, mais vous avez à craindre.
N'y perdez point de temps, et ne négligez rien;
C'est peut-être un dessein mal ferme que le sien.
La voici. Profitez des avis qu'on vous donne,
Et gardez bien sur-tout qu'elle ne m'en soupçonne.

SCÈNE II.

VIRIATE, SERTORIUS, THAMIRE.

VIRIATE.

On m'a dit qu'Aristie a manqué son projet,
Et que Pompée échappe à cet illustre objet.
Est-il vrai, seigneur?

SERTORIUS.

Il est trop vrai, madame;
Mais bien qu'il l'abandonne, il l'adore dans l'àme,
Et rompra, m'a-t-il dit, la trève dès demain,
S'il voit qu'elle s'apprête à me donner la main.

VIRIATE.

Vous vous alarmez peu d'une telle menace?

SERTORIUS.

Ce n'est pas en effet ce qui plus m'embarrasse. ²
Mais vous, pour Perpenna qu'avez-vous résolu?

VIRIATE.

D'obéir sans remise au pouvoir absolu ;
Et si d'une offre en l'air votre âme encor frappée
Veut bien s'embarrasser du rebut de Pompée,
Il ne tiendra qu'à vous que dès demain tous deux
De l'un et l'autre hymen nous n'assurions les nœuds;
Dût se rompre la trève, et dût la jalousie
Jusqu'au dernier éclat pousser sa frénésie.

SERTORIUS.

Vous pourrez dès demain....

VIRIATE.

Dès ce même moment.
Ce n'est pas obéir qu'obéir lentement ;
Et quand l'obéissance a de l'exactitude, ³
Elle voit que sa gloire est dans la promptitude.

SERTORIUS.

Mes prières pouvoient souffrir quelques refus.

VIRIATE.

Je les prendrai toujours pour ordres absolus.
Qui peut ce qu'il lui plaît commande alors qu'il prie.
D'ailleurs, Perpenna m'aime avec idolâtrie.
Tant d'amour, tant de rois d'où son sang est venu,
Le pouvoir souverain dont il est soutenu,
Valent bien tous ensemble un trône imaginaire
Qui ne peut subsister que par l'heur de vous plaire.

ACTE IV, SCÈNE II.

SERTORIUS.

Je n'ai donc qu'à mourir en faveur de ce choix : 4
J'en ai reçu la loi de votre propre voix ;
C'est un ordre absolu qu'il est temps que j'entende.
Pour aimer un Romain, vous voulez qu'il commande ;
Et comme Perpenna ne le peut sans ma mort,
Pour remplir votre trône il lui faut tout mon sort.
« Lui donner votre main, c'est m'ordonner, madame,
« De lui céder ma place au camp et dans votre âme.
« Il est, il est trop juste, après un tel bonheur,
« Qu'il l'ait dans notre armée, ainsi qu'en votre cœur.
J'obéis sans murmure, et veux bien que ma vie....

VIRIATE.

Avant que par cet ordre elle vous soit ravie,
Puis-je me plaindre à vous d'un retour inégal 5
Qui tient moins d'un ami qu'il ne fait d'un rival ?
Vous trouvez ma faveur et trop prompte et trop pleine !
L'hymen où je m'apprête est pour vous une gêne !
Vous m'en parlez enfin comme si vous m'aimiez ! 6

SERTORIUS.

Souffrez, après ce mot, que je meure à vos pieds. 7
J'y veux bien immoler tout mon bonheur au vôtre ;
Mais je ne vous puis voir entre les bras d'un autre ;
Et c'est assez vous dire à quelle extrémité
Me réduit un amour que j'ai mal écouté.

« Bien qu'un si digne objet le rendît excusable,
« J'ai cru honteux d'aimer quand on n'est plus aimable ;
« J'ai voulu m'en défendre à voir mes cheveux gris,
« Et me suis répondu long-temps de vos mépris.

« Mais j'ai vu dans votre âme ensuite une autre idée,
« Sur qui mon espérance aussitôt s'est fondée ;
« Et je me suis promis bien plus qu'à tous vos rois,
« Quand j'ai vu que l'amour n'en feroit point le choix.
« J'allois me déclarer sans l'offre d'Aristie :
« Non que ma passion s'en soit vue alentie ;
« Mais je n'ai point douté qu'il ne fût d'un grand cœur
« De tout sacrifier pour le commun bonheur.
« L'amour de Perpenna s'est joint à ces pensées :
« Vous avez vu le reste, et mes raisons forcées.
« Je m'étois figuré que de tels déplaisirs
« Pourroient ne me coûter que deux ou trois soupirs ;
« Et, pour m'en consoler, j'envisageois l'estime
« Et d'ami généreux et de chef magnanime :
« Mais, près d'un coup fatal, je sens par mes ennuis
« Que je me promettois bien plus que je ne puis.
Je me rends donc, madame ; ordonnez de ma vie ;
Encor tout de nouveau je vous la sacrifie.
Aimez-vous Perpenna ?

VIRIATE.
Je sais vous obéir,
Mais je ne sais que c'est d'aimer ni de haïr ; 8
Et la part que tantôt vous aviez dans mon âme
Fut un don de ma gloire, et non pas de ma flamme.
Je n'en ai point pour lui, je n'en eus point pour vous ;
Je ne veux point d'amant, mais je veux un époux,
Mais je veux un héros qui, par son hyménée,
Sache élever si haut le trône où je suis née,
Qu'il puisse de l'Espagne être l'heureux soutien,
Et laisser de vrais rois de mon sang et du sien.

ACTE IV, SCENE II.

Je le trouvois en vous, n'eût été la bassesse
Qui pour ce cher rival contre moi s'intéresse,
Et dont, quand je vous mets au-dessus de cent rois,
Une répudiée a mérité le choix.
Je l'oublîrai pourtant, et veux vous faire grâce.
M'aimez-vous?

SERTORIUS.

Oserois-je en prendre encor l'audace?

VIRIATE.

Prenez-la, j'y consens, seigneur; et dès demain,
Au lieu de Perpenna, donnez-moi votre main.

SERTORIUS.

« Que se tiendroit heureux un amour moins sincère
« Qui n'auroit autre but que de se satisfaire,
« Et qui se rempliroit de sa félicité
« Sans prendre aucun souci de votre dignité !
« Mais quand vous oubliez ce que j'ai pu vous dire,
« Puis-je oublier les soins d'agrandir votre empire,
« Que votre grand projet est celui de régner?

VIRIATE.

« Seigneur, vous faire grâce, est-ce m'en éloigner?

SERTORIUS.

Ah madame! est-il temps que cette grâce éclate?

VIRIATE.

C'est cet éclat, seigneur, que cherche Viriate.

SERTORIUS.

Nous perdons tout, madame, à le précipiter.
L'amour de Perpenna le fera révolter;
Souffrez qu'un peu de temps doucement le ménage,
Qu'auprès d'un autre objet un autre amour l'engage :

Des amis d'Aristie assurons le secours
A force de promettre, en différant toujours.
« Détruire tout l'espoir qui les tient en haleine,
« C'est les perdre; c'est mettre un jaloux hors de peine,
« Dont l'esprit ébranlé ne se doit pas guérir
« De cette impression qui peut nous l'acquérir.
Pourrions-nous venger Rome après de telles pertes?
Pourrions-nous l'affranchir des misères souffertes?
Et de ses intérêts un si haut abandon....

VIRIATE.

Et que m'importe à moi si Rome souffre ou non? 10
Quand j'aurai de ses maux effacé l'infamie,
J'en obtiendrai pour fruit le nom de son amie!
Je vous verrai consul m'en apporter les lois,
Et m'abaisser vous-même au rang des autres rois!
Si vous m'aimez, seigneur, nos mers et nos montagnes
Doivent borner vos vœux, ainsi que nos Espagnes :
Nous pouvons nous y faire un assez beau destin,
Sans chercher d'autre gloire au pied de l'Aventin.
Affranchissons le Tage, et laissons faire au Tibre.
La liberté n'est rien quand tout le monde est libre;
Mais il est beau de l'être, et voir tout l'univers
Soupirer sous le joug, et gémir dans les fers;
Il est beau d'étaler cette prérogative
Aux yeux du Rhône esclave et de Rome captive,
Et de voir envier aux peuples abattus
Ce respect que le sort garde pour les vertus.

« Quant au grand Perpenna, s'il est si redoutable,
« Remettez-moi le soin de le rendre traitable :

ACTE IV, SCÈNE II.

« Je sais l'art d'empêcher les grands cœurs de faillir.

SERTORIUS.

« Mais quel fruit pensez-vous en pouvoir recueillir?
« Je le sais comme vous, et vois quelles tempêtes 11
« Cet ordre surprenant formera sur nos têtes.
« Ne cherchons point, madame, à faire des mutins,
« Et ne nous brouillons point avec nos bons destins.
« Rome nous donnera sans eux assez de peine,
« Avant que de souscrire à l'hymen d'une reine ;
« Et nous n'en fléchirons jamais la dureté,
« A moins qu'elle nous doive et gloire et liberté.

VIRIATE.

« Je vous avoûrai plus, seigneur : loin d'y souscrire,
« Elle en prendra pour vous une haine où j'aspire, 12
« Un courroux implacable, un orgueil endurci ;
« Et c'est par où je veux vous arrêter ici.
Qu'ai-je à faire dans Rome? et pourquoi, je vous prie...

SERTORIUS.

Mais nos Romains, madame, aiment tous leur patrie; 13
Et de tous leurs travaux l'unique et doux espoir,
C'est de vaincre bientôt assez pour la revoir.

VIRIATE.

Pour les enchaîner tous sur les rives du Tage,
Nous n'avons qu'à laisser Rome dans l'esclavage :
Ils aimeront à vivre et sous vous et sous moi,
Tantqu'ils n'auront qu'un choix, d'un tyran, ou d'un roi.

SERTORIUS.

Ils ont pour l'un et l'autre une pareille haine,
Et n'obéiront point au mari d'une reine.

VIRIATE.

Qu'ils aillent donc chercher des climats à leur choix,
Où le gouvernement n'ait ni tyrans ni rois.
Nos Espagnols, formés à votre art militaire,
Acheveront sans eux ce qui nous reste à faire.
 La perte de Sylla n'est pas ce que je veux ; [14]
Rome attire encor moins la fierté de mes vœux :
L'hymen où je prétends ne peut trouver d'amorces
Au milieu d'une ville où règnent les divorces ;
Et du haut de mon trône on ne voit point d'attraits
Où l'on n'est roi qu'un an, pour n'être rien après.
Enfin, pour achever, j'ai fait pour vous plus qu'elle;
Elle vous a banni, j'ai pris votre querelle ;
Je conserve des jours qu'elle veut vous ravir.
Prenez le diadème, et laissez-la servir.
Il est beau de tenter des choses inouïes,
Dût-on voir par l'effet ses volontés trahies.
Pour moi, d'un grand Romain je veux faire un grand roi.
Vous, s'il y faut périr, périssez avec moi :
C'est gloire de se perdre en servant ce qu'on aime.

SERTORIUS.

Mais porter dès l'abord les choses à l'extrême,
Madame, et sans besoin faire des mécontents !
Soyons heureux plus tard pour l'être plus long-temps.
Une victoire ou deux, jointes à quelque adresse....

VIRIATE.

Vous savez que l'amour n'est pas ce qui me presse, [15]
Seigneur. Mais, après tout, il faut le confesser,
Tant de précaution commence à me lasser.

ACTE IV, SCÈNE III.

Je suis reine ; et qui sait porter une couronne,
Quand il a prononcé, n'aime point qu'on raisonne.
Je vais penser à moi, vous penserez à vous.

SERTORIUS.

Ah ! si vous écoutez cet injuste courroux....

VIRIATE.

Je n'en ai point, seigneur ; mais mon inquiétude
Ne veut plus dans mon sort aucune incertitude :
Vous me direz demain où je dois l'arrêter.
Cependant je vous laisse avec qui consulter.

SCÈNE III.

SERTORIUS, PERPENNA, AUFIDE.

PERPENNA, à Aufide.

Dieux ! qui peut faire ainsi disparoître la reine ? [1]

AUFIDE, à Perpenna.

Lui-même a quelque chose en l'âme qui le gêne,
Seigneur ; et notre abord le rend tout interdit.

SERTORIUS.

« De Pompée en ces lieux savez-vous ce qu'on dit ?
« L'avez-vous mis fort loin au-delà de la porte ?

PERPENNA.

« Comme assez près des murs il avoit son escorte,
« Je me suis dispensé de le mettre plus loin.
« Mais de votre secours, seigneur, j'ai grand besoin.
« Tout son visage montre une fierté si haute....

SERTORIUS.

« Nous n'avons rien conclu, mais ce n'est pas ma faute ;
« Et vous savez....

PERPENNA.

Je sais qu'en de pareils débats....

SERTORIUS.

« Je n'ai point cru devoir mettre les armes bas ;
« Il n'est pas encor temps.

PERPENNA.

Continuez, de grâce ;
« Il n'est pas encor temps que l'amitié se lasse.

SERTORIUS.

« Votre intérêt m'arrête autant comme le mien :
« Si je m'en trouvois mal, vous ne seriez pas bien.

PERPENNA.

« De vrai, sans votre appui je serois fort à plaindre;
« Mais je ne vois pour vous aucun sujet de craindre.

SERTORIUS.

« Je serois le premier dont on seroit jaloux ;
« Mais ensuite le sort pourroit tomber sur vous.
« Le tyran après moi vous craint plus qu'aucun autre,
« Et ma tête abattue ébranleroit la vôtre.
« Nous ferons bien tous deux d'attendre plus d'un an.

PERPENNA.

« Que parlez-vous, seigneur, de tête et de tyran?

SERTORIUS.

« Je parle de Sylla ; vous le devez connoître.

PERPENNA.

« Et je parlois des feux que la reine a fait naître.

SERTORIUS.

« Nos esprits étoient donc également distraits :
« Tout le mien s'attachoit aux périls de la paix,

ACTE IV, SCÈNE III.

Et je vous demandois quel bruit fait par la ville
De Pompée et de moi l'entretien inutile?
Vous le saurez, Aufide?

AUFIDE.

A ne rien déguiser,
Seigneur, ceux de sa suite en ont su mal user;
J'en crains parmi le peuple un insolent murmure:
Ils ont dit que Sylla quitte sa dictature,
Que vous seul refusez les douceurs de la paix,
Et voulez une guerre à ne finir jamais.
Déjà de nos soldats l'âme préoccupée
Montre un peu trop de joie à parler de Pompée;
Et si l'erreur s'épand jusqu'à nos garnisons,
Elle y pourra semer de dangereux poisons.

SERTORIUS.

Nous en romprons le coup avant qu'elle grossisse,
Et ferons par nos soins avorter l'artifice.
D'autres plus grands périls le ciel m'a garanti.

PERPENNA.

Ne ferions-nous pas mieux d'accepter le parti,
Seigneur? trouvez-vous l'offre ou honteuse ou mal sûre?

SERTORIUS.

Sylla peut en effet quitter sa dictature;
Mais il peut faire aussi des consuls à son choix,
De qui la pourpre esclave agira sous ses lois;
Et quand nous n'en craindrons aucuns ordres sinistres,
Nous périrons par ceux de ses lâches ministres.

Depuis notre entretien, savez-vous ce qu'on dit?
M'apprendrez-vous, seigneur, quel bruit fait par la ville

« Croyez-moi, pour des gens comme vous deux et moi, 4
« Rien n'est si dangereux que trop de bonne foi.
« Sylla par politique a pris cette mesure 5
« De montrer aux soldats l'impunité fort sûre ;
« Mais pour Cinna, Carbon, le jeune Marius,
« Il a voulu leur tête, et les a tous perdus.
« Pour moi, que tout mon camp sur ce bruit m'abandonne,¹
Qu'il ne reste pour moi que ma seule personne,
Je me perdrai plutôt dans quelque affreux climat,
Qu'aller, tant qu'il vivra, briguer le consulat.
Vous...

PERPENNA.

Ce n'est pas, seigneur, ce qui me tient en peine.
Exclus du consulat par l'hymen d'une reine,
Du moins si vos bontés m'obtiennent ce bonheur,
Je n'attends plus de Rome aucun degré d'honneur;
Et banni pour jamais dans la Lusitanie,
J'y crois en sûreté les restes de ma vie.

SERTORIUS.

Oui; mais je ne vois pas encor de sûreté
A ce que vous et moi nous avions concerté.
Vous savez que la reine est d'une humeur si fière...
Mais peut-être le temps la rendra moins altière.
Adieu : dispensez-moi de parler là-dessus.

PERPENNA.

Parlez, seigneur : mes vœux sont-ils si mal reçus?
Est-ce en vain que je l'aime, en vain que je soupire?

SERTORIUS.

Sa retraite a plus dit que je ne puis vous dire.

a Eh bien, que tout mon camp sur ce bruit m'abandonne,

ACTE IV, SCÈNE III.

PERPENNA.

Elle m'a dit beaucoup : mais, seigneur, achevez,
Et ne me cachez point ce que vous en savez.
Ne m'auriez-vous rempli que d'un espoir frivole ?

SERTORIUS.

Non, je vous l'ai cédée, et vous tiendrai parole.
Je l'aime, et vous la donne encor malgré mon feu ;
Mais je crains que ce don n'ait jamais son aveu,
Qu'il n'attire sur nous d'impitoyables haines.
Que vous dirai-je enfin ? L'Espagne a d'autres reines ;
« Et vous pourriez vous faire un destin bien plus doux
« Si vous faisiez pour moi ce que je fais pour vous.
« Celle des Vacéens, celle des Ilergètes, 6
« Rendroient vos volontés bien plus tôt satisfaites ;
« La reine avec chaleur sauroit vous y servir.

PERPENNA.

« Vous me l'avez promise, et me l'allez ravir !

SERTORIUS.

« Que sert que je promette et que je vous la donne,
« Quand son ambition l'attache à ma personne ?
« Vous savez les raisons de cet attachement ;
« Je vous en ai tantôt parlé confidemment ;
« Je vous en fais encor la même confidence.
« Faites à votre amour un peu de violence ;
« J'ai triomphé du mien ; j'y suis encor tout prêt :
« Mais, s'il faut du parti ménager l'intérêt,
« Faut-il pousser à bout une reine obstinée,
« Qui veut faire à son choix toute sa destinée,
« Et de qui le secours, depuis plus de dix ans,
« Nous a mieux soutenus que tous nos partisans ?

PERPENNA.

« La trouvez-vous, seigneur, en état de vous nuire?
SERTORIUS.
« Non, elle ne peut pas tout-à-fait nous détruire;
« Mais si vous m'enchaînez à ce que j'ai promis,
« Dès demain elle traite avec nos ennemis.
« Leur camp n'est que trop proche; ici chacun murmure:
« Jugez ce qu'il faut craindre en cette conjoncture;
« Voyez quel prompt remède on y peut apporter,
« Et quel fruit nous aurons de la violenter.
PERPENNA.
« C'est à moi de me vaincre, et la raison l'ordonne:
« Mais d'un si grand dessein tout mon cœur qui frissonne...
SERTORIUS.
« Ne vous contraignez point; dût m'en coûter le jour,
« Je tiendrai ma promesse en dépit de l'amour.
PERPENNA.
« Si vos promesses n'ont l'aveu de Viriate...
SERTORIUS.
« Je ne puis de sa part rien dire qui vous flatte.
PERPENNA.
« Je dois donc me contraindre, et j'y suis résolu.
« Oui, sur tous mes désirs je me rends absolu;
« J'en veux, à votre exemple, être aujourd'hui le maître;
« Et, malgré cet amour que j'ai laissé trop croître,
« Vous direz à la reine...
SERTORIUS.
Eh bien, je lui dirai?
PERPENNA.
« Rien, seigneur, rien encor; demain j'y penserai.

ACTE IV, SCÈNE IV.

Toutefois la colère où s'emporte son âme
Pourroit dès cette nuit commencer quelque trame.
Vous lui direz, seigneur, tout ce que vous voudrez;
Et je suivrai l'avis que pour moi vous prendrez.

SERTORIUS.

Je vous admire et plains.

PERPENNA.

Que j'ai l'âme accablée !

SERTORIUS.

Je partage les maux dont je la vois comblée.
Adieu : j'entre un moment pour calmer son chagrin, 8
Et me rendrai chez vous à l'heure du festin.

SCÈNE IV.

PERPENNA, AUFIDE.

AUFIDE.

Le maître si chéri fait pour vous des merveilles ! 1
Votre flamme en reçoit des faveurs sans pareilles !
Son nom seul, malgré lui, vous avoit tout volé,
Et la reine se rend sitôt qu'il a parlé !
Quels services faut-il que votre espoir hasarde 2
Afin de mériter l'amour qu'elle vous garde?
Et dans quel temps, seigneur, purgerez-vous ces lieux
De cet illustre objet qui lui blesse les yeux?
Elle n'est point ingrate; et les lois qu'elle impose
Pour se faire obéir promettent peu de chose;
Mais on n'a qu'à laisser le salaire à son choix,
Et courir sans scrupule exécuter ses lois.

Vous ne me dites rien? Apprenez-moi, de grâce,
Comment vous résolvez que le festin se passe.
Dissimulerez-vous ce manquement de foi?
Et voulez-vous....

PERPENNA.

Allons en résoudre chez moi.[3]

FIN DU QUATRIÈME ACTE.

ACTE CINQUIÈME.

SCÈNE I.ère

ARISTIE, VIRIATE.

ARISTIE.

Oui, madame, j'en suis comme vous ennemie :
Vous aimez les grandeurs, et je hais l'infamie.
Je cherche à me venger ; vous, à vous établir :
Mais vous pourrez me perdre, et moi vous affoiblir,
Si le cœur mieux ouvert ne met d'intelligence
Votre établissement avecque ma vengeance.

  On m'a volé Pompée ; et moi, pour le braver,
Cet ingrat que sa foi n'ose me conserver,
Je cherche un autre époux qui le passe, ou l'égale :
Mais je n'ai pas dessein d'être votre rivale,
« Et n'ai point dû prévoir, ni que vers un Romain
« Une reine jamais daignât pencher sa main,
« Ni qu'un héros dont l'âme a paru si romaine
« Démentît ce grand nom par l'hymen d'une reine.
« J'ai cru dans sa naissance et votre dignité
« Pareille aversion et contraire fierté.
« Cependant on me dit qu'il consent l'hyménée,
« Et qu'en vain il s'oppose au choix de la journée,
« Puisque, si dès demain il n'a tout son éclat,
« Vous allez du parti séparer votre état.

« Comme je n'ai pour but que d'en grossir les forces,
« J'aurois grand déplaisir d'y causer des divorces,
« Et de servir Sylla mieux que tous ses amis,
« Quand je lui veux par-tout faire des ennemis.
« Parlez donc : quelque espoir que vous m'ayez vu prendre,
« Si vous y prétendez, je cesse d'y prétendre.
« Un reste d'autre espoir, et plus juste et plus doux,
« Saura voir sans chagrin Sertorius à vous.
« Mon cœur veut à toute heure immoler à Pompée
« Tous les ressentiments de ma place usurpée ;
« Et comme son amour eut peine à me trahir, *a*
J'ai voulu me venger, et n'ai pu le haïr.
Ne me déguisez rien, non plus que je déguise.

VIRIATE.

Viriate à son tour vous doit même franchise,
Madame ; et d'ailleurs même on vous en a trop dit,
Pour vous dissimuler ce que j'ai dans l'esprit.
J'ai fait venir exprès Sertorius d'Afrique
Pour sauver mes états du pouvoir tyrannique ;
Et mes voisins domptés m'apprenoient que sans lui
Nos rois contre Sylla n'étoient qu'un vain appui.
Avec un seul vaisseau ce grand héros prit terre ; [2]
Avec mes sujets seuls il commença la guerre :
Je mis entre ses mains mes places et mes ports,
Et je lui confiai mon sceptre et mes trésors.
Dès l'abord il sut vaincre, et j'ai vu la victoire
Enfler de jour en jour sa puissance et sa gloire.
Nos rois lassés du joug, et vos persécutés,
Avec tant de chaleur l'ont joint de tous côtés,

a Et pensant que Pompée eut peine à me trahir,

ACTE V, SCÈNE I.

Qu'enfin il a poussé nos armes fortunées
Jusques à vous réduire au pied des Pyrénées.
Mais, après l'avoir mis au point où je le vois,
Je ne puis voir que lui qui soit digne de moi ;
Et regardant sa gloire ainsi que mon ouvrage,
Je périrai plutôt qu'une autre la partage.
Mes sujets valent bien que j'aime à leur donner
Des monarques d'un sang qui sache gouverner,
Qui sache faire tête à vos tyrans du monde,
Et rendre notre Espagne en lauriers si féconde,
Qu'on voie un jour le Pô redouter ses efforts,
Et le Tibre lui-même en trembler pour ses bords.

ARISTIE.

Votre dessein est grand ; mais à quoi qu'il aspire....

VIRIATE.

Il m'a dit les raisons que vous me voulez dire.
Je sais qu'il seroit bon de taire et différer
Ce glorieux hymen qu'il me fait espérer :
Mais la paix qu'aujourd'hui l'on offre à ce grand homme
Ouvre trop les chemins et les portes de Rome.
Je vois que, s'il y rentre, il est perdu pour moi,
Et je l'en veux bannir par le don de ma foi.
« Si je hasarde trop de m'être déclarée,
« J'aime mieux ce péril que ma perte assurée ;
« Et si tous vos proscrits osent s'en désunir,
« Nos bons destins sans eux pourront nous soutenir.
« Mes peuples, aguerris sous votre discipline,
« N'auront jamais au cœur de Rome qui domine ;
« Et ce sont des Romains dont l'unique souci
« Est de combattre, vaincre, et triompher ici.

« Tant qu'ils verront marcher ce héros à leur tête,
« Ils iront sans frayeur de conquête en conquête.
« Un exemple si grand dignement soutenu
« Saura... Mais que nous veut ce Romain inconnu? 3 *a*

SCÈNE II.

ARISTIE, VIRIATE, ARCAS.

ARISTIE.

« MADAME, c'est Arcas, l'affranchi de mon frère; *b*
Sa venue en ces lieux cache quelque mystère.
Parle, Arcas, et dis-nous....

ARCAS.

Ces lettres mieux que moi 1
Vous diront un succès qu'à peine encor je croi.

ARISTIE lit.

Chère sœur, pour ta joie il est temps que tu saches
Que nos maux et les tiens vont finir en effet.
Sylla marche en public sans faisceaux et sans haches,
Prêt à rendre raison de tout ce qu'il a fait.
   Il s'est en plein sénat démis de sa puissance;
« *Et si vers toi Pompée a le moindre penchant,* *c*
« *Le ciel vient de briser sa nouvelle alliance,*
« *Et la triste Émilie est morte en accouchant.*

---

a Mais on vient.

b .... C'est Arcas, l'affranchi de mon frère.

c Et si pour toi Pompée est sincère et constant,
   Le ciel vient de briser sa nouvelle alliance,
   Et la triste Émilie est morte en accouchant.

ACTE V, SCÈNE II.

Sylla même consent, pour calmer tant de haines,
Qu'un feu qui fut si beau rentre en sa dignité,
Et que l'hymen te rende à tes premières chaînes,
En même temps qu'à Rome il rend sa liberté.

QUINTUS ARISTIUS.

Le ciel s'est donc lassé de m'être impitoyable !
Ce bonheur, comme à toi, me paroît incroyable.
Cours au camp de Pompée, et dis-lui, cher Arcas...

ARCAS.

Il a cette nouvelle, et revient sur ses pas.
« De la part de Sylla chargé de lui remettre
« Sur ce grand changement une pareille lettre,
« A deux milles d'ici j'ai su le rencontrer.

ARISTIE.

« Quel amour, quelle joie a-t-il daigné montrer ?
« Que dit-il ? que fait-il ?

ARCAS.

   Par votre expérience
« Vous pouvez bien juger de son impatience ;
« Mais rappelé vers vous par un transport d'amour
« Qui ne lui permet pas d'achever son retour,
« L'ordre que pour son camp ce grand effet demande
« L'arrête à le donner, attendant qu'il s'y rende.
« Il me suivra de près, et m'a fait avancer
« Pour vous dire un miracle où vous n'osiez penser.

ARISTIE.

Vous avez lieu d'en prendre une allégresse égale,
Madame ; vous voilà sans crainte et sans rivale.

VIRIATE.

Je n'en ai plus en vous, et je n'en puis douter ;
Mais il m'en reste une autre, et plus à redouter,
Rome, que ce héros aime plus que lui-même,
Et qu'il préféreroit sans doute au diadème,
Si contre cet amour.....

SCÈNE III.[1]

VIRIATE, ARISTIE, THAMIRE, ARCAS.

THAMIRE.

Ah madame !

VIRIATE.

Qu'as-tu,[2]
Thamire ? et d'où te vient ce visage abattu ?
Que nous disent tes pleurs ?

THAMIRE.

Que vous êtes perdue ;
Que cet illustre bras qui vous a défendue....

VIRIATE.

Sertorius ?

THAMIRE.

Hélas ! ce grand Sertorius....

VIRIATE.

N'acheveras-tu point ?

THAMIRE.

Madame, il ne vit plus.

ACTE V, SCÈNE III.

VIRIATE.
Il ne vit plus, ô ciel! Qui te l'a dit, Thamire?

THAMIRE.
Ces assassins font gloire eux-mêmes de le dire;
Ces tigres, dont la rage, au milieu du festin,
Par l'ordre d'un perfide a tranché son destin,
Tout couverts de son sang, courent parmi la ville
Émouvoir les soldats et le peuple imbécile;
Et Perpenna par eux proclamé général
Ne vous fait que trop voir d'où part ce coup fatal.

VIRIATE.
Il m'en fait voir ensemble et l'auteur et la cause.
Par cet assassinat c'est de moi qu'on dispose;
C'est mon trône, c'est moi qu'on prétend conquérir;
Et c'est mon juste choix qui seul l'a fait périr.
Madame, après sa perte, et parmi ces alarmes,
N'attendez point de moi de soupirs ni de larmes, 3
Ce sont amusements que dédaigne aisément 4
Le prompt et noble orgueil d'un vif ressentiment :
Qui pleure l'affoiblit, qui soupire l'exhale.
Il faut plus de fierté dans une âme royale;
Et ma douleur, soumise aux soins de le venger....

ARISTIE.
Mais vous vous aveuglez au milieu du danger :
Songez à fuir, madame.

THAMIRE.
　　　　　　Il n'est plus temps : Aufide,
Des portes du palais saisi pour ce perfide,
En fait votre prison, et lui répond de vous.
Il vient; dissimulez un si juste courroux;

Et jusqu'à ce qu'un temps plus favorable arrive, 5
Daignez vous souvenir que vous êtes captive.

VIRIATE.

Je sais ce que je suis, et le serai toujours,
N'eussé-je que le ciel et moi pour mon secours.

SCÈNE IV.

PERPENNA, ARISTIE, VIRIATE, THAMIRE, ARCAS.

PERPENNA, à Viriate.

Sertorius est mort; cessez d'être jalouse, 1
Madame, du haut rang qu'auroit pris son épouse;
Et n'appréhendez plus, comme de son vivant,
Qu'en vos propres états elle ait le pas devant.
« Si l'espoir d'Aristie a fait ombrage au vôtre,
« Je puis vous assurer et d'elle et de toute autre,
« Et que ce coup heureux saura vous maintenir 2
« Et contre le présent et contre l'avenir.
« C'étoit un grand guerrier, mais dont le sang ni l'âge
« Ne pouvoient avec vous faire un digne assemblage;
« Et, malgré ces défauts, ce qui vous en plaisoit,
« C'étoit sa dignité qui vous tyrannisoit.
Le nom de général vous le rendoit aimable;
A vos rois, à moi-même, il étoit préférable :
Vous vous éblouissiez du titre et de l'emploi;
Et je viens vous offrir et l'un et l'autre en moi,
Avec des qualités où votre âme hautaine
Trouvera mieux de quoi mériter une reine.

ACTE V, SCÈNE IV. 271

« Un Romain qui commande, et sort du sang des rois,
« (Je laisse l'âge à part) peut espérer son choix,
« Sur-tout quand d'un affront son amour l'a vengée,
« Et que d'un choix abject son bras l'a dégagée.

ARISTIE.

Après t'être immolé chez toi ton général,
Toi, que faisoit trembler l'ombre d'un tel rival,
Lâche, tu viens ici braver encor des femmes, 3
Vanter insolemment tes détestables flammes,
T'emparer d'une reine en son propre palais,
Et demander sa main pour prix de tes forfaits !
Crains les dieux, scélérat; crains les dieux, ou Pompée;
Crains leur haine, ou son bras, leur foudre, ou son épée;
Et, quelque noir orgueil qui te puisse aveugler,
Apprends qu'il m'aime encore; et commence à trembler.
Tu le verras, méchant, plus tôt que tu ne penses;
Attends, attends de lui tes dignes récompenses.

PERPENNA.

S'il en croit votre ardeur, je suis sûr du trépas;
Mais peut-être, madame, il ne l'en croira pas;
Et quand il me verra commander une armée
Contre lui tant de fois à vaincre accoutumée,
Il se rendra facile à conclure une paix
Qui faisoit dès tantôt ses plus ardents souhaits.
J'ai même entre mes mains un assez bon otage,
Pour faire mes traités avec quelque avantage.
« Cependant vous pourriez, pour votre heur et le mien, 4
« Ne parler pas si haut à qui ne vous dit rien :
« Ces menaces en l'air vous donnent trop de peine.
« Après ce que j'ai fait, laissez faire la reine ;

« Et, sans blâmer des vœux qui ne vont point à vous,*a*
Songez à regagner le cœur de votre époux.

VIRIATE.

Oui, madame, en effet c'est à moi de répondre;
Et mon silence ingrat a droit de me confondre. 5
Ce généreux exploit, ces nobles sentiments,
Méritent de ma part de hauts remercîments;
Les différer encor, c'est lui faire injustice.
 Il m'a rendu sans doute un signalé service;
Mais il n'en sait encor la grandeur qu'à demi.
Le grand Sertorius fut son parfait ami.
Apprenez-le, seigneur, (car je me persuade
Que nous devons ce titre à votre nouveau grade;
Et pour le peu de temps qu'il pourra vous durer,
Il me coûtera peu de vous le déférer :)
Sachez donc que pour vous il osa me déplaire,
Ce héros; qu'il osa mériter ma colère;
Que malgré son amour, que malgré mon courroux,
Il a fait ses efforts pour me donner à vous;
Et qu'à moins qu'il vous plût lui rendre sa parole,
Tout mon dessein n'étoit qu'une atteinte frivole; 6
Qu'il s'obstinoit pour vous au refus de ma main.

ARISTIE.

Et tu peux lui plonger un poignard dans le sein !
Et ton bras....

VIRIATE.

Permettez, madame, que j'estime
La grandeur de l'amour par la grandeur du crime.

---

a Vous, sans blâmer des vœux qui ne vont point à vous,

ACTE V, SCÈNE IV.

Chez lui-même, à sa table, au milieu d'un festin,
D'un si parfait ami devenir l'assassin,
Et de son général se faire un sacrifice,
Lorsque son amitié lui rend un tel service ;
Renoncer à la gloire, accepter pour jamais
L'infamie et l'horreur qui suit les grands forfaits ;
Jusqu'en mon cabinet porter sa violence,
Pour obtenir ma main m'y tenir sans défense ;
Tout cela d'autant plus fait voir ce que je doi
À cet excès d'amour qu'il daigne avoir pour moi ;
Tout cela montre une âme au dernier point charmée :
Il seroit moins coupable à m'avoir moins aimée ;
Et comme je n'ai point les sentiments ingrats,
Je lui veux conseiller de ne m'épouser pas.
Ce seroit en son lit mettre son ennemie,
Pour être à tous moments maîtresse de sa vie ;
Et je me résoudrois à cet excès d'honneur, 7
Pour mieux choisir la place à lui percer le cœur.
Seigneur, voilà l'effet de ma reconnoissance.
Au reste, ma personne est en votre puissance ;
Vous êtes maître ici ; commandez, disposez,
Et recevez enfin ma main, si vous l'osez.

PERPENNA.

Moi ! si je l'oserai ? Vos conseils magnanimes 8
Pouvoient perdre moins d'art à m'étaler mes crimes :
J'en connois mieux que vous toute l'énormité,
Et pour la bien connoître ils m'ont assez coûté.
On ne s'attache point sans un remords bien rude
À tant de perfidie et tant d'ingratitude :

5. 18

Pour vous je l'ai dompté, pour vous je l'ai détruit;
J'en ai l'ignominie, et j'en aurai le fruit.
Menacez mes forfaits, et proscrivez ma tête;
De ces mêmes forfaits vous serez la conquête;
Et n'eût tout mon bonheur que deux jours à durer,
Vous n'avez dès demain qu'à vous y préparer.
J'accepte votre haine, et l'ai bien méritée;
J'en ai prévu la suite, et j'en sais la portée.
Mon triomphe....

SCÈNE V.

PERPENNA, ARISTIE, VIRIATE, AUFIDE, ARCAS, THAMIRE.

AUFIDE.

Seigneur, Pompée est arrivé, [1]
Nos soldats mutinés, le peuple soulevé.
La porte s'est ouverte à son nom, à son ombre:
Nous n'avons point d'amis qui ne cèdent au nombre:
Antoine et Manlius, déchirés par morceaux,
Tout morts et tout sanglants ont encor des bourreaux.
On cherche avec chaleur le reste des complices
Que lui-même il destine à de pareils supplices.
Je défendois mon poste, il l'a soudain forcé,
Et de sa propre main vous me voyez percé;
Maître absolu de tout, il change ici la garde.
« Pensez à vous, je meurs; la suite vous regarde. [a]

---

[a] Pensez à vous, seigneur; la suite vous regarde.

ARISTIE.

« Pour quelle heure, seigneur, faut-il se préparer
« A ce rare bonheur qu'il vient vous assurer?
« Avez-vous en vos mains un assez bon otage
« Pour faire vos traités avec grand avantage?

PERPENNA.

« C'est prendre en ma faveur un peu trop de souci,
« Madame; et j'ai de quoi le satisfaire ici.

SCÈNE VI.

POMPÉE, PERPENNA, VIRIATE, ARISTIE, CELSUS, ARCAS, THAMIRE.

PERPENNA.

Seigneur, vous aurez su ce que je viens de faire.
Je vous ai de la paix immolé l'adversaire,
L'amant de votre femme, et ce rival fameux
Qui s'opposoit par-tout au succès de vos vœux.
Je vous rends Aristie, et finis cette crainte [1]
Dont votre âme tantôt se montroit trop atteinte;
« Et je vous affranchis de ce jaloux ennui
« Qui ne pouvoit la voir entre les bras d'autrui.
« Je fais plus; je vous livre une fière ennemie [2]
« Avec tout son orgueil et sa Lusitanie;
« Je vous en ai fait maître, et de tous ces Romains
« Que déjà leur bonheur a remis en vos mains.
« Comme, en un grand dessein, et qui veut promptitude,
« On ne s'explique pas avec la multitude,
Je n'ai point cru, seigneur, devoir apprendre à tous
Celui d'aller demain me rendre auprès de vous;

Mais j'en porte sur moi d'assurés témoignages.
Ces lettres de ma foi vous seront de bons gages;
Et vous reconnoîtrez, par leurs perfides traits, 3
Combien Rome pour vous a d'ennemis secrets,
Qui tous, pour Aristie enflammés de vengeance, 4
Avec Sertorius étoient d'intelligence.
Lisez.

(Il lui donne les lettres qu'Aristie avoit apportées de Rome à Sertorius.)

ARISTIE.

Quoi, scélérat! quoi, lâche! oses-tu bien....

PERPENNA.

Madame, il est ici votre maître et le mien; 5
« Il faut en sa présence un peu de modestie;
« Et si je vous oblige à quelque repartie,
« La faire sans aigreur, sans outrages mêlés,
« Et ne point oublier devant qui vous parlez.
  Vous voyez là, seigneur, deux illustres rivales,
Que cette perte anime à des haines égales.
Jusques au dernier point elles m'ont outragé;
Mais puisque je vous vois, je suis assez vengé.
Je vous regarde aussi comme un dieu tutélaire,
Et ne puis.... Mais, ô dieux! seigneur, qu'allez-vous faire? 6

POMPÉE, après avoir brûlé les lettres sans les lire.

Montrer d'un tel secret ce que je veux savoir.
Si vous m'aviez connu, vous l'auriez su prévoir.
  Rome en deux factions trop long-temps partagée
N'y sera point pour moi de nouveau replongée;

Et quand Sylla lui rend sa gloire et son bonheur,
Je n'y remettrai point le carnage et l'horreur. 7
Oyez, Celsus....
(Il lui parle bas.)
Sur-tout empêchez qu'il ne nomme
Aucun des ennemis qu'elle m'a faits à Rome.
(A Perpenna.)
Vous, suivez ce tribun ; j'ai quelques intérêts
Qui demandent ici des entretiens secrets.

PERPENNA.

Seigneur, se pourroit-il qu'après un tel service....

POMPÉE.

J'en connois l'importance, et lui rendrai justice.
Allez.

PERPENNA.

Mais cependant leur haine....

POMPÉE.

C'est assez.
Je suis maître, je parle ; allez, obéissez. 8

SCÈNE VII.

POMPÉE, VIRIATE, ARISTIE, THAMIRE, ARCAS.

POMPÉE.

Ne vous offensez pas d'ouïr parler en maître,
Grande reine ; ce n'est que pour punir un traître.
 Criminel envers vous d'avoir trop écouté
L'insolence où montoit sa noire lâcheté,

J'ai cru devoir sur lui prendre ce haut empire
Pour me justifier avant que vous rien dire :
Mais je n'abuse point d'un si facile accès,
Et je n'ai jamais su dérober mes succès.

Quelque appui que son crime aujourd'hui vous enlève,
Je vous offre la paix, et ne romps point la trève ;
Et ceux de nos Romains qui sont auprès de vous
Peuvent y demeurer sans craindre mon courroux.

Si de quelque péril je vous ai garantie,
Je ne veux pour tout prix enlever qu'Aristie,
A qui devant vos yeux, enfin maître de moi,
Je rapporte avec joie et ma main et ma foi.
Je ne dis rien du cœur; il tint toujours pour elle.

ARISTIE.

Le mien savoit vous rendre une ardeur mutuelle ;
Et pour mieux recevoir ce don renouvelé,
Il oublîra, seigneur, qu'on me l'avoit volé.

VIRIATE.

Moi, j'accepte la paix que vous m'avez offerte ;
C'est tout ce que je puis, seigneur, après ma perte ;
Elle est irréparable : et comme je ne voi
Ni chefs dignes de vous, ni rois dignes de moi,
Je renonce à la guerre, ainsi qu'à l'hyménée ; [1]
Mais j'aime encor l'honneur du trône où je suis née.
D'une juste amitié je sais garder les lois,
Et ne sais point régner comme règnent nos rois.
S'il faut que sous votre ordre ainsi qu'eux je domine,
Je m'ensevelirai sous ma propre ruine :

ACTE V, SCÈNE VIII.

Mais si je puis régner sans honte et sans époux,
Je ne veux d'héritiers que votre Rome, ou vous ;
Vous choisirez, seigneur : ou si votre alliance
Ne peut voir mes états sous ma seule puissance,
Vous n'avez qu'à garder cette place en vos mains,
Et je m'y tiens déjà captive des Romains.

POMPÉE.

Madame, vous avez l'âme trop généreuse
Pour n'en pas obtenir une paix glorieuse ;
Et l'on verra chez eux mon pouvoir abattu,
Où j'y ferai toujours honorer la vertu.

SCÈNE VIII.

POMPÉE, ARISTIE, VIRIATE, CELSUS, ARCAS, THAMIRE.

POMPÉE.

EN est-ce fait, Celsus ?

CELSUS.

Oui, seigneur ; le perfide
Vu plus de cent bras punir son parricide ;
Et livré par votre ordre à ce peuple irrité,
Sans rien dire....

POMPÉE.

Il suffit, Rome est en sûreté ;
Et ceux qu'à me haïr j'avois trop su contraindre,
N'y craignant rien de moi, n'y donnent rien à craindre.
(A Viriate.)
Vous, madame, agréez pour notre grand héros
Que ses mânes vengés goûtent un plein repos.

Allons donner votre ordre à des pompes funèbres [1]
A l'égal de son nom illustres et célèbres,
Et dresser un tombeau témoin de son malheur,
Qui le soit de sa gloire, et de notre douleur.

FIN DE SERTORIUS.

REMARQUES
DE VOLTAIRE
SUR
SERTORIUS.

REMARQUES SUR SERTORIUS.

ACTE PREMIER.

SCÈNE I.ère 1

On doit être plus scrupuleux sur Sertorius que sur les quatre ou cinq pièces précédentes, parce que celle-ci vaut mieux. Cette première scène paraît intéressante ; les remords d'un homme qui veut assassiner son général font d'abord impression.

> 2 D'où me vient ce désordre, Aufide? et que veut dire
> Que mon cœur sur mes vœux garde si peu d'empire?

L'abbé d'Aubignac, malgré l'aveuglement de sa haine pour Corneille, a raison de reprendre ces expressions, *que veut dire qu'un cœur garde peu d'empire sur des vœux?* Il traite ces vers de *galimatias*; mais il devait ajouter que cette manière de parler, *que veut dire* au lieu de *pourquoi, est-il possible, comment se peut-il*, etc., était d'usage avant Corneille. Malherbe dit, en parlant du mariage de Louis XIII avec l'infante d'Espagne :

> Son Louis soupire
> Après ses appas.
> Que veut-elle dire
> De ne venir pas?

Cette ridicule stance de Malherbe n'excuse pas Corneille, mais elle fait voir combien il a fallu de temps pour épurer la langue, pour la rendre toujours naturelle et toujours noble, pour l'élever au-dessus du langage du peuple, sans être guindé.

3 L'horreur que malgré moi me fait la trahison
  Contre tout mon espoir révolte ma raison.

Le premier vers est bien; le second semble pouvoir passer à l'aide des autres, mais il ne peut soutenir l'examen. On voit d'abord que le mot *raison* n'est pas le mot propre : un crime révolte le cœur, l'humanité, la vertu; un système faux et dangereux révolte la raison. Cette raison ne peut être révoltée contre *tout espoir*. Le mot de *tout* mis avec *espoir* est inutile et faible; et cela seul suffirait pour défigurer le plus beau vers. Examinez encore cette phrase, et vous verrez que le sens en est faux. *L'horreur que me fait la trahison révolte ma raison contre mon espoir* signifie précisément empêche ma raison d'espérer; mais que Perpenna ait des remords ou non, que l'action qu'il médite lui paraisse pardonnable ou horrible, cela n'empêchera pas la raison de Perpenna d'espérer la place de Sertorius. Si on examinait ainsi tous les vers, on en trouverait beaucoup plus qu'on ne pense défectueux, et chargés de mots impropres. Que le lecteur applique cette remarque à tous les vers qui lui feront de la peine, qu'il tourne le vers en prose, qu'il voie si les paroles de cette prose sont précises, si le sens est clair, s'il est vrai, s'il n'y a rien de

ACTE I, SCÈNE I.

trop ni de trop peu; et qu'il soit sûr que tout vers qui n'a pas la netteté et la précision de la prose la plus exacte ne vaut rien. Les vers, pour être bons, doivent avoir tout le mérite d'une prose parfaite, en s'élevant au-dessus d'elle par le rhythme, la cadence, la mélodie, et par la sage hardiesse des figures. *a*

4 Contre tout mon espoir révolte ma raison, etc.

Une raison révoltée contre un espoir, une image qui ne trouve point de bras à lui prêter au point d'exécuter, méritent le même reproche que l'abbé d'Aubignac fait aux premiers vers; et *exécuter* ne peut être employé comme un verbe neutre.

5 Cette âme, d'avec soi tout-à-coup divisée,
Reprend de ses remords la chaîne mal brisée.

Divisée d'avec soi est une faute contre la langue; on est séparé de quelque chose, mais non pas divisé de quelque chose. Cette première scène est déjà intéressante.

6 Quel honteux contre-temps de vertu délicate
S'oppose au beau succès de l'espoir qui vous flatte?

Le premier vers n'est pas français. Un contre-temps de vertu est impropre; et comment un contre-temps peut-il être honteux? *Le beau succès,* et *le crime qui a plein droit de régner,* révoltent le lecteur.

---

a Voltaire a raison dans une grande partie de cette note; le conseil qu'il y donne, de tourner les vers en prose pour les juger, n'en est que plus dangereux. On ne peut mieux le combattre qu'en renvoyant le lecteur aux observations générales.

7 L'honneur et la vertu sont des noms ridicules.

Cette maxime abominable est ici exprimée assez ridiculement. Nous avons déjà remarqué, dans la première scène de la mort de Pompée, qu'il ne faut jamais étaler ces dogmes du crime ; que ces sentences triviales qui enseignent la scélératesse ressemblent trop à des lieux communs d'un rhéteur qui ne connaît pas le monde. Non-seulement de telles maximes ne doivent jamais être débitées, mais jamais personne ne les a prononcées, même en faisant un crime, ou en le conseillant. C'est manquer aux lois de l'honnêteté publique et aux règles de l'art, c'est ne pas connaître les hommes, que de proposer le crime comme crime. Voyez avec quelle adresse le scélérat Narcisse presse Néron de faire empoisonner Britannicus : il se garde bien de révolter Néron par l'étalage odieux de ces horribles lieux communs, qu'un empereur doit être empoisonneur et parricide, dès qu'il y va de son intérêt; il échauffe la colère de Néron par degrés, et le dispose petit à petit à se défaire de son frère, sans que Néron s'aperçoive même de l'adresse de Narcisse; et, si ce Narcisse avait un grand intérêt à la mort de Britannicus, la scène en serait incomparablement meilleure. Voyez encore comme Acomat, dans la tragédie de Bajazet, s'exprime, en ne conseillant qu'un simple manquement de parole à une femme ambitieuse et criminelle :

Et d'un trône si saint la moitié n'est fondée
Que sur la foi promise, et rarement gardée.
Je m'emporte, seigneur.

ACTE I, SCÈNE I.

Il corrige la dureté de cette maxime par ce mot si naturel et si adroit, *je m'emporte*.

Le reste de cette première scène est beau et bien écrit. On ne peut, ce me semble, y reprendre qu'une seule chose, c'est qu'on ne sait point que c'est Perpenna qui parle : le spectateur ne peut le deviner. Ce défaut vient en partie de la mauvaise habitude où nous avons toujours été d'appeler nos personnages de tragédies, *seigneurs*. C'est un nom que les Romains ne se donnèrent jamais. Les autres nations sont en cela plus sages que nous. Shakespeare et Addisson appellent César, Brutus, Caton, par leurs noms propres.[a]

☞ 8 . . . . Sylla ni Marius
N'ont jamais épargné le sang de leurs vaincus.

On ne dit point mon vaincu, comme on dit mon esclave, mon ennemi.

☞ 9 Tour à tour le carnage et les proscriptions
Ont sacrifié Rome à leurs dissensions.

Le carnage qui a sacrifié Rome aux dissensions,

---

[a] Chacun doit parler au théâtre conformément à son caractère : l'important est de ne pas y introduire des personnages dangereux à la société. Certes, celui qui dit hardiment: *L'honneur et la vertu sont des noms ridicules*, est moins dangereux que celui qui, sans le dire, amène insensiblement à le croire. La raison en est que le premier révolte, tandis que l'autre séduit, et insinue en quelque sorte le mépris de la vertu, sans que l'on s'en aperçoive. Dans l'exemple cité par le commentateur, Acomat a raison d'employer le correctif; mais Aufide n'en a pas besoin. Acomat est un personnage élevé, dont l'exemple a de l'importance, au lieu qu'Aufide est trop bas pour que l'on cherche à le prendre pour modèle.

quelle incorrection! quelle impropriété! et que ce défaut revient souvent!

☞ 10 Vous y renoncez donc et n'êtes plus jaloux, etc.

Ce couplet du confident est beaucoup plus beau que tout ce que dit le principal personnage. Ce n'est point un défaut qu'Aufide parle bien; mais c'en est un grand que Perpenna, principal personnage, ne parle pas si bien que lui.

☞ 11 . . . Sertorius gouverne ces provinces,
Leur impose tribut, fait des lois à leurs princes.

Par un caprice de langue on dit, faire la loi à quelqu'un, et non pas faire des lois à quelqu'un.

☞ 12 L'impérieuse aigreur de l'âpre jalousie....
Grossit de jour en jour sous une passion
Qui tyrannise encor plus que l'ambition.

Une aigreur s'envenime, devient plus cuisante, se tourne en haine, en fureur; mais une aigreur qui grossit sous une passion n'est pas tolérable.

13 J'adore Viriate.

Après avoir entendu les discours d'un conjuré romain qui doit assassiner son général ce jour même, on est bien étonné de lui entendre dire tout d'un coup, *j'adore Viriate*. Il n'y a que la malheureuse habitude de voir toujours des héros amoureux sur le théâtre, comme dans les romans, qui ait pu faire supporter un si étrange contraste. Quand on représente un héros enivré de la passion furieuse et tragique de l'amour, il faut qu'il en parle d'abord : son cœur est plein; son secret doit échapper avec violence : il ne doit pas dire en passant, *j'adore*; le

ACTE I, SCÈNE I.

spectateur n'en croira rien. Vous parlez d'abord politique, et après vous parlez d'amour. Si on a dit, *non benè conveniunt, nec eâdem in sede morantur majestas et amor,* on en doit dire autant de l'amour et de la politique; l'une fait tort à l'autre : aussi ne s'intéresse-t-on point du tout à la passion prétendue de Perpenna pour la reine de Lusitanie.*a*

☞ 14 De son astre opposé telle est la violence,
    Qu'il me vole par-tout, même sans qu'il y pense.

Un astre, dans les anciens préjugés reçus, a de la puissance, de l'influence, de l'ascendant; mais on n'a jamais attribué de la violence à un astre.

☞ 15 J'immolerai ma haine à mes désirs contents.

Contents est de trop, et n'est là que pour la rime. C'est un défaut trop commun.

☞ 16 Oui; mais de cette mort la suite m'embarrasse.

M'embarrasse; terme de comédie.

☞ 17 Ceux dont il a gagné la croyance et l'appui
    Prendront-ils même joie à m'obéir qu'à lui ?

C'est bien pis. Par quelle fatalité, à mesure que la langue se polissait, Corneille mettait-il toujours plus de barbarismes dans ses vers ? *b*

---

a Ce n'est point Perpenna qui doit intéresser dans cette pièce. L'intérêt, pour n'être point partagé, ne doit tomber que sur les principaux personnages. Perpenna n'est pas plus le héros de la tragédie de *Sertorius,* que Séleucus n'est le héros de la tragédie de *Rodogune.*

b Nous avons déjà démontré que la langue ne se polissoit pas encore. Si cela ne justifie pas la négligence du style, du moins cela prouve la mauvaise intention du critique, qui oublie toujours qu'il est commentateur.

SCÈNE II.

> * . . . . Ce qui me surprend,
> C'est de voir que Pompée ait pris le nom de Grand,
> Pour faire encore au vôtre entière déférence.

Faire déférence est un solécisme. On montre, ou a de la déférence ; on ne fait point déférence comme on fait hommage.

☞ 2 . . . Nous forçons les siens de quitter la campagne.

Quitter la campagne est une de ces expressions triviales qui ne doivent jamais entrer dans le tragique. Scarron, voulant obtenir le rappel de son père, conseiller au parlement, exilé dans une petite terre, dit au cardinal de Richelieu :

> Si vous avez fait quitter la campagne
> Au roi tanné qui commande en Espagne ;
> Mon père, hélas ! qui vous crie merci,
> La quittera, si vous voulez, aussi.

3 . . Au lieu d'attaquer il a peine à défendre.

C'est un solécisme ; il faut, *il a peine à se défendre*. Ce verbe n'est neutre que quand il signifie prohiber, empêcher ; je défends qu'on prenne les armes, je défends qu'on marche de ce côté, etc.

> 4 J'aurois cru qu'Aristie ici réfugiée,
> Que, forcé par ce maître, il a répudiée,
> Par un reste d'amour l'attirât en ces lieux
> Sous une autre couleur lui faire ses adieux.

Cela n'est pas français ; c'est un barbarisme de phrase : on vient faire, on engage, on invite à faire ; on attire quelqu'un dans une ville pour y faire ses adieux ; mais *attirer faire* est un solécisme intolé-

ACTE I, SCÈNE II.

rable. De plus, toutes ces expressions et ces tours sont de la prose trop négligée et trop embrouillée.

J'aurais cru qu'Aristie l'attirât est un solécisme; il faut *l'attirait*, à l'imparfait, parce que la chose est positive : j'aurais cru que vous étiez amis, je ne savais pas que vous fussiez amis, je pensais que vous aviez été amis, j'espérais que vous seriez amis.

5 C'est ainsi qu'elle parle et m'offre l'assistance
De ce que Rome encore a de gens d'importance.

Gens d'importance, expression populaire et triviale, que la prose et la poésie réprouvent également. *a*

6 Leurs lettres en font foi, qu'elle me vient de rendre.

Cela n'est pas français; il faut, *leurs lettres, qu'elle vient de me rendre, en font foi*. Toute cette conversation est d'un style trop familier, trop négligé.

7 J'aime ailleurs.

Un tel amour est si froid qu'il ne fallait pas en prononcer le nom. *J'aime ailleurs* est d'un jeune galant de comédie : ce n'est pas là Sertorius.

Cette passion de l'amour est si différente de toutes les autres, qu'elle ne peut jamais occuper la seconde place; il faut qu'elle soit tragique, ou qu'elle ne se montre pas. Elle est tout-à-fait étran-

---

a Ce mot est si peu populaire, que jamais il ne sort de la bouche du peuple. On entend communément dire : *C'est un homme de conséquence*, ce qui est une faute; mais je ne crois pas que ce puisse en être une de dire *un homme d'importance*.

gère dans cette scène, où il ne s'agit que d'intérêts d'état ; mais on était si accoutumé aux intrigues d'amour sur le théâtre, que le vieux Sertorius même prononce ce mot qui sied si mal dans sa bouche, *J'aime ailleurs,* comme s'il était absolument nécessaire à la tragédie que le héros aimât en un endroit ou en un autre. Ces mots *j'aime ailleurs* sont du style de la comédie. *a*

Ibid. . . . . A mon âge il sied si mal d'aimer....

A mon âge est encore comique ; et *il sied si mal d'aimer* l'est davantage. Il semble qu'on examine ici, comme dans Clélie, s'il sied à un vieillard d'aimer ou de n'aimer pas. Ce n'est point ainsi que les héros de la tragédie doivent penser et parler. Si vous voulez un modèle de ces vieux personnages auxquels on propose une jeune princesse par un intérêt de politique, prenez-le dans l'Acomat de l'admirable et sage Racine :

Voudrois-tu qu'à mon âge
Je fisse de l'amour le vil apprentissage ;
Qu'un cœur qu'ont endurci la fatigue et les ans
Suivît d'un vain plaisir les conseils imprudents ?

C'est là penser et parler comme il faut. Racine

---

a Est-il bien vrai que l'amour ne doive jamais occuper la seconde place ? Le sentiment de Voltaire est tout-à-fait opposé à celui de Corneille. *La dignité de la tragédie,* dit l'auteur du Cid, *demande quelque grand intérêt d'état, ou quelque passion plus noble et plus mâle que l'amour, telles que sont l'ambition ou la vengeance. Il faut qu'il se contente du second rang dans le poëme, et leur laisse le premier.* Il n'est pas douteux que c'est à cette manière de voir que nous devons les grandes beautés d'*Horace,* de *Cinna* et de *Rodogune.*

dit toujours ce qu'il doit dire dans la position où il met ses personnages, et le dit de la manière la plus noble, et à la fois la plus simple, la plus élégante. Corneille, sur-tout dans ses dernières pièces, débite trop souvent des pensées ou fausses, ou mal placées, ou exprimées en solécismes, ou en termes bas, pires que des solécismes; mais aussi il étincelle de temps en temps de beautés sublimes.

8 Que je le cache même à qui m'a su charmer.

Sertorius que Viriate a su charmer! ce n'est pas là Horace ou Curiace.

☞ 9 Qu'ils réduisent bientôt les deux peuples en un.

Mauvaise expression. *En un* finissant un vers choque l'oreille, et réduire *deux en un* choque la langue.

10 Auprès d'un tel malheur, pour nous irréparable,
Ce qu'on promet pour l'autre est peu considérable;
Et, sous un faux espoir de nous mieux établir,
Ce renfort accepté pourroit nous affoiblir.

Observez comme ce style est confus, embarrassé, négligé, comme il pêche contre la langue. *Auprès d'un tel malheur irréparable pour nous, ce qu'on promet pour l'autre est peu considérable.* Quel est cet *autre?* c'est Aristie; mais il faut le deviner : et quel est ce *renfort?* est-ce le *renfort* du mariage d'Aristie? Serait-il permis de s'exprimer ainsi en prose? et quand une telle prose est en rimes, en est-elle meilleure?

11 Des plus nobles d'entre eux, et des plus grands courages
N'avez-vous pas les fils dans Osca pour otages?

On ne peut dire, vous avez pour otages les fils des plus *grands courages*. Que la malheureuse nécessité de rimer entraîne d'impropriétés, d'inutilités, de termes louches, de fautes contre la langue! mais qu'il est beau de vaincre tous ces obstacles! et qu'on les surmonte rarement!

12 . . . . Leurs propres soldats,
Dispersés dans nos rangs, ont fait tant de combats....

Expression du peuple de province, *faire des combats, faire une maladie.*

☞ 13 Je vois ce qu'on m'a dit : vous aimez Viriate.

Vers de comédie. Il semble que ce soit Damis ou Éraste qui parle, et c'est le vieux Sertorius!

14 Dites que vous l'aimez, et je ne l'aime plus.

Si Sertorius a le ridicule d'aimer à son âge, il ne doit pas céder tout d'un coup sa maîtresse; s'il n'aime pas, il ne doit pas dire qu'il aime. Dans l'une et l'autre supposition le vers est trop comique.

Voilà où conduit cette malheureuse coutume de vouloir toujours parler d'amour, de ne point traiter cette passion comme elle doit l'être. Comment a-t-on pu oublier que Virgile, dans l'Énéide, ne l'a peinte que funeste? On ne peut trop redire que l'amour sur le théâtre doit être armé du poignard de Melpomène, ou être banni de la scène. ☞ Il est vrai que le Mithridate de Racine est amoureux aussi, et que de plus il a le ridicule d'être le rival de deux jeunes princes ses fils. Mithridate est au fond aussi fade, aussi héros de roman, aussi comdamnable que Sertorius; mais il s'exprime si noblement, il se reproche sa faiblesse en si beaux vers; Monime est un personnage si décent, si aimable, si intéressant, qu'on est tenté d'excuser dans la tragédie de Mithridate l'impertinente coutume de ne fonder les tragédies françaises que sur une jalousie d'amour. *a*

☞ 15 Tous mes vœux sont déjà du côté d'Aristie ;
Et je l'épouserai, pourvu qu'en même jour
La reine se résolve à payer votre amour....

Voilà donc ce vieux Sertorius qui a deux maîtresses, et qui en cède une à son lieutenant. Il forme une partie carrée de Perpenna avec Viriate, et d'Aristie avec Sertorius.

Et on a reproché à Racine d'avoir toujours traité l'amour ! mais qu'il l'a traité différemment !

16 Car, quoi que vous disiez, je dois craindre sa haine,
Et fuirois à ce prix cette illustre Romaine.

A ce prix n'est pas juste; la haine de Viriate n'est pas un prix. Il veut dire, je fuirais cette illustre Romaine, si son hymen me privait des secours de Viriate.

17 . . . Voyez cependant de quel air on m'écrit.

Cela est trop comique.

a L'amour de Sertorius tient à sa politique ; il doit donc y être soumis. Cette passion, d'ailleurs, en supposant que c'en soit une chez lui, n'est-elle pas moins forte dans un homme âgé, que dans un jeune homme ?

SCÈNE III.[1]

Ce premier couplet d'Aristie n'a pas toute la netteté qui est absolument nécessaire au dialogue ; *l'un et l'autre qui ont sa raison d'état contre sa retraite; Pompée qui veut se ressaisir par la violence d'un bien qu'il ne peut avoir ailleurs sans déplaisir.* Ces phrases n'ont pas l'élégance et le naturel que les vers demandent. Mais le plus grand défaut, ce me semble, c'est qu'Aristie ne lie point une intrigue tragique; elle ne sait ce qu'elle veut; elle est délaissée par son mari; elle est indécise; elle n'est ni assez puissante pour se venger, ni assez touchée, ni assez héroïque.

☞ [2] Mais vous pouvez, seigneur, joindre à mes espérances
Contre un péril nouveau nouvelles assurances.

Ces phrases barbares et le reste du discours d'Aristie ne sont pas assurément tragiques; mais ce qui est contre l'esprit de la vraie tragédie, contre la décence aussi bien que contre la vérité de l'histoire, c'est une femme de Pompée qui s'en va en Aragon pour prier un vieux soldat révolté de l'épouser.[a]

---

[a] La remarque du commentateur n'est-elle pas plus indécente que la conduite d'Aristie ? Elle n'est pas venue en Aragon pour prier un vieux soldat de l'épouser, mais pour fuir Sylla. Elle n'épouseroit Sertorius que dans l'intention de fortifier son parti. Mais quant à cet hymen, elle dit :

Les suites d'un tel choix
Méritent qu'on y pense un peu plus d'une fois.

ACTE I, SCÈNE III.

3 Mais s'il se dédisoit d'un outrage forcé....
J'aurois peine, seigneur, à lui refuser grâce.

Le mot de *dédire* semble petit et peu convenable. Peut-être *s'il se repentait* serait mieux placé. On ne se dédit point d'un outrage.

4 Vous ravaleriez-vous jusques à la bassesse....

Ravaler ne se dit plus. *a*

5 . . . . Laissons pour les petites âmes
Ce commerce rampant de soupirs et de flammes.

L'abbé d'Aubignac condamne durement ce commerce rampant, et je crois qu'il a raison; mais le fond de l'idée est beau. Aristie et Sertorius pensent et s'expriment noblement; et il serait à souhaiter qu'il y eût plus de force, plus de tragique dans le rôle de la femme de Pompée. *b*

6 Unissons ma vengeance à votre politique,
Pour sauver des abois toute la république.

On n'a jamais dû dire *sauver des abois,* parce qu'*abois* signifie les derniers soupirs, et qu'on ne sauve point d'un soupir; on sauve d'un péril, et on tire d'une extrémité; on rappelle des portes de la mort; on ne sauve point des *abois*. Au reste ce mot

a Racine a fait dire à Agrippine, dans *Britannicus :*

Quoi! tu ne vois donc pas jusqu'où l'on *me ravale?*

b Ces deux vers de Corneille s'accordent avec son principe, de ne point donner la première place à l'amour dans les tragédies. Le rôle d'Aristie n'est que secondaire; s'il avoit plus de force, il nuiroit à celui de Viriate, qui ne paroîtroit plus dans toute sa grandeur.

abois est pris des cris des chiens qui aboient autour d'un cerf forcé, avant de se jeter sur lui. *a*

7 Si votre hymen m'élève à la grandeur sublime....

Grandeur sublime n'est pas d'usage : ce terme, *sublime*, ne s'emploie que pour exprimer les choses qui élèvent l'âme ; une pensée sublime, un discours sublime. Cependant pourquoi ne pas appeler de ce nom tout ce qui est élevé ? On doit, ce me semble, accorder à la poésie plus de liberté qu'on ne lui en donne. C'est sur-tout aux bons auteurs qu'il appartient de ressusciter des termes abolis, en les plaçant avantageusement. Mais aussi remarquons que *rang sublime* vaut bien mieux que *grandeur sublime* : pourquoi ? c'est que *sublime* joint avec *rang* est une épithète nécessaire ; *sublime* apprend que ce rang est élevé ; mais *sublime* est inutile avec *grandeur*. Ne vous servez jamais d'épithètes que quand elles ajouteront beaucoup à la chose.

8 Tandis qu'en l'esclavage un autre hymen l'abîme.

Le mot d'*abîme* ne convient point à l'esclavage. Pourquoi dit-on, *abîmé dans la douleur, dans la tristesse*, etc.? c'est qu'on y peut ajouter l'épithète de *profonde*; mais un esclavage n'est point profond ;

---

a Voltaire qui, dans une de ses remarques sur Nicomède, annonce que *son but, dans ses commentaires, est de ne laisser aucun doute sur notre langue aux étrangers*, ne devroit pas dire qu'*abois* signifie les derniers soupirs. Ce mot veut dire *à la dernière extrémité*; mais comme on peut en être tiré, et qu'on ne peut l'être des derniers soupirs, il y a une grande différence de l'un à l'autre.

ACTE I, SCÈNE III. 299

on ne sauroit y être abîmé. Il y a une infinité d'expressions louches qui font peine au lecteur : on en sent rarement la raison, on ne la cherche pas même; mais il y en a toujours une, et ceux qui veulent se former le style doivent la chercher.

9 Tout mon bien est encor dedans l'incertitude.

Il semble que son bien consiste à être incertaine. Quand on dit, *tout mon bien est dans l'espérance*, on entend que le bonheur consiste à espérer. L'auteur veut dire, *tout mon bien est incertain*.

10 Tant que de cet espoir vous m'ayez répondu.

On ne répond point d'un espoir, on répond d'une personne, d'un événement. *Tant que* n'est pas ici français en ce sens.

11 J'adore les grands noms que j'en ai pour otages,
Et vois que leur secours, nous rehaussant le bras,
Auroit bientôt jeté la tyrannie à bas.

Des noms pour *otages*, des secours qui *rehaussent le bras*, et qui jettent la tyrannie *à bas*, sont des expressions trop impropres, trop triviales; ce style est trop obscur et trop négligé. ☞ Un secours qui rehausse le bras n'est ni élégant ni noble; la tyrannie jetée à bas n'est pas meilleure. Voyez si jamais Racine a jeté la tyrannie à bas. Quoi! dans une scène entre la femme de Pompée et un général romain, il n'y a pas quatre vers supérieurement écrits!

12 Si vous vouliez ma main par choix de ma personne,
Je vous dirois : « Seigneur, prenez, je vous la donne. »

Il semble qu'Aristie ne doit point dire à Sertorius,

Si vous m'aimiez, je vous épouserais. Ce n'est point du tout son intention de faire des coquetteries à ce vieux général; elle ne veut que se venger de Pompée. Il est vrai que ces mariages politiques ne peuvent faire aucun effet au théâtre; ce sont des intrigues, mais non pas des intrigues tragiques. Le cœur veut être remué, et tout ce qui n'est que politique est plutôt fait pour être lu dans l'histoire, que pour être représenté dans la tragédie.

Plus j'examine les pièces de Corneille, et plus je suis surpris qu'après le prodigieux succès du Cid, il ait presque toujours renoncé à émouvoir. Je ne peux m'empêcher de dire ici que, quand je pris la résolution de commenter les tragédies de Corneille, un homme qui honore sa haute naissance par les talents les plus distingués, m'écrivit, *Vous prenez donc Tacite et Tite-Live pour des poëtes tragiques?* En effet, Sertorius et toutes les pièces suivantes sont plutôt des dialogues sur la politique, et des pensées dans le goût et non dans le style de Tacite, que des pièces de théâtre: il faut bien distinguer les intérêts d'état et les intérêts du cœur. Tout ce qui n'est point fait pour remuer fortement l'âme n'est pas du genre de la tragédie; le plus grand défaut est d'être froid. [a]

---

[a] Voltaire dit, dans cette remarque: *Tout ce qui n'est que politique est plutôt fait pour être lu dans l'histoire, que pour être représenté dans la tragédie.* Rien ne paroît mieux combattre ce système que le succès constant de *Cinna* et de *Rodogune*. Peut-être aussi étoit-ce le succès de ces tragédies que Voltaire vouloit attaquer dans ses remarques.

ACTE I, SCÈNE III.

13 Tu l'as fait un parjure, un méchant, un infâme.

On ne doit jamais donner le nom d'infâme à Pompée; et sur-tout Aristie, qui l'aime encore, ne doit point le nommer ainsi.

14 Si votre amour trop prompt veut borner sa conquête,
Je vous le dis encor, ma main est toute prête.

L'amour de Sertorius n'est ni prompt ni lent; car en effet il n'en a point du tout, quoiqu'il ait dit qu'il était amoureux, pour être au ton du théâtre. Il faut avouer que les anciens Romains auraient été bien étonnés d'entendre reprocher à Sertorius un amour trop prompt.

15 Qu'elle veut un grand homme à recevoir ma foi.

Ce vers n'est pas français; c'est un barbarisme: on dit bien, il est homme à recevoir sa foi; et encore ce n'est que dans le style familier. Il y a dans Polyeucte, *Vous n'êtes pas homme à la violenter;* mais *un grand homme à faire quelque chose* ne peut se dire. *Souvenez-vous qu'elle veut un grand homme* est beau, mais *un grand homme à recevoir une foi* ne forme point un sens; *vouloir à* est encore plus vicieux.

16 . . . J'y vais préparer mon reste de pouvoir.

On ne prépare point un pouvoir. Elle veut dire qu'elle va se préparer à regagner Pompée; ce qui n'est pas bien flatteur pour Sertorius.

17 Moi, je vais donner ordre à le bien recevoir.

C'est ainsi qu'on pourrait finir une scène de comédié. Rien n'est plus difficile que de terminer heureusement une scène de politique.

18 *Dieux, souffrez qu'à mon tour avec vous je m'explique.*

On ne doit, ce me semble, s'adresser aux dieux que dans le malheur ou dans la passion; c'est là qu'on peut dire, *nec deus intersit nisi dignus*: mais qu'il *s'explique* avec les dieux comme avec quelqu'un à qui il parlerait d'affaire !... Le mot *s'expliquer* n'est pas le mot propre. Et que dit-il aux dieux? *que c'est un sort cruel d'aimer par politique, et que les intérêts de ce sort cruel sont des malheurs étranges, s'ils font donner la main quand le cœur est ailleurs.* C'est en effet la situation où Sertorius et Aristie se trouvent : mais on ne plaint nullement un vieux soldat dont le cœur est ailleurs. Il y a dans cet acte de beaux vers et de belles pensées; mais tout est affaibli par le peu d'intérêt qu'on prend à la prétendue passion du héros et aux offres que lui fait Aristie, et sur-tout par le mauvais style.

ACTE DEUXIÈME.

SCÈNE I.ère

1 . . . L'exil d'Aristie, enveloppé d'ennuis,
Est prêt à l'emporter sur tout ce que je suis.
En vain de mes regards l'ingénieux langage,
Pour découvrir mon cœur, a tout mis en usage.

Un exil qui est prêt à l'emporter sur tout ce qu'est Viriate, expressions un peu trop négligées et trop

ACTE II, SCÈNE I.

impropres. Une grande reine, une héroïne ne doit pas dire, ce me semble, qu'elle a employé l'*ingénieux langage de ses regards.*

² J'ai cru faire éclater l'orgueil d'un autre choix,

n'est pas une expression propre ; ce choix n'est pas orgueilleux.

³ Le seul pour qui je tâche à le rendre visible,
Ou n'ose en rien connoître, ou demeure insensible....

Est-ce son cœur, est-ce l'orgueil de son choix qu'elle tâche à rendre visible ?

☞ 4 Et laisse à ma pudeur des sentiments confus,
Que l'amour-propre obstine à douter du refus.

Il ne faut jamais parler de sa pudeur ; mais il faut encore moins *laisser à sa pudeur des sentiments confus, que l'amour-propre obstine à douter,* parce que c'est un galimatias ridicule.

⁵ Épargne-m'en la honte, et prends soin de lui dire,
A ce héros si cher.... Tu le connois, Thamire ;
Car d'où pourroit mon trône attendre un ferme appui ?
Et pour qui mépriser tous nos rois, que pour lui ?

Cet embarras, cette crainte de nommer celui qu'elle aime, pourraient convenir à une jeune personne timide, et semblent peu faits pour une femme politique. Mais, *et pour qui mépriser tous nos rois, que pour lui ?* est un vers digne de Corneille. Il faudrait, pour que ce vers fît son effet, qu'il fût pour un jeune héros aimable, et non pas pour un vieux soldat de fortune.

⁶ Dis-lui.... Mais j'aurois tort d'instruire ton adresse.

Peut-être le mot d'*adresse* est-il plus propre au comique qu'au tragique dans cette occasion.

⁷ Il est assez nouveau qu'un homme de son âge
Ait des charmes si forts pour un jeune courage,
Et que d'un front ridé les replis jaunissants
Trouvent l'heureux secret de captiver les sens.

Des charmes si forts pour un jeune courage, des replis jaunissants d'un front qui trouvent le secret de captiver les sens. Discours de soubrette, sans doute, plutôt que de la confidente d'une reine; mais discours qui rendent Viriate un personnage intolérable à quiconque a un peu de goût. *Ces replis jaunissants, et cette pudeur de Viriate, et ce héros si cher que Thamire connaît*, font un étrange contraste. Rien n'est plus indigne de la tragédie.

La réplique de Viriate me paraît admirable. Je ne voudrais pourtant pas qu'une reine parlât des *sens*. Racine, qu'on regarde si mal-à-propos comme le premier qui ait parlé d'amour, mais qui est le seul qui en ait bien parlé, ne s'est jamais servi de ces mots *les sens*. Voyez la première scène de Pulchérie. ᵃ

☞ ⁸ Et quiconque peut tout est aimable en tout temps.

Ces sentiments de Viriate sont les seuls qu'elle aurait dû exprimer. Il ne fallait pas les affaiblir par cette *pudeur* et *ce héros si cher*.

ᵃ Il n'est pas aisé de concevoir comment les expressions impropres dont se sert la confidente de Viriate peuvent rendre cette reine un personnage intolérable.

Racine n'est pas regardé comme le premier qui ait parlé

» Il faut pour la braver qu'elle nous prête un homme....

C'est dommage qu'un aussi mauvais vers suive ce vers si beau :

Rome seule aujourd'hui peut résister à Rome.

C'est presque toujours la rime qui amène les vers faibles, inutiles et rampants, avant ou après les beaux vers ; on en a fait souvent la remarque. Cet inconvénient attaché à la rime a fait naître plus d'une fois la proposition de la bannir; mais il est plus beau de vaincre une difficulté que de s'en défaire. La rime est nécessaire à la poésie française par la nature de notre langue, et est consacrée à jamais par les ouvrages de nos grands hommes.

☞ 10 Et que son propre sang en faveur de ces lieux
Balance les destins, et partage les dieux.

Balance, etc. est un très-beau vers ; mais celui qui le précède est mauvais. *Le propre sang de Rome en faveur de ces lieux !*

☞ 11 Depuis qu'elle a daigné protéger nos provinces,
Et de son amitié faire honneur à leurs princes.

Faire honneur de son amitié n'est pas le mot propre.

12 Le grand Viriatus, de qui je tiens le jour,
D'un sort plus favorable eut un pareil retour.

On dit bien en général *un retour du sort*, et encore mieux *un revers du sort*, mais non pas *un retour d'un sort favorable*, pour exprimer une dis-

---

d'amour, mais comme lui ayant donné le premier rang dans la plupart de ses tragédies. Hermionne, Phèdre, Monime, Bérénice, Achille, ont-ils une autre passion que l'amour ?

grâce; au contraire, un *retour d'un sort favorable* signifie une nouvelle faveur de la fortune après quelque disgrâce passagère.

☞ 13 Il défit trois préteurs, il gagna dix batailles;
    Il repoussa l'assaut de plus de cent murailles.

Gagner des batailles, repousser l'assaut de plus de cent murailles. Voilà de ces vers communs et faibles qu'on doit soigneusement s'interdire. On voit trop que *murailles* n'est là que pour rimer à *batailles*.

☞ 14 Nos rois, sans ce héros, l'un de l'autre jaloux,
    Du plus heureux sans cesse auroient rompu les coups.

Rompre les coups du plus heureux; avoir l'ombre d'une montagne pour se couvrir, un bonheur qui décide des armes, tout cela est impropre, irrégulier, obscur.

15 Sa mort me laissera pour ma protection
    La splendeur de son ombre et l'éclat de son nom.

Ces figures outrées ne réussissent plus. Le mot d'*ombre* est trop le contraire de *splendeur;* il n'est pas permis non plus à une femme telle que Viriate de dire que l'ombre d'un général mort protégera plus l'Espagne que ne feraient cent rois : ces exagérations ne seraient pas même tolérées dans une ode. Le vrai doit régner par-tout, et sur-tout dans la tragédie. ☞ La splendeur d'une ombre a quelque chose de si contradictoire, que cette expression dégénère en pure plaisanterie.

SCÈNE II.

¹ . . . . Que direz-vous, madame,
Du dessein téméraire où s'échappe mon âme?

Une âme ne s'échappe point à un dessein.

² Pour qui de tous ces rois êtes-vous sans soupçon?

C'est un barbarisme de phrase. On soupçonne quelqu'un, on a des soupçons, on jette des soupçons sur lui; on n'a pas des soupçons pour quelqu'un, comme on a de l'estime, de l'amitié, de la haine pour quelqu'un. Il est vraisemblable que c'est une faute ancienne des imprimeurs, et qu'on doit lire, *sur qui de tous ces rois êtes-vous sans soupçon ?*

☞ ³ Digne d'être avoué de l'ancienne Rome.
Il en a la naissance, il en a le grand cœur.

Cette phrase signifie, il a la naissance de Rome, il a le grand cœur de Rome. On sent bien que l'auteur veut dire il est né Romain, il a la valeur d'un Romain; mais il ne suffit pas qu'on puisse l'entendre, il faut qu'on ne puisse pas l'entendre autrement.

⁴ Libéral, intrépide, affable, magnanime; ..
Enfin, c'est Perpenna sur qui vous l'emportez.... —
J'attendois votre nom après ces qualités;
Les éloges brillants que vous daignez y joindre
Ne me permettoient pas d'espérer rien de moindre....
Si vos Romains ainsi choisissent des maîtresses,
A vos derniers tribuns il faudra des princesses. —
Madame.... — Parlons net sur ce choix d'un époux.

Cette réponse est fort belle; elle doit toujours

faire un grand effet. Les vers suivants semblent l'affaiblir. *Parlons net* sent un peu trop le dialogue de comédie; et le mot de maîtresse n'a jamais été employé par Racine dans ses bonnes pièces. [a]

[a] Voltaire avait une mémoire prodigieuse; tous ses ouvrages le prouvent. De quel nom doit-on donc appeler les assertions qu'il avance à chaque instant? Et, s'il ne se fait aucun scrupule de citer faux sans nécessité, que doit-on penser qu'il peut faire lorsqu'il a quelque intérêt à soutenir une opinion? Il dit, dans cette remarque, que le mot *maîtresse* n'a jamais été employé par Racine dans ses bonnes pièces. On ne regarde pas comme de mauvais ouvrages *Andromaque*, *Britannicus*, *Bajazet*. Il suffira donc de prendre des exemples dans ces trois tragédies:

Loin de leur accorder le fils de sa *maîtresse*.
ANDROMAQUE, *acte* 1, *scène* 1.re

Ainsi vous l'envoyez aux pieds de sa *maîtresse*.
ANDROMAQUE, *acte* 1, *scène* 3.

Une autre de César a surpris la tendresse;
Elle aura le pouvoir d'épouse et de *maîtresse*.
BRITANNICUS, *acte* 3, *scène* 4.

Parmi tant de beautés qui briguent leur tendresse,
Ils daignent quelquefois choisir une *maîtresse*.
BAJAZET, *acte* 1, *scène* 3.

Je puis. . . . .
Disputer en ces lieux le cœur de sa *maîtresse*.
BAJAZET, *acte* 3, *scène* 4.

Voltaire, en proscrivant ainsi le mot *maîtresse*, oublioit-il qu'il l'avoit employé si souvent, non pas dans ses mauvaises pièces, mais dans *Adélaïde Duguesclin*, dans *Zaïre*, etc.? On le trouve au moins quatre fois dans cette dernière pièce. Orosmane dit à sa jeune esclave:

J'atteste ici la gloire, et Zaïre et ma flamme,
De ne choisir que vous pour *maîtresse* et pour femme.

ACTE II, SCÈNE II.

5 Un pareil amour sied bien à mes pareilles.

Un amour qui sied bien ou qui sied mal ne peut se dire; il semble qu'on parle d'un ajustement. On doit éviter le mot de *mes pareilles;* il est plus bourgeois que noble.

6 Je le dis donc tout haut, afin que l'on m'entende.

Viriate n'élève pas ici la voix; elle parle devant sa confidente qui connaît ses sentiments : ainsi ce vers n'est qu'un vers de comédie, qui ne devait pas avoir place dans une scène noble.

☞ 7 Mais si de leur puissance ils vous laissent l'arbitre,
Leur foiblesse du moins en conserve le titre.

Être *arbitre des rois* se dit très-bien, parce qu'en effet des rois peuvent choisir ou recevoir un arbitre. On est l'arbitre des lois, parce que souvent les lois sont opposées l'une à l'autre, l'arbitre des états qui ont des prétentions, mais non pas l'arbitre de la puissance, encore moins a-t-on le titre de sa puissance.

8 Ainsi ce noble orgueil qui vous préfère à tous
En préfère le moindre à tout autre qu'à vous.

Elle veut dire *préfère le moindre* des rois à tout autre Romain que vous.

9 Car enfin, pour remplir l'honneur de ma naissance....

On soutient l'honneur de sa naissance, on remplit les devoirs de sa naissance, mais on ne remplit point un honneur. ☞ Encore une fois, rien n'est si rare que le mot propre.

10 Il me faudroit un roi de titre et de puissance.

On dit bien, *un roi de nom;* par exemple, Jacques II fut roi de nom, et Guillaume resta roi en effet; mais on ne dit point *roi de titre* : on dit encore moins *roi de puissance;* cela n'est pas français. Toutes ces expressions sont des barbarismes de phrase; mais le sens est fort beau, et tous les sentiments de Viriate ont de la dignité.... ☞ *Je pense m'en devoir ou le pouvoir sans nom, ou le nom sans pouvoir.* Voilà de ces jeux de mots qu'il faut soigneusement éviter; et si on se permet cette licence, il faut du moins s'exprimer avec netteté et correctement. Se devoir le pouvoir d'un roi sans nom est un barbarisme et une construction très-vicieuse.

11 J'adore ce grand cœur qui rend ce qu'il doit rendre
   Aux illustres aïeux dont on vous voit descendre.

Cette expression ne paraît pas juste; on ne voit personne descendre de ses aïeux. Racine dit, dans Iphigénie :

Le sang de ces héros dont tu me fais descendre;

mais non pas, *le sang dont on me voit descendre.*

☞ 12 Perpenna parmi nous est le seul dont le sang
   Ne mêleroit point d'ombre à la splendeur du rang.

Qu'est-ce qu'un sang qui ne mêlerait point d'ombre à une splendeur? On ne peut trop redire que toute métaphore doit être juste et faire une image vraie.

ACTE II, SCÈNE II.

13 Je n'ose m'éblouir d'un peu de nom fameux....

Le mot de *peu* ne convient point à un nom : un peu de gloire, un peu de renommée, de réputation, de puissance, se dit dans toutes les langues; et *un peu de nom*, dans aucune. Il y a une grammaire commune à toutes les nations, qui ne permet pas que les adverbes de quantité se joignent à des choses qui n'ont pas de quantité. On peut avoir plus ou moins de gloire ou de puissance, mais non pas plus ou moins de nom.

14 Jusqu'à déshonorer le trône par mes vœux.

Il est étrange que Corneille fasse parler ainsi un Romain, après avoir dit ailleurs, *pour être plus qu'un roi, tu te crois quelque chose*, et après avoir répété si souvent cette exagération prodigieuse, qu'il n'y a point de bourgeois de Rome qui ne soit au-dessus de tous les rois. Ces manières si différentes d'envisager la même chose font bien voir que l'archevêque Fénélon et le marquis de Vauvenargue avaient raison de dire que Corneille atteignit rarement le véritable but de la tragédie, et que trop souvent, au lieu d'émouvoir, il exagérait ou il dissertait.

15 Je ne veux que le nom de votre créature.

Créature; ce mot, dans notre langue, n'est employé que pour les subalternes qui doivent leur fortune à leurs patrons, et semble ne pas convenir à Sertorius.

16 Un si glorieux titre a de quoi me ravir....

Ce titre n'est point *glorieux*; il n'a point de *quoi ravir*. Ce mot *ravir* est trop familier. *a*

17 Il m'a fait triompher en voulant vous servir.

Par la construction de la phrase, c'est le glorieux titre qui a voulu servir Viriate.

18 Et malgré tout le peu que le ciel m'a fait naître....

Tout le peu est une contradiction dans les termes; les mots de *peu* et de *tout* s'excluent l'un l'autre.

19 Accordez le respect que mon trône vous donne
Avec cet attentat sur ma propre personne.

On ne *donne* point du respect, on l'impose, on l'imprime, on l'inspire, etc.

20 Ainsi, pour estimer chacun à sa manière....

est trop familier, et *sa manière pour estimer* est aussi bas que peu français.

21 Au sang d'un Espagnol je ferois grâce entière,

ne dit point ce qu'elle veut dire; elle entend que ce serait faire une grâce à un Espagnol que de l'épouser. *Faire grâce entière,* c'est ne point pardonner à demi.

22 Vous, si vous haïssez comme eux le nom de reine,
Regardez-moi, seigneur, comme dame romaine.

Elle ne doit point dire à Sertorius qu'il peut haïr le trône, après que Sertorius lui a dit qu'il déshono-

---

a Racine n'a pas jugé le mot *ravir* trop familier; il l'a employé dans ce vers de *Britannicus :*

Ravis d'être vaincus dans leur propre science.

ACTE II, SCÈNE II. 313

rerait le trône s'il osait aspirer à elle. Tous ces raisonnements sur le trône semblent trop se contredire ; tantôt le trône de Viriate dépend de Sertorius, tantôt Sertorius est au-dessous du trône, tantôt il hait le trône, tantôt Viriate veut faire respecter son trône ; mais quand même il y aurait de la justesse dans ces dissertations, il y aurait toujours trop de froideur. Presque tous ces raisonnements sont faux : ils auraient besoin du style le plus élégant et le plus noble pour être tolérés ; mais malheureusement le style est guindé, obscur, souvent bas, et hérissé de solécismes et de barbarismes. *a*

☞ 23 Je trahirois, madame, et vous et vos états,
De voir un tel secours, et ne l'accepter pas.

Je trahirais de voir est un solécisme.

☞ 24 Et qu'un destin jaloux de nos communs desseins
Jetât ce grand dépôt en de mauvaises mains.

On ne jette point un dépôt; c'est un barbarisme ; il faut, *ne mît ce grand dépôt.*

☞ 25 Après que ma couronne a garanti vos têtes,
Ne mérité-je point de part en vos conquêtes ?

Que veut dire une couronne qui garantit des têtes ? Il fallait au moins dire de quoi elle les garantit :

a Ces raisonnements sur le trône n'offrent aucune contradiction. Viriate ne dit point à Sertorius qu'il peut haïr le trône ; mais elle dit, *si vous haïssez.* Si ces raisonnements étoient faux, le style le plus élégant ne les rendroit pas plus tolérables, comme le commentateur semble le dire. Il est à remarquer que Voltaire a toujours regardé l'élégance du style comme pouvant tenir lieu de raison, de vérité, d'intérêt, de vraisemblance et de toutes les qualités dramatiques.

on garantit un traité, une possession, un héritage; mais une couronne ne garantit point une tête.

☞ 26 Il en est bien payé d'avoir sauvé sa vie.

C'est un barbarisme et un contre-sens. On est payé en recevant une récompense, on est payé par une récompense; mais on n'est point payé de recevoir une récompense : il fallait, *il fut assez payé, vous sauvâtes sa vie,* ou quelque chose de semblable.

27 Quand nous sommes aux bords d'une pleine victoire,
Quel besoin avons-nous d'en partager la gloire?

La victoire n'a point de bords : on touche à la victoire, on est près de la remporter, de la saisir; mais on n'est point à ses bords. Cela ne peut se dire dans aucune langue, parce que dans toutes les langues les métaphores doivent être justes.

28 L'espoir le mieux fondé n'a jamais trop de forces.

On ne peut dire *les forces d'un espoir;* aucune langue ne peut admettre ce mot, parce que les forces ne peuvent pas être dans un espoir. C'est un barbarisme.

29 Le plus heureux destin surprend par les divorces....

Un destin n'a point de divorces; il a des vicissitudes, des changements, des revers; et alors ce n'est pas l'heureux destin qui surprend. Cette expression est un barbarisme.

30 Du trop de confiance il aime à se venger.

Ce destin qui aime à se venger est une idée poétique qui n'a rien de vrai. Pourquoi aimerait-il à se

ACTE II, SCÈNE II.

venger de la confiance qu'on a en lui? Est-ce ainsi que doit raisonner un grand capitaine, un homme d'état?

31 Devons-nous exposer à tant d'incertitude
L'esclavage de Rome et notre servitude?

Ce n'est point l'esclavage qu'on expose ici à l'incertitude des événements; au contraire, c'est la liberté de Rome et celle de l'Espagne, pour laquelle Sertorius et Viriate combattent, et qu'on exposerait.

32 Faites, faites entrer ce héros d'importance,

est un peu trop comique. L'auteur a déjà dit *des gens d'importance*: il n'est pas permis d'écrire d'un style si trivial, sur-tout après avoir écrit de si belles choses.

33 Et si vous le craignez, craignez autant du moins
Un long et vain regret d'avoir prêté vos soins.

Il faudrait achever la phrase. *Prêter vos soins* n'a pas un sens complet; on doit dire à qui on les a prêtés. De plus, on ne prête point des soins, on ne prête que les choses qu'on peut retirer. Quand les soins sont une fois donnés, on peut en refuser de nouveaux. Il n'en est pas de même du mot *appui*, *secours*; on prête son *appui*, son *secours*, son *bras*, son *armée*, etc., parce qu'on peut les retirer, les reprendre. Ce style est très-vicieux.

34 Je parle pour un autre; et toutefois, hélas!
Si vous saviez.... — Seigneur, que faut-il que je sache?

Cet *hélas* dans la bouche de Sertorius est trop déplacé; il ne convient ni à son caractère, ni à son âge, ni à la scène politique et raisonnée qui vient de se passer entre Viriate et lui.

35 Ce soupir redoublé.... — N'achevez point; allez.

Ce *soupir redoublé* achève de dégrader Sertorius.

Qu'Achille aime autrement que Tircis et Philène.

Un vieux capitaine romain qui fait remarquer ses soupirs à sa maîtresse est au-dessous de Tircis; car Tircis soupirera sans le dire, et ce sera sa maîtresse qui s'en apercevra.

Qu'un amant passionné soit attendri, ému, troublé, qu'il soupire; mais qu'il ne dise pas, Voyez comme je suis attendri, comme je suis ému, comme je suis touché, comme je soupire. Cette pusillanimité dans laquelle Corneille fait tomber Sertorius et Viriate, est une preuve bien manifeste de ce que nous avons dit tant de fois, que l'amour s'était emparé du théâtre très-long-temps avant Racine; qu'il n'y avait aucune pièce où cette passion n'entrât, et c'était presque toujours mal-à-propos. Encore une fois, l'amour n'a jamais bien été traité que dans les scènes du Cid, imitées de Guilain de Castro, jusqu'à l'Andromaque de Racine : je dis jusqu'à l'Andromaque; car, dans la Thébaïde et dans l'Alexandre, on sent que Racine suit la mauvaise route que Corneille avait tracée; c'est l'unique raison peut-être pour laquelle ces deux pièces n'intéressent point du tout. *a*

a En admettant qu'une partie de cette remarque soit fondée, on ne peut s'empêcher de faire observer combien il est injuste de

ACTE II, SCÈNE IV.

SCÈNE III.

¹ Sa dureté m'étonne ; et je ne puis, madame.... —

Il est assez difficile de comprendre comment Thamire peut parler de dureté après ces hélas et ces soupirs.

☞ ² L'apparence t'abuse ; il m'aime au fond de l'âme.

Rien n'est assurément moins tragique qu'une femme qui dit qu'un homme l'aime. C'est de la comédie froide.

☞ ³ Quoi ! quand pour un rival il s'obstine au refus....

Quoi quand forme une cacophonie désagréable.

⁴ Il veut que je l'amuse.

Viriate, dans cet hémistiche comique, ne dit point ce qu'elle doit dire : sa vanité lui persuade qu'elle est aimée, et que Sertorius sacrifie son amour à l'amitié ; ce n'est pas là un amusement. Il faut convenir que rien n'est plus éloigné du caractère de la tragédie.

SCÈNE IV.

¹ Vous m'aimez, Perpenna ; Sertorius le dit :
Je crois sur sa parole, et lui dois tout crédit.

Il fallait dire, *je le crois*. Corneille a bien employé le mot *je crois* sans régime dans Polyeucte,

dire que *Corneille avait tracé une mauvaise route*. Il a pu suivre à certains égards celle qui existoit, lui qui en a su sortir tant de fois pour s'élever à un degré auquel personne n'a jamais pu atteindre.

je vois, je sais, je crois, je suis désabusée; mais c'est dans un autre sens. Pauline veut dire *j'ai la foi;* mais Viriate n'a point la foi.

Et lui dois tout crédit; ce terme est impropre et n'est pas noble. *Crédit* ne signifie point *confiance.* Racine s'est servi plus noblement de ce mot dans un autre sens, quand il fait dire à Agrippine :

Je vois mes honneurs croître, et tomber mon crédit.

Crédit alors signifie *autorité, puissance, considération.*

2 A quel titre lui plaire? et par quel charme un jour
Obliger sa couronne à payer votre amour?

On n'oblige point une couronne à payer; ☞ et payer un amour!

3 Eh bien, qu'êtes-vous prêt de lui sacrifier? —
Tous mes soins, tout mon sang, mon courage, ma vie.

On peut sacrifier son sang et sa vie, ce qui est la même chose : mais sacrifier son courage! qu'est-ce que cela veut dire? On emploie son courage, ses soins; on sacrifie sa vie.

4 Pourriez-vous la servir dans une jalousie? —
Ah madame! — A ce mot en vain le cœur vous bat....
J'ai de l'ambition, et mon orgueil de reine
Ne peut voir sans chagrin une autre souveraine,
Qui, sur mon propre trône à mes yeux s'élevant,
Jusque dans mes états prenne le pas devant.

Dans une jalousie, le cœur vous bat, un orgueil de reine; ce n'est pas là le style noble : ☞ et cette idée de se *faire servir dans une jalousie* est non-seulement du comique, mais du comique insipide; ce n'est pas là le φοβος και ελεος, la terreur et la pitié.

ACTE II, SCÈNE IV.

Voilà une plaisante intrigue tragique, que de savoir qui de deux femmes passera la première à une porte.

4 bis. Prenne le pas devant,

ne se dit plus, et présente une petite idée. Voilà de ces choses qu'il faut ennoblir par l'expression. Racine dit :

Je ceignis la tiare, et marchai son égal.

Prendre le pas devant est une mauvaise façon de parler qui n'est pas même pardonnable aux gazettes.

5 . . . . L'offre qu'elle fait,
  Ou que l'on fait pour elle, en assure l'effet.

Il faut éviter ces expressions prosaïques et négligées : celle-ci n'est ni noble ni exacte. Une offre n'assure point un effet; une offre est acceptée ou dédaignée; le mot d'*effet* ne s'applique qu'aux desseins et aux causes, aux menaces, aux prières.

6 Un autre hymen vous met dans le même embarras.

Perpenna n'a aucune raison de parler d'un autre hymen de Sertorius, puisqu'il n'en est point question dans la pièce : et quel style de comédie ! *un hymen qui met dans l'embarras !*

7 Voulez-vous me servir ? — Si je le veux ? j'y cours,
  Madame, et meurs déjà d'y consacrer mes jours.

Il fallait, *et je meurs*, mais cette façon de parler est du style de la comédie; encore ne dit-on pas même *je meurs d'aller, je meurs de servir*, mais *je meurs d'envie d'aller, de servir*; et cela ne se dit que dans la conversation familière.

SCÈNE V.

☞ 1 Et fait auprès de vous l'officieux rival.

Encore une fois, style de comédie.

☞ 2 A lui rendre service elle m'ouvre une voie
Que tout mon cœur embrasse avec excès de joie.

Embrasser avec excès de joie une voie à rendre service; on ne peut écrire avec plus d'impropriété. C'est un amas de barbarismes.

☞ 3 . . . Rompant le cours d'une flamme nouvelle,
Vous forcez ce rival à retourner vers elle.

Rompre le cours d'une flamme, autre barbarisme.

4 . . . . Allons le recevoir,
Puisque Sertorius m'impose ce devoir.

Dans cette scène Perpenna paraît généreux; il n'est plus question de l'assassinat de Sertorius, qui fait le sujet du drame. C'est d'ordinaire un grand défaut dans une pièce, soit tragique, soit comique, qu'un personnage paraisse sans rappeler les premiers sentiments et les premiers desseins qu'il a d'abord annoncés ; c'est rompre l'unité de dessein qui doit régner dans tout l'ouvrage.

Nous sommes entrés dans presque tous les détails de ces deux premiers actes, pour montrer aux commençants combien il est difficile de bien écrire en vers, pour éviter le reproche qu'on nous a fait de n'en avoir pas assez dit, et pour répondre au reproche ridicule que quelques gens de parti, très-mal instruits, nous ont fait d'en avoir trop dit. Nous ne pouvons assez répéter que nous cherchons uniquement la vérité, et qu'aucune cabale ne nous a jamais intimidés.

Nous reprenons quatre fois plus de fautes dans cette édition que dans la précédente, parce que des gens qui ne savent pas le français ont eu le ridicule d'imprimer qu'il ne fallait pas s'apercevoir de ces fautes.

ACTE TROISIÈME.

SCÈNE I.ère [1]

CETTE scène, ou plutôt la seconde, dont celle-ci n'est que le commencement, fit le succès de Sertorius, et elle aura toujours une grande réputation. S'il y a quelques défauts dans le style, ces défauts n'ôtent rien à la noblesse des sentiments, à la politique, aux bienséances de toute espèce, qui font un chef-d'œuvre de cette conversation. Elle n'est pas tragique, j'en conviens; elle n'est que politique. La pièce de Sertorius n'a rien de la chaleur et du pathétique de la vraie tragédie, comme Corneille l'avoue dans son examen; mais cette scène de Sertorius et de Pompée, prise à part, est un grand modèle.

Il n'y a, je crois, que deux autres exemples sur le théâtre de ces conférences entre de grands hommes, qui méritent d'être remarquées. La première, dans Shakespeare, entre Cassius et Brutus; elle est dans un goût un peu différent de celui de Corneille. Brutus reproche à Cassius *that he hath an itching palm;* ce qui signifie précisément que Cassius se fait graisser la patte. Cassius répond qu'il aimerait mieux être un chien et aboyer à la lune, que de se faire donner des pots de vin. Il y a d'ailleurs des choses vives et animées : mais ce ton de la halle n'est pas tout-à-fait celui de la scène tragique ; ce n'est pas celui du sage Addisson.

La seconde conférence est dans l'Alexandre de Racine, entre Porus, Éphestion et Taxile. Si Éphestion était un personnage principal, et si la tragédie était intéressante, cette conférence pourrait encore plaire beaucoup au théâtre, même après celle de Sertorius et de Pompée. Le mal est que ces scènes ne sont pas absolument nécessaires à la pièce. Sertorius même dit, au quatrième acte :

. . . . Quel bruit fait par la ville
De Pompée et de moi l'entrevue inutile ?

Ces scènes donnent rarement au spectateur d'autre plaisir que celui de voir de grands hommes conférer ensemble.

ᵃ Seigneur, qui des mortels eût jamais osé croire
Que la treve à tel point dût rehausser ma gloire ?...

Certainement Sertorius n'a jamais dit à Pompée, *Quel homme aurait jamais osé croire que ma gloire pût être augmentée ?* On ne parle point ainsi de soi-même ; la bienséance n'est pas observée dans les expressions : le fond de la pensée est que la visite de Pompée est le plus grand honneur qu'il

ACTE III, SCÈNE I.

ait jamais reçu; mais il ne doit pas commencer par parler de sa gloire, et par dire que jamais mortel n'eût osé croire que cette gloire pût augmenter; ces vers peuvent paraître une fanfaronnade plutôt qu'un compliment. Il eût été plus court, plus naturel, plus décent de supprimer ces vers, et de dire avec une noble simplicité, *Seigneur, je doute encor si ma vue est trompée*, etc.

3   Qu'un nom à qui la guerre a fait trop applaudir
    Dans l'ombre de la paix trouvât à s'agrandir ?

Comment est-ce qu'un nom trouve quelque chose? Sertorius veut dire qu'il n'a jamais reçu tant d'honneurs; mais un nom ne s'agrandit pas, et il ne fallait pas qu'il commençât une conversation polie et modeste par dire que la guerre a fait applaudir à son nom. Ce n'est pas au nom qu'on applaudit, c'est à la personne, aux actions.

4 . . . . Faites qu'on se retire.

Pompée ne doit pas demander qu'on se retire pour pouvoir dire en liberté à Sertorius qu'il l'estime. On peut faire un compliment en public, et faire ensuite retirer les assistants : cela même eût fait un bon effet au théâtre.

SCÈNE II.

> 1 L'inimitié qui règne entre nos deux partis
> N'y rend pas de l'honneur tous les droits amortis.
> Comme le vrai mérite a ses prérogatives,
> Qui prennent le dessus des haines les plus vives,
> L'estime et le respect sont de justes tributs
> Qu'aux plus fiers ennemis arrachent les vertus.

Cet *amortissement des droits,* ces *prérogatives du vrai mérite,* gâtent un peu ce commencement du discours de Pompée. *Prérogatives* n'est pas le mot propre; et des *prérogatives qui prennent le dessus des haines!* rien n'est moins élégant. Quand même ces deux vers seraient bons, ils pécheraient en ce qu'ils sont inutiles; ils affaibliraient ces deux beaux vers si nobles et si simples :

> L'estime et le respect sont les justes tributs
> Qu'aux cœurs même ennemis arrachent les vertus.

Rien de trop, voilà la grande règle.

☞ 2 Comme le vrai mérite a ses prérogatives, etc.

Cette phrase, ce *comme,* ne conviennent pas à Pompée. Cela sent trop son rhéteur. Ce tour est trop apprêté, cette expression trop prosaïque. Le défaut est petit; mais il faut remarquer tout dans un dialogue aussi important que celui de Pompée et de Sertorius.

> 3 Et c'est ce que vient rendre à la haute vaillance
> Dont je ne fais ici que trop d'expérience
> L'ardeur de voir de près un si fameux héros....

Ce *rendre* se rapporte à *tribut :* mais on ne rend

point un tribut ; on rend justice, on rend hommage ; on paye un tribut.

4 Sans lui voir en la main piques ni javelots....

Il serait à désirer que Corneille eût autrement tourné ce vers. *Voir piques* n'est pas français.

5 Et le front désarmé de ce regard terrible
Qui dans nos escadrons guide un bras invincible.

Le front désarmé se rapporte à *sans voir* ; de sorte que la véritable construction est, *sans lui voir le front désarmé* ; ce qui est précisément le contraire de ce qu'il entend. Il reste à savoir si un général doit parler à un autre général de son regard terrible.

6 ... Ce franc aveu sied bien aux grands courages....

C'est ce qu'on doit dire de Pompée ; mais c'est ce que Pompée ne doit pas dire de lui : c'est une parenthèse du poëte. Jamais un général d'armée ne se vante ainsi, et ne s'appelle *grand courage*. Il ne faut jamais faire parler les hommes autrement qu'ils ne parleraient eux-mêmes : c'est une règle générale qu'on ne peut trop répéter. *a*

a Et ce franc aveu sied bien aux grands courages, veut dire, je ne crains pas de faire un pareil aveu, parce qu'il sied aux âmes élevées. Il semble qu'il est très-permis d'employer cette tournure pour justifier son sentiment. Voltaire auroit bien voulu persuader à ses lecteurs que Corneille avoit fait parler ses personnages autrement qu'ils n'eussent parlé eux-mêmes. C'eût été, en effet, lui ôter une des parties les plus éminentes de son talent.

7 J'apprends plus contre vous par mes désavantages,
Que les plus beaux succès qu'ailleurs j'aie emportés
Ne m'ont encore appris par mes prospérités.

On emporte une place, on remporte un avantage : on a un succès ; on n'emporte point un succès ; c'est un barbarisme.

☞ 8 Je vois ce qu'il faut faire, à voir ce que vous faites.

Je vois à voir, répétition qu'il faut éviter.

9 Souffrez que je réponde à vos civilités.

Il eût été mieux que Sertorius eût répondu aux civilités de Pompée sans le dire ; cela donne à son discours un air apprêté et contraint. Il annonce qu'il veut faire un compliment ; un tel compliment doit être sans appareil, afin qu'il paraisse plus naturel et plus vrai. On n'a pas besoin de faire retirer les assistants pour faire un compliment.

☞ 10 Vous ne me donnez rien par cette haute estime
Que vous n'ayez déjà dans le degré sublime.

Degré sublime, expression faible et impropre employée pour la rime.

11 Si dans l'occasion je ménage un peu mieux
L'assiette du pays et la faveur des lieux, etc.

Je ne peux m'empêcher de remarquer ici qu'on trouve dans plusieurs livres, et sur-tout dans l'histoire du théâtre, que le vicomte de Turenne, à la représentation de Sertorius, s'écria : *Où donc Corneille a-t-il pu apprendre l'art de la guerre ?* Ce conte est ridicule. Corneille eût très-mal fait d'entrer dans les détails de cet art ; il fait dire en général à Sertorius ce que ce Romain devait peut-être se passer de dire, qu'il sait mieux se prévaloir du terrain que Pompée. Il n'y a pas là de quoi étonner un Turenne. Les généraux de Charles-Quint et de François I.ᵉʳ pouvaient en effet s'étonner que Machiavel, secrétaire de Florence, donnât des règles excellentes de tactique, et enseignât à disposer les bataillons comme on les range aujourd'hui ; c'est alors qu'on pouvait dire : Où Machiavel a-t-il appris l'art de la guerre ? Mais si le vicomte de Turenne en avait dit autant sur un ou deux vers de Corneille, qui n'enseignent point la tactique, et qui ne doivent point l'enseigner, il aurait dit une puérilité dont il était incapable.

On pouvait plus justement dire que Corneille parlait supérieurement de politique. La preuve en est dans ces vers, *Lorsque deux factions divisent un empire,* etc. Elle est encore plus dans Cinna. Nous sommes inondés depuis peu de livres sur le gouvernement. Des hommes obscurs, incapables de se gouverner eux-mêmes, et ne connaissant ni le monde, ni la cour, ni les affaires, se sont avisés d'instruire les rois et les ministres, et même de les injurier. Y a-t-il un seul de ces livres, je n'en excepte pas un, qui approche de loin de la délibération d'Auguste dans Cinna, et de la conversation de Sertorius et de Pompée ? C'est là que Corneille est bien grand ; et la comparaison qu'on peut faire de ces morceaux avec tous nos fatras de prose sur la politique, le rend plus grand encore, et est le plus bel éloge de la poésie.

12 Et sur les bords du Tibre, une pique à la main,
Lui demander raison pour le peuple romain....

On se servait encore de piques en France lorsqu'on représenta Sertorius, et cette expression était plus noble qu'aujourd'hui.

13 De si hautes leçons, seigneur, sont difficiles,
Et pourroient vous donner quelques soins inutiles,
Si vous faisiez dessein de me les expliquer
Jusqu'à m'avoir appris à les bien pratiquer.

Le dernier vers n'a pas un sens net. On ne sait si l'intention de l'auteur est, Si vous vouliez m'expliquer mes leçons jusqu'à ce que vous m'apprissiez à les mettre en pratique; mais *faire dessein de les expliquer jusqu'à m'avoir appris* est un contre-sens en toute langue. *Faire dessein* est un barbarisme.

☞ 14 Est-ce être tout Romain qu'être chef d'une guerre
Qui veut tenir aux fers les maîtres de la terre ?

On est chef de parti, on n'est pas chef d'une guerre. Le mot est trop impropre.

15 C'est vous qui sous le joug traînez des cœurs si braves.

Traîner des cœurs peut se dire : Racine a dit :

Charmant, jeune, traînant tous les cœurs après soi.

Mais cet *après soi* ou *après lui* est absolument nécessaire.

Entraînant *après lui* tous les cœurs des soldats.

16 Mais vous jugez, seigneur, de l'âme par le bras ;
Et souvent l'un paroit ce que l'autre n'est pas.

Ces expressions sont trop négligées : et comment un bras peut-il paraître différent d'une âme? La plupart des fautes de langage sont au fond des défauts de justesse.

¹⁷ Et servirai sous lui tant qu'un destin funeste
De nos divisions soutiendra quelque reste.

Soutiendra n'est pas le mot propre : on entretient un reste de divisions, on les fomente, etc.; on soutient un parti, une cause, une prétention : mais c'est un très-léger défaut dans un aussi beau discours que celui de Pompée.

Lorsque deux factions divisent un empire,
Chacun suit au hasard la meilleure ou la pire....
Mais quand ce choix est fait on ne s'en dédit plus, etc.

Quelle vérité dans ces vers ! et quelle force dans leur simplicité ! point d'épithète, rien de superflu ; c'est la raison en vers.

☞ ¹⁸ J'ignore quels projets peut former son bonheur.

Un bonheur qui forme des projets est trop impropre.

¹⁹ Afin que Sylla mort, ce dangereux pouvoir
Ne tombe qu'en des mains qui sachent leur devoir.

On peut animer tout dans la poésie; mais dans une conférence sans passion, les métaphores outrées ne peuvent avoir lieu : peut-être cette expression porte encore plus l'empreinte d'une négligence qui échappe, que d'une figure qu'on recherche.

²⁰ Aux périls de Sylla vous tâtez leur courage.

Ce mot *tâter*, qui par lui-même est familier, et même ignoble, fait ici un très-bel effet ; car, comme on l'a déjà remarqué, il n'y a guère de mot qui étant heureusement placé, ne puisse contribuer au sublime. Ce discours de Sertorius est un des plus beaux morceaux de Corneille ; et le reste de la scène en est digne, à quelques négligences près.

Ces vers :

Et votre empire en est d'autant plus dangereux, etc.
Rome n'est plus dans Rome ; elle est toute où je suis,

sont égaux aux plus beaux vers de Cinna et des Horaces.

☞ 21 C'est Rome... — Le séjour de votre potentat,
Qui n'a que ses fureurs pour maximes d'état, etc.

Voilà encore un des plus beaux endroits de Corneille : il y a de la force, de la grandeur, de la vérité ; et même il est supérieurement écrit, à quelques négligences, à quelques familiarités près ; comme le *tyran est bas,* donner *cette joie, ouvrir tous ses bras.* Mais quand une expression familière et commune est bien placée et fait un contraste, alors elle tient presque du sublime : tel est ce vers :

Je n'appelle plus Rome un enclos de murailles.

Ce mot *enclos,* qui ailleurs est si commun et même bas, s'ennoblit ici, et fait un très-beau contraste avec *ce vers admirable :*

Rome n'est plus dans Rome ; elle est toute où je suis.

☞ 22 . . . . Et l'on ne sait que c'est
De suivre ou d'obéir que suivant qu'il leur plaît.

Il faut éviter ces expressions triviales *que c'est,* qui n'est pas français, et *ce que c'est,* qui, étant plus régulier, est dur à l'oreille et du style de conversation.

ACTE III, SCÈNE III.

☞ 23 Vous qu'à sa défiance il a sacrifié
Jusques à vous forcer d'être son allié....

Cette transition ne me paraît pas assez ménagée. Je crois que Sertorius devait, dans l'énumération des cruautés de Sylla, compter celle d'avoir forcé Pompée à répudier sa femme.

☞ 24 J'aimois mon Aristie, il m'en vient d'arracher.

J'aimais mon Aristie est faible, trivial et comique.

☞ 25 Protéger hautement les vertus malheureuses,
C'est le moindre devoir des âmes généreuses.

Sertorius ne doit point dire *qu'il est une âme généreuse*; il doit le laisser entendre : c'est le défaut de tous les héros de Corneille de se vanter toujours. *a*

SCÈNE III.

1 Venez.... montrer à tout le genre humain
La force qu'on vous fait pour me donner la main.

La force qu'on vous fait est un barbarisme : on dit prendre de force, faire force de rames, de voiles, céder à la force, employer la force; mais non *faire force à quelqu'un*. Le terme propre est *faire violence* ou *forcer*.

Remarquons ici que le grand Pompée est présenté sous un aspect bien défavorable; c'est l'aventure la

---

a J'ignore si je me trompe, mais il me semble qu'il est bien différent de dire : *Je suis généreux*, ou de dire, *Je fais telle chose parce qu'il est du devoir des âmes généreuses de le faire*. Je ne trouve, dans cette dernière expression, que la manifestation du désir de ressembler le plus possible aux âmes généreuses.

plus honteuse de sa vie : il a répudié Antistia, qu'il aimait, et a épousé Émilia, la petite-fille de Sylla, pour faire sa cour à ce tyran : cette bassesse était d'autant plus honteuse, qu'Emilie était grosse de son premier mari quand Pompée l'épousa par un double divorce. Pompée avoue ici sa honte à Sertorius et à sa première femme : il ne paraît que comme un esclave de Sylla, qui craint de déplaire à son maître ; dans cette position, quelque chose qu'il dise ou qu'il fasse, il est impossible de s'intéresser à lui. On prend un intérêt médiocre à Sertorius amoureux. Viriate est peut-être le premier personnage de la pièce : mais qui n'étalera que la politique n'excitera jamais les grands mouvements, qui sont l'âme de la tragédie. Il est dit dans le *Boléana* que Boileau n'aimait pas cette fameuse conférence de Sertorius et de Pompée. On prétend que Boileau disait que cette scène n'était ni dans la raison ni dans la nature, et qu'il était ridicule que Pompée vînt redemander sa femme à Sertorius, tandis qu'il en avait une autre de la main de Sylla. J'avoue que l'objet de cette conférence peut être critiqué ; mais j'ai bien de la peine à croire que Boileau ne fût pas content des morceaux adroits et sublimes de cette scène ; il savait trop bien que le goût consiste à savoir admirer les beautés au milieu des défauts.

SCÈNE IV.[1]

Après une scène de politique, il n'est guère possible que jamais une scène de tendresse puisse réussir. Le cœur veut être mené par degrés; il ne peut passer rapidement d'un sujet à un autre : et toutes les fois qu'on promène ainsi le spectateur d'objets en objets, tout intérêt cesse. C'est une des raisons qui empêchent presque toutes les tragédies de Corneille d'être touchantes. Il paraît qu'il a senti ce défaut, puisque Sertorius et Pompée ont parlé d'Aristie à la fin de la scène précédente, mais ils n'en ont parlé que par occasion. *a*

² Suivant qu'on m'aime ou hait, j'aime ou hais à mon tour.

Ce vers et les suivants sont un peu du haut comique, et ôtent à la femme de Pompée toute sa dignité.

☞ 3 Mon feu, qui n'est éteint que parce qu'il doit l'être,
Cherche en dépit de moi le vôtre pour renaitre, etc.

Ce *feu* qui cherche *le feu* de Pompée, ce courroux qui *trébuche,* en un mot, cette scène entre un mari et une femme, ne passerait pas aujourd'hui.

4 M'aimeriez-vous encor, seigneur? — Si je vous aime!

Ce qui fait en partie que cette scène est froide, c'est précisément cette chaleur que Pompée essaye de mettre dans sa réponse à sa femme. S'il est vrai qu'il l'aime si tendrement, il joue le rôle d'un lâche, de l'avoir répudiée par crainte de Sylla, et Pompée ainsi avili ne peut plus intéresser les spectateurs,

a Les tragédies de Corneille sont moins touchantes que celles de Racine, parce que l'auteur de Cinna et de Sertorius, d'après la trempe de son talent, a cherché à élever l'âme, et non à l'émouvoir : Malgré toute notre admiration pour Racine, nous croyons le but de Corneille plus utile, et par conséquent plus louable.

comme on vient de le faire voir. Aristie plaît encore moins, en ne paraissant que pour dire à Pompée qu'elle prendra un autre mari, s'il ne veut pas d'elle. Ce sont là des intérêts qui n'ont rien de grand ni d'attendrissant.

5 Sortez de mon esprit, ressentiments jaloux....
Rentrez dans mon esprit, jaloux ressentiments....
Plus de Sertorius.... Venez, Sertorius...., etc.

Il n'y a personne qui puisse souffrir cet apprêt, ces refrains, ces jeux d'esprit compassés. Cela ressemble un peu à ces anciennes pièces de poésie nommées chants royaux, ballades, virelais ; amusements que jamais ni les Grecs ni les Romains ne connurent, excepté dans les vers phaleuques, qui étaient une espèce de poésie molle et efféminée, où les refrains étaient admis ; et quelquefois aussi dans l'églogue :

Ducite ab urbe domum, mea carmina, ducite Daphnim.

6 Plus de Sertorius. Hélas ! quoi que je die,
Vous ne me dites point, seigneur, *Plus d'Émilie.*

Cela serait à sa place dans une pastorale ; mais dans une tragédie !...

7 Ce qu'il vous fait d'injure également m'outrage ;
Mais enfin je vous aime, et ne puis davantage.

Ce qu'il fait d'injure est un barbarisme ; mais *je vous aime et ne puis davantage* déshonore entièrement Pompée. Le vainqueur de Mithridate ne devait pas s'avilir jusque-là.

8 Elle porte en ses flancs un fruit de cet amour, etc.

Ce détail domestique, cette confidence de Pom-

ACTE III, SCÈNE IV. 335

pée, qu'il ne couche point avec sa nouvelle femme, et qu'elle est grosse d'un autre, sont au-dessous de la comédie. De telles naïvetés qui succèdent à la belle scène de l'entrevue de Pompée et de Sertorius justifient ce que Molière disait de Corneille, qu'il y avait un lutin qui tantôt lui faisait ses vers admirables, et tantôt le laissait travailler lui-même.

9 Rendez-le-moi, seigneur, ce grand nom qu'elle porte.

C'est un lutin qui fit ce vers-là ; mais ce n'est pas lui qui fit *pour celles de ma sorte.*

Et ce nom seul est tout pour celles de ma sorte.

10 Mais pour venger ma gloire il me faut un époux....

Une femme qui dit que pour la venger il lui faut un mari, dit une étrange chose. Corneille l'a bien senti, en relevant cet aveu par ces mots, *il m'en faut un illustre;* et ce n'est peut-être pas encore assez.

☞ 11 Ah ! ne vous lassez point d'aimer et d'être aimée,

est un vers d'églogue; et entre un mari et une femme, il est au-dessous de l'églogue.

☞ 12 Ayez plus de courage et moins d'impatience.

C'est au contraire, c'est Aristie qui doit dire à Pompée, *ayez plus de courage :* c'est lui seul qui en manque ici.

13 Mais tant qu'il pourra tout, que pourrai-je, madame?

Ce vers humilie trop Pompée. Il y a des hommes qu'il ne faut jamais faire voir petits.

☞ 14 Suivre en tous lieux, seigneur, l'exil de votre femme.

On ne suit point un exil, on suit une exilée.

☞ 15 Et rendre un heureux calme à nos divisions.

On rend le calme à un peuple agité et divisé, on ne rend point le calme à une division; cela est impropre, et forme un contre-sens : on fait succéder le calme au trouble, à l'orage; l'union, la concorde, à la division. Corneille, dans ses vingt dernières pièces, ne se sert presque jamais du mot propre, ne parle presque jamais français, et sur-tout n'est jamais intéressant; et cela, tandis que la langue se perfectionnait sous la plume de tant de beaux génies du grand siècle, tandis que Racine parlait au cœur avec tant de chaleur, de noblesse, d'élégance, et dans un langage si pur.

☞ 16 Ce n'est pas s'affranchir qu'un moment le paroître.

Pour que ce vers fût français, il faudrait *ce n'est pas être affranchi que le paraître.*

17 Perpenna qui l'a joint saura que vous en dire.

Ce vers familier, et la dissertation politique de Pompée avec sa femme, augmentent les défauts de cette scène. Le principal vice est dans le sujet; et je crois qu'il était impossible de mettre de la couleur dans cette pièce.

☞ 18 . . . Ce peu que j'y rends de vaine déférence,
Jaloux du vrai pouvoir, ne sert qu'en apparence.

Le peu de déférence qui est jaloux du pouvoir et qui sert en apparence, est un galimatias qui n'est pas français.

19 Me voulez-vous, seigneur? ne me voulez-vous pas?

C'est un vers de comédie qui avilit tout; et ce vers est le précis de toute la scène.

ACTE III, SCÈNE IV.

²⁰ Sertorius sait vaincre et garder ses conquêtes. —
La vôtre à la garder coûtera bien des têtes.

La vôtre, etc., est un vers de Nicomède, qui est bien plus à sa place dans cette pièce qu'ici, parce qu'il sied mieux à Nicomède de braver son frère qu'à Pompée de braver sa femme.

²¹ Ah! c'en est trop, madame, et de nouveau je jure.... —

Ce vers fait bien connaître à quel point cette scène de politique amoureuse était difficile à faire. Quand on répète ce qu'on a déjà dit, c'est une preuve qu'on n'a rien à dire.

²² Me punissent les dieux que vous avez jurés,
Si passé ce moment, et hors de votre vue,
Je vous garde une foi que vous avez rompue!

Il faudrait au moins qu'elle fût sûre d'épouser Sertorius, pour parler ainsi.

²³ Éteindre un tel amour! — Vous-même l'éteignez.

Si Pompée est en effet si amoureux, il n'a pas dû se séparer d'Aristie; et s'il n'a pas une passion violente, tout ce qu'il dit de cet amour refroidit au lieu d'échauffer.

²⁴ Adieu donc pour deux jours. — Adieu pour tout jamais.

Pour jamais est bien plus fort que *pour tout jamais*. Ce dialogue pressé, rapide, coupé, est souvent dans Corneille d'une grande beauté. Il ferait beaucoup d'effet entre deux amants; il n'en fait point entre un mari et une femme qui ne sont pas dans une situation assez douloureuse. ☞ Il était impossible de faire d'un tel sujet une véritable tragédie. Les demi-passions ne réussissent jamais à la longue; et les intérêts politiques peuvent tout au plus produire quelques beaux vers qu'on aime à citer. La seule scène de Sertorius et de Pompée suffisait alors à une nation qui sortait des guerres civiles. On n'avait rien d'aucun auteur qu'on pût comparer à ce morceau sublime, et on pardonnait à tout le reste en faveur de ces beautés qui n'appartenaient dans le monde entier qu'à Corneille.[a]

ACTE QUATRIÈME.

SCÈNE I.ère

1 Pourrai-je voir la reine? etc.

CETTE scène de Sertorius avec une confidente a quelque chose de comique. Les scènes avec les subalternes sont d'ordinaire très-froides dans la tragédie, à moins que ces personnages secondaires n'apportent des nouvelles intéressantes, ou qu'ils ne donnent lieu à des explications plus intéressantes encore. Mais ici Sertorius demande simplement des

---

[a] Qui ne croiroit, à lire cette remarque de Voltaire, que la tragédie de Sertorius n'a eu qu'un succès momentané? Cependant on la joue depuis cent cinquante ans, et elle fait toujours le même plaisir, malgré la perfection que la langue a acquise. C'est une preuve incontestable que la régularité du plan, la peinture vraie des caractères, et la beauté des sentiments, assurent davantage le succès d'une tragédie que l'élégance du style, qui flatte agréablement l'oreille, mais qui n'imprime rien dans l'âme.

ACTE IV, SCÈNE I. 339

nouvelles; il veut savoir *où vont* les sentiments de Viriate, quoique des sentiments n'aillent point. Thamire semble un peu le railler, en lui disant que Perpenna, offert par lui, *fléchira* le dédain de la reine; et Sertorius répond qu'il a pour elle un *violent* respect. Cela n'est pas fort tragique.

☞ ². . . Je préférerois un peu d'emportement
Aux plus humbles devoirs d'un tel accablement, etc.

Avouons que Sertorius et cette suivante débitent un étrange galimatias de comédie. Ce violent *respect* que l'aspect de Viriate fait régner sur les plus doux vœux de Sertorius, ce peu de *respects* qui ressemblent aux *respects* de Sertorius, ce *respect* qui ne sait que trouver des raisons pour un autre; et cette suivante qui préférerait un peu d'emportement aux plus humbles devoirs d'un accablement! enfin l'autre qui lui réplique qu'il n'en est rien parti capable de lui nuire, et qu'un soupir échappé ne pût détruire! Ce n'est pas le lutin qui a fait de tels vers.

³ Ah! pour être Romain, je n'en suis pas moins homme....

Ce vers a quelque chose de comique; aussi est-il excellent dans la bouche du Tartuffe, qui dit:

Ah! pour être dévot, je n'en suis pas moins homme.

Mais il n'est pas permis à Pompée de parler comme le Tartuffe.

⁴ J'aime, et peut-être plus qu'on n'a jamais aimé.

Ce vers prouve encore que ceux qui ont dit que Corneille dédaignait de faire parler d'amour ses héros se sont bien trompés. Ce vers est d'autant plus déplacé dans la bouche de Sertorius, qu'il n'a rien dit jusqu'ici qui puisse faire croire qu'il ait une grande passion. Rien ne déplaît plus au théâtre que les expressions fortes d'un sentiment faible ; plus on cherche alors à attacher, et moins on attache. *a*

☞ Et qu'est-ce qu'une reine qui est sensible à de nouveaux désirs, et qui entend des raisons et non pas des soupirs ? et cette suivante qui n'entend pas bien ce qu'un soupir veut dire, et qui serait un meilleur truchement ? Non, jamais on n'a rien mis de plus mauvais sur la scène tragique. On dira tant qu'on voudra que cette critique est dure ; je dois et je veux la publier, parce que je déteste le mauvais autant que j'idolâtre le bon.

☞ 5 La voici. Profitez des avis qu'on vous donne,
Et gardez bien sur-tout qu'elle ne m'en soupçonne.

Profitez de mes avis, mais ne me nommez pas; discours de soubrette ridicule. A quoi sert cette froide scène de comédie ? Mais il faut remplir son

---

a On a pu et on a dû dire que l'amour ne tenoit jamais la première place dans les pièces de Corneille, que ses héros sacrifioient toujours cette passion à leur devoir dans le *Cid*, dans *Polyeucte*; à l'amour de la patrie, dans *Horace*, dans *Cinna*; à la politique, dans *Pompée*, dans *Sertorius*. C'est parce que Voltaire l'a remarqué mieux que personne, qu'il s'est efforcé de dire que l'amour devoit être banni du théâtre, ou y tenir la première place. Les neuf tragédies de Corneille, que nous donnons dans cette édition, et qui, cent trente ans après sa mort, paroissent journellement avec succès sur le théâtre, sont à cet égard la meilleure réponse que nous puissions faire à son commentateur.

acte, mais il faut donner à un parterre, souvent ignorant, grossier et tumultueux, trois cents vers pour les cinq sous qu'on payait alors. Non, il faut bien plutôt ne donner que deux cents beaux vers par acte, que trois cents mauvais. Il ne faut point prostituer ainsi l'art de la poésie. Il est honteux qu'il y ait en France un parterre où les spectateurs sont debout, pressés, gênés, nécessairement tumultueux : peut-être c'est encore un mal qu'on donne des spectacles tous les jours ; s'ils étaient plus rares, ils pourraient devenir meilleurs :

Voluptates commendat rarior usus.

SCÈNE II.

¹ On m'a dit qu'Aristie a manqué son projet.

Cette scène, remplie d'ironie et de coquetterie, semble bien peu convenable à Sertorius et à Viriate. Les vers en paraissent aussi contraints que les sentiments. Mais quand on voit ensuite Sertorius qui dit qu'il aime *malgré ses cheveux gris,* et qu'il a cru qu'il ne lui en coûterait que *deux ou trois soupirs,* Sertorius paraît trop petit. Viriate, d'ailleurs, lui dit à-peu-près les mêmes choses qu'Aristie a dites à Pompée. L'une dit : *Me voulez-vous ? ne me voulez-vous pas ?* l'autre dit : *M'aimez-vous ?* L'une veut que Pompée lui rende sa main ; l'autre, que Sertorius lui donne sa main. Pompée a parlé politique à sa femme ; Sertorius parle politique à sa maîtresse. Viriate lui dit : *Vous savez que l'amour n'est pas ce qui me presse.* L'un et l'autre s'épuisent en raisonnements. Enfin Viriate finit cette scène en disant :

> Je suis reine ; et qui sait porter une couronne,
> Quand il a prononcé, n'aime point qu'on raisonne.

C'est parler à Sertorius, dont elle dépend, comme si elle parlait à son domestique ; et ce *n'aime point qu'on raisonne* est d'un comique qui n'est pas supportable. La fierté est ridicule, quand elle n'est pas à sa place. *a*

☞ ² Ce n'est pas en effet ce qui plus m'embarrasse, etc.

Obéir sans remise, une offre en l'air, assurer des nœuds, une frénésie poussée au dernier éclat. Quels vers ! quelles expressions ! Et de petits écoliers oseront me reprocher d'être trop sévère ! *b*

☞ ³ Et quand l'obéissance a de l'exactitude,
Elle voit que sa gloire est dans la promptitude.

Une obéissance qui a de l'exactitude !

---

a On lit, dans l'édition de 1764 : *Il est inutile de parler des fautes de langage, qui sont à peu-près les mêmes qu'on a observées. On ne remarquera que celle-ci,* NON PAS QUE MA PASSION S'EN SOIT VUE ALENTIE ; *ce mot n'a jamais été français ; il faut* RALENTIE. Le mot *alentie* n'est plus en usage ; il l'étoit autrefois. Le dictionnaire de Trévoux dit : On croit qu'*alentir* n'est pas aussi usité que *ralentir*.

b Notez que parmi *ces petits écoliers* il faut compter l'ACADÉMIE. Si Voltaire ne s'étoit montré que sévère envers Corneille, on pourroit encore le lui reprocher, en raison de ce qu'il a relevé durement, dans les ouvrages de cet auteur sublime, des fautes qui sont celles du siècle dans lequel il a écrit ; mais ce qu'on reproche à Voltaire est bien pis que de la sévérité : c'est de la négligence, de l'injustice, de la mauvaise foi.

ACTE IV, SCÈNE II.

☞ 4 Je n'ai donc qu'à mourir en faveur de ce choix.

Il n'y a guère dans toutes ces scènes d'expression qui soit juste; mais le pis est que les sentiments sont encore moins naturels. Un vieux factieux tel que Sertorius doit-il dire à une femme qu'il mourra en faveur du choix qu'elle fera d'un autre?

☞ 5 Puis-je me plaindre à vous d'un retour inégal
Qui tient moins d'un ami qu'il ne fait d'un rival?

Ce n'est pas parler français; c'est coudre ensemble, pour rimer, des paroles qui ne signifient rien; car que peut signifier un retour inégal? Que d'obscurités! que de barbarismes entassés! et quelle froideur!

☞ 6 Vous m'en parlez enfin comme si vous m'aimiez!

Il n'y a point de vers plus comique.

☞ 7 Souffrez, après ce mot, que je meure à vos pieds.

Jamais le ridicule excessif des intrigues amoureuses de nos héros de théâtre n'a paru plus sensiblement que dans ce couplet, où ce vieux militaire, ce vieux conjuré veut mourir d'amour aux pieds de sa Viriate, qu'il n'aime guère. Il s'en est défendu *à voir ses cheveux gris*; mais sa passion ne s'est pas *vue alentie*, quoiqu'il se fût figuré que de tels déplaisirs ne lui coûteraient que deux ou trois soupirs: il envisageait l'*estime de chef magnanime*.

☞ 8 . . . Je ne sais que c'est d'aimer ni de haïr.

Aristie a dit à Pompée: *Suivant qu'on m'aime ou hait, j'aime ou hais à mon tour;* et Viriate dit à Sertorius qu'elle ne sait que c'est d'aimer ni de *haïr*. Dès qu'elle ne sait que c'est ou ce que c'est, elle n'a qu'un intérêt de politique, par conséquent elle est froide. Cependant elle dit, le moment d'après, *m'aimez-vous ?* Ne devrait-elle pas lui dire : L'amour n'est pas fait pour nous ; l'intérêt de l'état, le vôtre, celui de ma grandeur, doivent présider à notre hyménée ?

☞ 9 Que se tiendroit heureux un amour moins sincère
Qui n'auroit d'autre but que de se satisfaire !

Autre but que de se satisfaire donne une idée qui est un peu comique, et qui, assurément, ne convient pas à la tragédie.

☞ 10 Et que m'importe à moi si Rome souffre ou non ? etc.

Voilà enfin des sentiments dignes d'une reine et d'une ennemie de Rome. Voilà des vers qui seraient dignes de l'entrevue de Pompée et de Sertorius, avec un peu de correction.

Si tout le rôle de Viriate était de cette force, la pièce serait au rang des chefs-d'œuvre.

☞ 11 . . . . Et vois quelles tempêtes
Cet ordre surprenant formera sur nos têtes.

Un ordre surprenant qui forme des tempêtes sur des têtes !

☞ 12 Elle en prendra pour vous une haine où j'aspire, etc.

Prendre une haine ! aspirer à une haine ! un orgueil endurci ! et c'est par-là qu'on veut l'arrêter ici !

ACTE IV, SCÈNE III.   345

☞ 13 Mais nos Romains, madame, aiment tous leur patrie,
Et de tous leurs travaux l'unique et doux espoir,
C'est de vaincre bientôt assez pour la revoir.

Vaincre assez pour revoir Rome !

☞ 14 La perte de Sylla n'est pas ce que je veux ;
Rome attire encor moins la fierté de mes vœux.

Attirer la fierté des vœux; c'est encore une de ces expressions impropres et sans justesse. *Un hymen qui ne peut trouver d'amorces au milieu d'une ville ! des attraits où l'on n'est roi qu'un an !*

Quand on examine de près cette foule innombrable de fautes, on est effrayé.

☞ 15 Vous savez que l'amour n'est pas ce qui me presse.

Nous avons déjà remarqué ce vers. (*Voyez le commencement de cette scène.*)

SCÈNE III.

1 Dieux ! qui peut faire ainsi disparoître la reine? etc.

Cette scène paraît encore moins digne de la tragédie que les précédentes. Perpenna et Sertorius ne s'entendent point : l'un dit, Je parlais de Sylla ; l'autre, Je parlais de la reine. Ces petites méprises ne sont permises que dans la comédie. Il est vrai que cette scène est toute comique : *Quelque chose qui le gêne. Savez-vous ce qu'on dit? L'avez-vous mis fort loin au-delà de la porte? Je me suis dispensé de le mener plus loin. Nous n'avons rien conclu, mais ce n'est pas ma faute. Si je m'en trouvais mal, vous ne seriez pas bien....* Tout le reste est écrit de ce style.

² . . . Je vous demandois quel bruit fait par la ville
De Pompée et de moi l'entretien inutile.

Quel bruit fait par la ville est du style de la comédie, comme on le sent assez. Mais ce que Sertorius fait trop sentir, c'est qu'en effet la conférence qu'il a eue avec Pompée n'a rien produit dans la pièce. Ce n'est, comme on l'a déjà dit, qu'une belle conversation dont il ne résulte rien, un beau dialogue de politique. Si cette entrevue avait fait naître la conspiration de Perpenna, ou quelque autre intrigue intéressante et terrible, elle eût été une beauté tragique, au lieu qu'elle n'est qu'une beauté de dialogue.

Remarquez que cette tragédie est un tissu de conversations souvent très-embrouillées jusqu'à ce que le héros de la pièce soit assassiné. De là naît la froideur, qui produit l'ennui.

³ Seigneur, ceux de sa suite en ont su mal user, etc.

Les gens de la suite de Pompée qui en ont su mal user; le coup d'une erreur qu'on veut rompre avant qu'elle grossisse; une pourpre qui agit; l'erreur qui s'épand jusqu'en nos garnisons; des gens comme vous deux et moi; Sylla qui prend cette mesure de rendre l'impunité fort sûre; la reine qui est d'une humeur si fière. Ce sont là des expressions peu convenables et bien vicieuses : mais le plus grand vice, encore une fois, c'est le manque d'intérêt; et ce manque d'intérêt vient principalement de ce qu'il n'y a dans la pièce que des demi-desseins, des demi-passions et des demi-volontés.

ACTE IV, SCÈNE III. 347

Sertorius conseille à Perpenna d'épouser la reine des Ilergètes, *qui rendra ses volontés bien plus tôt satisfaites ;* après quoi il lui dit qu'il ira souper chez lui. Assurément il n'y a rien là de tragique.

☞ 4 Croyez-moi, pour des gens comme vous deux et moi,
Rien n'est si dangereux que trop de bonne foi.

Des gens comme vous deux !

☞ 5 Sylla par politique a pris cette mesure
De montrer aux soldats l'impunité fort sûre.

Un homme d'état prend des mesures ; un ouvrier, un maçon, un tailleur, un cordonnier, prennent une mesure.

☞ 6 Celle des Vacéens, celle des Ilergètes,
Rendroient vos volontés bien plus tôt satisfaites.

On ne s'attendait ni à la reine des Vacéens ni à celle des Ilergètes. Rien n'est plus froid que de pareilles propositions ; et, dans une tragédie, le froid est encore plus insupportable que le comique déplacé, et que les fautes de langage.

☞ 7 Voyez quel prompt remède on y peut apporter,
Et quel fruit nous aurons de la violenter.

Un fruit de violenter est un barbarisme et un solécisme.

☞ 8 Adieu : j'entre un moment pour calmer son chagrin,
Et me rendrai chez vous à l'heure du festin.

La scène commence par un général de l'armée romaine qui dit qu'il a reconduit le grand Pompée jusqu'à la porte, et finit par un autre général qui dit : Allons souper.

SCÈNE IV.

☞ 1 Ce maître si chéri fait pour vous des merveilles.

Du comique encore, et de l'ironie, et dans un subalterne!

☞ 2 Quels services faut-il que votre espoir hasarde
Afin de mériter l'amour qu'elle vous garde?

Des services qu'un espoir hasarde, et un amour qu'on garde!

☞ 3 . . . . Allons en résoudre chez moi.

Il peut aussi bien se résoudre dans l'endroit où il parle.

ACTE CINQUIÈME.

SCÈNE I.ère

☞ 1 Oui, madame, j'en suis comme vous ennemie:
Vous aimez les grandeurs, et je hais l'infamie, etc.

Que veulent Aristie et Viriate? qu'ont-elles à se dire? Elles se parlent pour se parler : c'est une dame qui rend visite à une autre; elles font la conversation; et cela est si vrai, que Viriate répète à la femme de Pompée tout ce qu'elle a déjà dit de Sertorius.

La règle est qu'aucun personnage ne doit paraître sur la scène sans nécessité : ce n'est pas encore assez, il faut que cette nécessité soit intéressante. Ces dialogues inutiles sont ce qu'on appelle du remplissage. Il est presque impossible de faire une tragédie

ACTE V, SCÈNE I. 349

exempte de ce défaut. L'usage a voulu que les actes eussent une longueur à-peu-près égale. Le public, encore grossier, se croyait trompé s'il n'avait pas deux heures de spectacle pour son argent. Les chœurs des anciens étaient absolument ignorés; et, dans ces malheureux jeux de paume, où de mauvais farceurs étaient accoutumés à déclamer les farces de Hardi et de Garnier, le bourgeois de Paris exigeait pour ses cinq sous qu'on déclamât pendant deux heures. Cette loi a prévalu depuis que nous sommes sortis de la barbarie où nous étions plongés. On ne peut trop s'élever contre ce ridicule usage. *a*

a Viriate et Aristie continuent un entretien qu'elles avoient commencé, et qui a pour objet, de la part d'Aristie, de faire connoître à la reine de Lusitanie qu'elle n'a point l'intention d'être sa rivale, mais qu'il leur importe à toutes deux de rester dans le même parti. Il n'en faut sûrement pas davantage pour motiver une scène. C'est vouloir apporter des entraves à l'art dramatique, que de dire qu'aucun personnage ne doit paroître sur la scène sans nécessité, et que cette nécessité soit intéressante. Il est un peu ridicule d'ajouter que l'usage a voulu que les actes eussent une longueur à-peu-près égale. La raison et l'art exigent que l'action qu'on représente dure le temps nécessaire pour que l'exposition, le nœud et le dénoûment se déploient d'une manière satisfaisante. Horace, qui le premier a donné des règles sur le théâtre, a dit : *Neve minor quinto neu sit productior actu fabula*, etc. Depuis ce temps, toutes les pièces tragiques et comiques ont eu cinq actes. On s'est relâché ensuite de cette règle pour les comédies; et Voltaire est, je crois, le premier qui ait donné le mauvais exemple de faire une tragédie en trois actes; ce qui ne peut être attribué qu'à l'impuissance de soutenir, pendant cinq actes, l'attention sur un sujet simple, sans s'écarter des trois unités de lieu, de temps et d'action. Ce seroit à tort que l'on citeroit *Esther*, composée par Racine pour les demoiselles de la maison de Saint-Cyr; cet ouvrage n'étoit pas destiné à être représenté en public.

☞ ² Avec un seul vaisseau ce grand héros prit terre, etc.

Ces particularités ont déjà été annoncées dès le premier acte. Viriate fait au cinquième une nouvelle exposition. Rien ne fait mieux voir qu'elle n'a rien à dire ; point de passion, point d'intrigue dans Viriate, nul changement d'état. *a*

³ . . . Mais que nous veut ce Romain inconnu ? etc.

Comme Pompée et Sertorius ont eu un entretien qui n'a rien produit, Aristie et Viriate ont ici un entretien non moins inutile, mais plus froid. Viriate conte à Aristie l'histoire de Sertorius, qu'elle a déjà contée à d'autres dans les actes précédents.

Les fautes principales de langage sont, *daigner pencher sa main*, pour dire *abaisser sa main; consent l'hyménée*, au lieu de *consent à l'hyménée; s'il n'a tout son éclat*, pour *s'il ne s'effectue pas; un reste d'autre espoir; la paix qui ouvre trop les portes de Rome; Rome qui domine au cœur; l'ordre qu'un grand effet demande, et qui arrête Pompée à le donner*.

    Si le terme est impropre et le tour vicieux,
    En vain vous m'étalez une scène savante.

☞ Mais ici la scène n'est point savante, et les termes sont très-impropres, les tours sont très-vicieux.

a Viriate ne fait point une nouvelle exposition ; elle justifie le dessein qu'elle a d'épouser Sertorius, et ne répète rien de ce qui a été dit au premier acte, où elle n'a point paru. La politique est la passion de Viriate ; c'est celle de tous les personnages de cette tragédie, qui n'en est pas moins intéressante à la représentation.

ACTE V, SCÈNE II.

SCÈNE II.

☞ 1 . . . . Ces lettres mieux que moi
Vous diront un succès qu'à peine encor je croi.

La nouvelle arrivée de Rome que Sylla quitte la dictature, qu'Émilie est morte en accouchant, et que Pompée peut reprendre sa femme, n'a rien qui soit digne de la tragédie; elle avilit le grand Pompée, qui n'ose se marier et se remarier qu'avec la permission de Sylla : de plus, cette nouvelle n'est qu'un événement qui ne naît point de l'intrigue et du fond du sujet. Ce n'est pas comme dans Bajazet :

Viens, j'ai reçu cet ordre, il faut l'intimider.

☞ 2 A deux milles d'ici j'ai su le rencontrer.

Ce *j'ai su* fait entendre qu'il y avait beaucoup de peine, beaucoup d'art et de savoir-faire à rencontrer Pompée; *j'ai su vaincre et régner,* parce que ce sont deux choses très-difficiles.

Le mot *savoir* est bien placé dans tous ces exemples; il indique la peine qu'on a prise.

Mais *j'ai su rencontrer un homme en chemin* est ridicule. Tous les mauvais poëtes ont imité cette faute.

☞ 3 L'ordre que pour son camp ce grand effet demande
L'arrête à le donner, attendant qu'il s'y rende, etc.

Tout ce couplet est confus, obscur, inintelligible; tournez-le en prose : *Son transport d'amour qui le rappelle ne lui permet pas d'achever son retour, et l'ordre que ce grand effet demande pour son camp l'arrête à le donner, attendant qu'il se rende à ce camp.* Un pareil langage est-il supportable? Il est triste d'être forcé de relever des fautes si considérables et si fréquentes. [a]

(*Fin de la scène.*) Un domestique qui apporte une lettre et des nouvelles qui n'ont rien de surprenant, rien de tragique, est absolument une chose indigne du théâtre. Aristie qui n'a produit dans la pièce aucun événement, apprend par un exprès que la seconde femme de Pompée est *morte en couches.*

Arcas dit qu'il a rendu une pareille lettre à Pompée qu'il a rencontré à deux milles de la ville. Ce ne sont pas là certainement les péripéties, les catastrophes que demande Aristote : c'est un fait historique altéré mis en dialogues.

SCÈNE III. [1]

L'assassinat de Sertorius, qui devait faire un grand effet, n'en fait aucun ; la raison en est que ce qui n'est point préparé avec terreur n'en peut point causer : le spectateur y prend d'autant moins d'intérêt, que Viriate elle-même ne s'en occupe presque pas ; elle ne songe qu'à elle ; elle dit qu'*on veut disposer d'elle et de son trône.*

---

[a] On a déjà fait observer, et la preuve s'en trouve aux observations générales, qu'il est ridicule de tourner les vers en prose pour les juger. L'inversion, qui est le caractère principal de la poésie, les ellipses dont elle est pleine, les particules qu'elle se plaît à employer les unes à la place des autres, sont autant de différences remarquables entre ces deux manières d'écrire.

ACTE V, SCÈNE III. 353

☞ ² . . . . Ah madame ! — Qu'as-tu,
Thamire ? et d'où te vient ce visage abattu ? etc.

Qu'as-tu ? d'où te vient ce visage ? cet illustre bras !

³ N'attendez point de moi de soupirs ni de larmes. . . .

Il semble que l'auteur, refroidi lui-même dans cette scène, fait répéter à Viriate les mêmes vers et les mêmes choses que dit Cornélie en tenant l'urne de Pompée, à cela près que les vers de Cornélie sont très-touchants, et que ceux de Viriate languissent.

⁴ Ce sont amusements que dédaigne aisément
Le prompt et noble orgueil d'un vif ressentiment.

Ce sont amusements est comique ; et *le prompt et noble orgueil* n'a point de sens. On n'a jamais dit, *un prompt orgueil ;* et assurément ce n'est pas un sentiment d'orgueil qu'on doit éprouver quand on apprend l'assassinat de son amant.

☞ ⁵ Et jusqu'à ce qu'un temps plus favorable arrive,
Daignez vous souvenir que vous êtes captive.

J'ai dit souvent qu'on doit soigneusement éviter ce concours de syllabes qui offensent l'oreille, *jusqu'à ce que*. Cela paraît une minutie ; ce n'en est point une : ce défaut répété forme un style trop barbare. J'ai lu dans une tragédie :

Nous l'attendrons trois jours jusqu'à ce qu'il se montre,
Parce que les proscrits s'en vont à sa rencontre.

5.   23

SCÈNE IV.

> Sertorius est mort ; cessez d'être jalouse,
> Madame, du haut rang qu'auroit pris son épouse ;
> Et n'appréhendez plus, comme de son vivant,
> Qu'en vos propres états elle ait le pas devant.

C'est une chose également révoltante et froide que l'ironie avec laquelle cet assassin vient répéter à Viriate ce qu'elle lui avait dit au second acte, qu'elle craignait qu'Aristie ne prît *le pas devant*.

Il vient se proposer avec des *qualités* où Viriate trouvera *de quoi mériter une reine*. Son bras l'a dégagée d'*un choix abject*. Enfin il fait entendre à la reine qu'il est plus jeune que Sertorius.

Il n'y a point de connaisseur qui ne se rebute à cette lecture : le seul fruit qu'on en puisse retirer, c'est que jamais on ne doit mettre un grand crime sur la scène, qu'on ne fasse frémir le spectateur, que c'est là où il faut porter le trouble et l'effroi dans l'âme, et que tout ce qui n'émeut point est indigne de la scène tragique.

C'est une règle puisée dans la nature, qu'il ne faut point parler d'amour quand on vient de commettre un crime horrible moins par amour que par ambition. Comment ce froid amour d'un scélérat pourrait-il produire quelque intérêt ? Que le forcené Ladislas, emporté par sa passion, teint du sang de son rival, se jette aux pieds de sa maîtresse, on est ému d'horreur et de pitié. Oreste fait un effet admirable dans Andromaque, quand il paraît devant Hermione qui l'a forcé d'assassiner Pyrrhus.

Point de grands crimes sans de grandes passions qui fassent pleurer pour le criminel même. C'est là la vraie tragédie. *a*

☞ ² . . . Ce coup heureux saura vous maintenir.

Un coup qui saura la maintenir! Voilà encore ce mot de *savoir* aussi mal placé que dans les scènes précédentes.

☞ ³ Lâche, tu viens ici braver encor des femmes!

Pourquoi Aristie ne fait-elle aucun effet? c'est qu'elle est de trop dans cette scène.

☞ 4 Cependant vous pourriez, pour votre heur et le mien,
Ne parler pas si haut à qui ne vous dit rien.

Ce sont des vers de Jodelet; et *je ne vous dis rien,* après lui avoir parlé assez long-temps, est encore plus comique.

☞ 5 Et mon silence ingrat a droit de me confondre.

Le *silence ingrat* de Viriate! *cette ingrate de fièvre!* joignez à cela de *hauts remercîments.*

☞ 6 Tout mon dessein n'étoit qu'une attente frivole.

Que veut dire, *tout son dessein qui n'était qu'une attente frivole?* *b*

a On a pu remarquer que Voltaire croit voir de l'ironie par-tout. Certes, Perpenna ne parle pas ironiquement à Viriate. Il est bien étonnant que Voltaire ait continuellement refusé le don d'émouvoir à une tragédie qui émeut toujours depuis cent cinquante ans. Il est vrai que ce n'est ni par la pitié ni par la terreur qu'elle produit un effet si désiré, c'est par l'admiration; et il faut reconnoître aussi que Corneille est le seul qui ait trouvé ce moyen d'exciter l'émotion.

b Dans le texte, il n'y a pas *attente,* mais *atteinte,* qui veut dire *attaque, effort.*

7 Et je me résoudrois à cet excès d'honneur,
Pour mieux choisir la place à lui percer le cœur....
. . . . Recevez enfin ma main, si vous l'osez....

Rodelinde dit dans Pertharite :
Pour mieux choisir la place à te percer le cœur.
. . . .
A ces conditions prends ma main, si tu l'oses.

Mais ces vers ne font aucune impression ni dans Pertharite ni dans Sertorius, parce que les personnages qui les prononcent n'ont pas d'assez fortes passions. On est quelquefois étonné que le même vers, le même hémistiche fasse un très-grand effet dans un endroit, et soit à peine remarqué dans un autre. La situation en est cause : aussi on appelle vers de *situation* ceux qui par eux-mêmes n'ayant rien de sublime, le deviennent par les circonstances où ils sont placés.

☞ 8 Moi! si je l'oserai? Vos conseils magnanimes
Pouvoient perdre moins d'art à m'étaler mes crimes.

Dès qu'on fait sentir qu'il y a de l'art dans une scène, cette scène ne peut plus toucher le cœur.

SCÈNE V.

☞ 1 . . . . Seigneur, Pompée est arrivé,
Nos soldats mutinés, le peuple soulevé.

Ceci est une aventure nouvelle qui n'est pas assez préparée. Pompée pouvait venir ou ne venir pas le même jour : les soldats pouvaient ne se pas mutiner: ces accidents ne tiennent point au nœud de la pièce. Toute catastrophe qui n'est pas tirée de l'intrigue

ACTE V, SCÈNE VI.

est un défaut de l'art, et ne peut émouvoir le spectateur.

* *Pour quelle heure, seigneur, faut-il se préparer ? etc.*

Aristie répète ici les mêmes choses que lui a dites Perpenna dans la scène précédente. On a déjà observé que l'ironie doit rarement être employée dans le tragique ; mais dans un moment qui doit inspirer le trouble et la terreur, elle est un défaut capital.

Aristie ne fait ici qu'un rôle inutile et peu digne de la femme de Pompée. On a tué Sertorius qu'elle n'aimait point ; elle se trouve dans les mains de Perpenna ; elle ne sert qu'à faire remarquer combien elle a fait un voyage inutile en Espagne.

SCÈNE VI.

☞ 1 *Je vous rends Aristie, et finis cette crainte.*

Finir une crainte !

☞ 2 *Je fais plus, je vous livre une fière ennemie,*
Avec tout son orgueil et sa Lusitanie.

Comme si cet orgueil était un effet appartenant à Viriate !

☞ 3 *Et vous reconnoîtrez par leurs perfides traits*
Combien Rome pour vous a d'ennemis secrets....

Des ennemis pour quelqu'un ; c'est un solécisme et un barbarisme.

☞ 4 *Qui tous, pour Aristie enflammés de vengeance,*
Avec Sertorius étoient d'intelligence.

Enflammés de vengeance pour, même faute.

☞ 5 Madame, il est ici votre maître et le mien.

Quand même la situation serait intéressante, théâtrale et terrible, elle ne pourrait émouvoir, parce que Perpenna n'est là qu'un misérable, qu'un vil délateur, et qu'on ne peut jouer un rôle plus bas et plus lâche.

6 . . . . Seigneur, qu'allez-vous faire ?
Montrer d'un tel secret ce que je veux savoir.

Cette action de brûler des lettres est belle dans l'histoire, et fait un mauvais effet dans une tragédie. On apporte une bougie, autrefois on apportait une chandelle.

☞ 7 Je n'y remettrai point le carnage et l'horreur.

On ne remet point le carnage dans une ville comme on y remet la paix. Le carnage et l'horreur, termes vagues et usés qu'il faut éviter. Aujourd'hui tous nos mauvais versificateurs emploient le carnage et l'horreur à la fin d'un vers, comme les armes et les alarmes pour rimer.

8 Je suis maître, je parle ; allez, obéissez.

Le froid qui règne dans ce dénoûment vient principalement du rôle bas et méprisable que joue Perpenna. Il est assez lâche pour venir accuser la femme de Pompée d'avoir voulu faire des ennemis à son mari dans le temps de son divorce, et assez imbécile pour croire que Pompée lui en saura gré dans le temps qu'il reprend sa femme.

Un défaut non moins grand, c'est que cette accusation contre Aristie est un faible épisode auquel on ne s'attend point.

ACTE V, SCÈNE VI.

C'est une belle chose dans l'histoire que Pompée brûle les lettres sans les lire, mais ce n'est point du tout une chose tragique. Ce qui arrive dans un cinquième acte, sans avoir été préparé dans les premiers, ne fait jamais une impression violente.

Ces lettres sont une chose absolument étrangère à la pièce. Ajoutez à tous ces défauts contre l'art du théâtre, que le supplice d'un criminel, et sur-tout d'un criminel méprisable, ne produit jamais aucun mouvement dans l'âme ; le spectateur ne craint ni n'espère. Il n'y a point d'exemple d'un dénoûment pareil qui ait remué l'âme, et il n'y en aura point. Aristote avait bien raison, et connaissait bien le cœur humain, quand il disait que le simple châtiment d'un coupable ne pouvait être un sujet propre au théâtre.

Encore une fois, le cœur veut être ému ; et, quand on ne le trouble pas, on manque à la première loi de la tragédie.

Viriate parle noblement à Pompée ; mais des compliments finissent toujours une tragédie froidement. Toutes ces vérités sont dures, je l'avoue ; mais à qui dures ? à un homme qui n'est plus ? Quel bien lui ferai-je, en le flattant ? quel mal, en disant vrai ? Ai-je entrepris un vain panégyrique ou un ouvrage utile ? Ce n'est pas pour lui que je réfléchis, et que j'écris ce que m'ont appris cinquante ans d'expérience ; c'est pour les auteurs et pour les lecteurs. Quiconque ne connaît pas les défauts est incapable de connaître les beautés ; et je répète ce que j'ai dit dans l'examen de presque toutes ces pièces, que la vérité est préférable à Corneille, et qu'il ne faut pas tromper les vivants par respect pour les morts. Je ne suis pas même retenu par la crainte de me voir soupçonné de sentir un plaisir secret à rabaisser un grand homme, dans la vaine idée de m'égaler à lui en l'avilissant : je me crois trop au-dessous de lui. Je dirai seulement ici que je parlerais avec plus de hardiesse et de force, si je ne m'étais pas exercé quelquefois dans l'art de Corneille.

J'ai dit ma pensée avec l'honnête liberté dont j'ai fait profession toute ma vie ; et je sens si vivement ce que le père du théâtre a de sublime, qu'il m'est permis plus qu'à personne de montrer en quoi il n'est pas imitable.

SCÈNE VII.

[1] Je renonce à la guerre, ainsi qu'à l'hyménée.

Cette tirade de Viriate est très à sa place, pleine de raison et de noblesse.

SCÈNE VIII.

[1] Allons donner notre ordre à des pompes funèbres.

Donner un ordre à des pompes ! et, qui pis est, *notre ordre !*

FIN DES REMARQUES SUR SERTORIUS.

OBSERVATIONS GÉNÉRALES.

Voltaire, dans le cours de ses remarques sur les pièces de Corneille, a posé des principes erronés, auxquels il revient sans cesse, et d'après lesquels il critique nombre des plus beaux vers. Clément, de Dijon, ayant réfuté ces principes d'une manière victorieuse, dans sa sixième lettre, adressée à Voltaire lui-même, j'ai cru ne pouvoir mieux faire que de donner ici, par extrait, les réfutations de ce célèbre critique, en leur ôtant la forme de lettres. Les principes émis par Voltaire seront distingués par des titres qui leur sont analogues.

Des Métaphores.

Le principe le plus bizarre et le plus absurde que l'on ait pu imaginer, non-seulement pour condamner les plus belles expressions de Corneille, mais pour détruire toute poésie, est celui qui est répété continuellement dans les commentaires de Voltaire :

« Toute métaphore, y est-il dit (1), qui ne forme
« pas une image vraie et sensible, est mauvaise : c'est
« une règle qui ne souffre point d'exception. Toute
« métaphore doit être une image qu'on puisse pein-
« dre.... On a déjà dit, répète-t-on ailleurs (2), que
« toute métaphore, pour être bonne, doit fournir
« un tableau à un peintre. »

(1) Héraclius, acte 1, scène 1.re
(2) Nicomède, acte 3, scène 8.

Pour sentir le ridicule excessif de ce principe, il ne faut qu'une réflexion : la métaphore est principalement consacrée aux choses intellectuelles qu'elle veut rendre sensibles par des images frappantes; pour exprimer les opérations de l'âme et de l'esprit, cette figure applique un sens matériel à une idée spirituelle. Ainsi, quand on dit : *Mon âme s'ouvre à la joie, mon cœur s'épanouit,* on emprunte l'image d'une fleur qui s'ouvre et s'épanouit aux rayons du soleil. Or, quoiqu'on puisse peindre cette fleur, on ne peut pas assurément peindre de même *une âme qui s'ouvre* ni *un cœur qui s'épanouit.*

La métaphore est la figure la plus naturelle à l'homme, sur-tout à l'homme passionné. C'est pourquoi le langage du peuple, qui se livre franchement à ses passions, est extrêmement figuré et rempli des plus hardies métaphores. On dit vulgairement: *Cet homme est abîmé de dettes, ce libertin croupit dans la débauche.* Je ne sache aucun peintre à qui ces métaphores puissent fournir des tableaux, et qui s'avise de représenter un homme chargé de dettes jusque par-dessus la tête, ni *un libertin enfoncé dans la crapule jusqu'au cou.* Il en est ainsi de mille autres expressions figurées dont on feroit une étrange galerie de peinture.

Voyons maintenant quelques-uns des vers de Corneille auxquels Voltaire applique son principe pour les rendre vicieux. Dans la première scène d'*Héraclius,* Phocas parle du bruit qui s'est répandu qu'un Héraclius alloit paroître; quoique ce bruit lui semble faux, il en est cependant alarmé;

> Et le peuple amoureux de tout ce qui me nuit,
> D'une croyance avide embrasse ce faux bruit;
> Impatient déjà de se laisser séduire
> Au premier imposteur armé pour me détruire,
> Qui, s'osant revêtir de ce fantôme aimé,
> Voudra servir d'idole à son zèle charmé.

Le commentateur reprend ainsi l'avant-dernier vers : « Peut-on se vêtir d'un fantôme? l'image est-elle assez juste? comment pourroit-on se mettre un fantôme sur le corps? » Quiconque liroit cette remarque sans savoir qui l'a écrite, croiroit qu'elle est au moins d'un fou. Pourquoi n'avoir pas dit, sur l'expression du second vers, *embrasse ce faux bruit*, comment peut-on serrer un bruit entre ses bras? On auroit dit une chose tout aussi ingénieuse. C'est une très-belle métaphore que celle de Phocas, pour exprimer l'audace d'un imposteur qui prend le nom, et, pour ainsi dire, le personnage d'un roi mort, pour se mettre sur son trône. Ce n'est point l'imposteur que le peuple aime, c'est le fantôme de son roi dont l'imposteur est revêtu. La figure de Corneille est aussi vive que juste et vraie. En suivant la règle de Voltaire, il faut proscrire ces vers de Boileau, satire IX :

> De ce même pinceau dont j'ai noirci les vices,
> Et peint du nom d'auteur tant de sots revêtus.

On dira pour raison : *Comment peut-on se mettre un nom sur le corps?* et ceux-ci :

En vain d'un lâche orgueil leur esprit revêtu,
Se couvre du manteau d'une austère vertu.

Comment un esprit peut-il avoir pour habit un lâche orgueil, et se mettre le manteau d'une austère vertu sur les épaules ?

Cependant on n'en continuera pas moins de dire de quelqu'un d'opiniâtre : *Quand il a chaussé une opinion, il n'en revient pas; il est coiffé de son opinion.* Pour cela on ne croira pas dire, *il a mis son opinion dans ses jambes ni sur sa tête ;* et l'on n'ira pas s'imaginer qu'un peintre puisse faire de beaux tableaux d'après ces métaphores.

Dans la même scène d'Héraclius, on dit encore de ce vers :

Ce dessein avec lui seroit tombé par terre.

« Quel peintre pourrait représenter une idée qui « tombe par terre ? »

On avouera qu'il est reçu de dire : *Son entreprise a échoué.* Or quel peintre pourroit représenter une entreprise qui va donner contre un rocher, qui se brise et qui périt ?

Je vois mes honneurs croître, et tomber mon crédit.
Des desseins étouffés aussitôt que naissants.
BRITANNICUS.

Racine n'a pas cru, en faisant ces vers, qu'il fallût qu'un peintre représentât *un crédit qui tombe,* ni des desseins qu'on étouffe comme un monstre aussitôt qu'il est né.

Le vieil Horace, après avoir appris la victoire de

son fils et la mort de Curiace, dit à sa fille, qui pleure son amant :

> Ma fille, il n'est plus temps de répandre des pleurs ;
> Il sied mal d'en verser où l'on voit tant d'honneurs :
> On pleure injustement des pertes domestiques,
> Quand on en voit sortir des victoires publiques.

Sur le dernier vers, le commentateur fait cette remarque :

« *Des victoires qui sortent* font une image peu
« convenable. On ne voit pas sortir des victoires,
« comme on voit sortir des troupes d'une ville. »

Pourquoi feint-il d'ignorer que *sortir* veut souvent dire *naître ? Le sang dont il sort* pour *le sang dont il est né*. On voit *sortir* ou *naître* le bien du sein des maux.

> De ce nid, à l'instant, sortirent tous les vices,

a dit Boileau. Si Voltaire avoit fait un commentaire sur ce vers, il auroit dit qu'*on ne voit pas sortir les vices d'un nid comme des moineaux*. L'image de Corneille est non-seulement très-convenable, mais encore belle et grande. C'est de la maison du vieil Horace, c'est du sein des pertes et du sang de sa famille qu'est sortie la victoire la plus glorieuse et le triomphe de sa patrie.

Voyons une autre observation du même genre sur ce vers de Rodogune :

> De ses pleurs tant vantés je découvre le fard.

« *Le fard des pleurs* est des plus impropres. On
« peut demander pourquoi on a dit avec succès, *le*
« *faste des pleurs* pour exprimer l'ostentation d'une

« douleur étudiée, et que le mot *fard* n'est pas re-
« cevable? C'est qu'en effet il y a de l'ostentation,
« du faste dans l'appareil d'une douleur qu'on étale;
« mais on ne peut mettre réellement du *fard* sur
« des larmes; cette figure n'est pas juste parce
« qu'elle n'est pas vraie. »

Si l'on dit *faste* pour *ostentation*, on dit également *fard* pour *artifice*. On peut encore moins mettre du fard sur la parole que sur des larmes; cependant, quoi de plus ordinaire que de dire un *discours fardé*? On lit dans Boileau :

Tout plaît dans un enfant dont la langue sans fard, etc.

Je ne sache pas néanmoins qu'aucun peintre s'avise de mettre du fard sur le bout de la langue d'un courtisan, pour faire voir qu'il ne dit pas un mot de vérité. Ainsi le système et les applications qui en sont faites s'aident merveilleusement pour découvrir leur absurdité et leur ridicule réciproques.

Encore un exemple tiré de la première scène de Nicomède : ce héros s'exprime de cette manière :

Retourner à l'armée! Ah! sachez que la reine
La sème d'assassins achetés par sa haine.
Deux s'y sont découverts, que j'amène avec moi,
Afin de la convaincre, et détromper le roi.
Quoiqu'il soit son époux, il est encor mon père,
Et quand il forcera la nature à se taire,
Trois sceptres à son trône attachés par mon bras,
Parleront au lieu d'elle, et ne se tairont pas.

Il faut voir la critique de Voltaire sur les deux derniers vers. « Toute métaphore, comme on l'a
« dit, pour être bonne, doit être une image qu'on

« puisse peindre; mais comment peindre trois scep-
« tres qu'un bras attache à un trône, et qui parlent?
« D'ailleurs, puisque les sceptres parleront, il est
« clair qu'ils ne se tairont pas. Ces sortes de pléo-
« nasmes sont des plus vicieux; ils retombent quel-
« quefois dans ce qu'on appelle le style niais : *Hélas!*
« *s'il n'étoit pas mort, il seroit encore en vie.* »

Il seroit aisé de justifier Corneille sur ce qu'on appelle un pléonasme vicieux et niais; car ce n'en est pas un de dire, s'il force la nature à se taire, trois sceptres ne se tairont pas, et parleront au lieu d'elle; la répétition du mot *taire* est indispensable; mais ce n'est pas de quoi il est question ici. Si l'on ne peut se figurer ni se peindre des sceptres qui parlent, comment se peindroit-on des murs et des voûtes qui prennent la parole? Phèdre pourtant s'écrie :

> Il me semble déjà que ces murs, que ces voûtes
> Vont prendre la parole.

Ses actions parlent pour lui est une expression très-ordinaire. Peut-on peindre des actions qui parlent? Cette sorte de métaphore est ce qui anime davantage le discours. Racine en est plein :

> Venez dans tous les cœurs faire parler vos yeux.
> ANDROMAQUE.

Dans Iphigénie, Ériphile dit à Achille :

> Souffrez que. . . . .
> J'aille cacher un sort si digne de pitié,
> Et dont mes pleurs encor vous taisent la moitié.

Des pleurs qui taisent la moitié d'un sort! comment peindre la moitié d'un sort et des pleurs qui taisent cette moitié ? Un autre exemple encore plus frappant, et pris de la même pièce, est ce vers de Clytemnestre à Agamemnon :

> Quel débris parle ici de votre résistance ?

Comment *peindre un débris qui parle de quelque chose ?* Il est donc très-juste et très-vrai de dire et de redire que le système de Voltaire est la plus insigne extravagance qui ait été enfantée par le délire du bel esprit, et ce qui a jamais été écrit de plus opposé au goût de la vraie poésie.

On ne peut trop répéter que c'étoit avec de pareilles armes que Zoïle attaquoit la gloire d'Homère, et vouloit le dépouiller de ses plus riches expressions.

Des bons Vers.

Voltaire a établi un autre système presque aussi étrange que celui sur les métaphores, et non moins funeste au langage poétique ; c'est que

« Les vers, pour être bons, doivent avoir l'exac-
« titude de la prose, et que, pour juger si des vers
« sont mauvais, il faut les mettre en prose ; que si
« cette prose est incorrecte, les vers le sont aussi (1).

Ce sentiment se retrouve à chaque pas dans ses remarques, et, croyant ne l'avoir pas assez répété, il y revient avec plus d'instance à la première scène de *Sertorius*. Là il le développe avec complaisance en ces termes :

(1) Remarques sur Polyeucte, acte 1.er, scène 1.re

« Que le lecteur applique cette remarque à tous
« les vers qui lui feront de la peine ; qu'il tourne
« ces vers en prose ; qu'il voie si les paroles de cette
« prose sont précises, si le sens est clair, s'il est vrai,
« s'il n'y a rien de trop ni de trop peu, et qu'il soit
« sûr que tout vers qui n'a pas la netteté et la pré-
« cision de la prose la plus exacte, ne vaut rien. Les
« vers, pour être bons, doivent avoir tout le mé-
« rite d'une prose parfaite, en s'élevant au-dessus
« d'elle par le rhytme, la cadence, la mélodie et
« par la sage hardiesse des figures. »

La petite réserve que Voltaire a mise à la fin de
cette remarque laisse toujours la poésie de niveau
avec la prose. Car une prose parfaite doit avoir de
la cadence, de la mélodie, et une sage hardiesse de
figures. Les figures hardies ne sont pas interdites à
la prose. Cicéron et Bossuet sont plus hardis dans
leurs figures que l'auteur de la Henriade. Mais le
vrai poëte doit porter si loin cette hardiesse, que la
prose n'y puisse jamais atteindre. Jamais aucun écrivain en prose n'auroit osé dire, comme Despréaux :

> Aussi bien j'aperçois ces melons qui t'attendent,
> Et ces fleurs qui là-bas entr'elles se demandent
> S'il est fête au village, et pour quel saint nouveau
> On les laisse aujourd'hui si long-temps manquer d'eau.

Cette hardiesse de figure qui anime les fleurs,
qui les fait parler, et se demander entre elles pourquoi on les laisse manquer d'eau, est ce qui carac-
térise le vrai génie poétique. La prose est trop timide pour se permettre cette belle ivresse, sans la-

quelle tout écrivain en vers ne fait autre chose qu'habiller de la prose en rimes.

Le commentateur a oublié l'inversion, qui est un des plus grands priviléges des vers. C'est par l'inversion que les poëtes parviennent à exprimer des idées, à rendre des images avec précision, avec une grâce dont notre prose reste bien éloignée, par sa marche uniforme et presque obligée. C'est sur-tout par l'inversion qu'une phrase est française en vers, laquelle ne le seroit pas en prose. Il suffit d'avoir jeté des yeux un peu instruits sur les ouvrages des poëtes, pour savoir qu'ils ont des tournures qui leur sont propres. Malherbe a dit d'une manière aussi vive qu'heureuse :

> Qui blâme ma douleur, offense mon oreille,
> Et qui veut m'affliger, il faut qu'il me conseille
> De ne m'affliger pas.

Il n'est pas possible à la prose de conserver la tournure précise et rapide des deux derniers vers. Une autre tournure non moins vive qui lui est interdite également, est celle de ce vers de Bajazet :

> Sur qui sera d'abord ma vengeance exercée ?

Corneille en avoit donné l'exemple par ce vers du Cid :

> Par où sera jamais mon âme satisfaite ?

Et encore mieux par ceux-ci des Horaces :

> Quand pourra mon amour baigner, avec tendresse,
> Ton front victorieux de larmes d'allégresse ?

Le retranchement de l'article ou des pronoms

personnels ne peut être toléré dans le discours ordinaire ; et si vous réduisez en prose les vers que je viens de citer sans y ajouter l'article *il* ou *elle*, vous y ferez un contre-sens.

Racine a particulièrement adopté un tour de phrase extrêmement poétique, qui ne peut souffrir la construction prosaïque en aucune manière. En voici quelques exemples :

> De combien de malheurs, pour vous persécutée,
> Vous ai-je, pour un mot, sacrifié mes pleurs ?
> > BÉRÉNICE, *acte 2, scène 4.*

> Mais à quelle fureur me laissant emporter,
> Contre ses tristes jours vais-je vous irriter ?
> > BAJAZET, *acte 2, scène 4.*

> De quel comble de gloire et de félicité,
> Dans quel abîme affreux vous me précipitez !
> > MITHRIDATE, *acte 2, scène 4.*

> Songez de quelle ardeur, dans Éphèse adorée,
> Aux filles de cent rois je vous ai préférée !
> > *Id.*, *acte 4, scène 4.*

> Du sort de cet enfant on n'a donc nulle trace ?
> Et vous-même ignorez de quels parents issu,
> De quelles mains Joad en ses bras l'a reçu ?
> > ATHALIE, *acte 3, scene 4.*

On feroit un pur galimatias si on vouloit tourner tous ces vers en prose, à moins que l'on y ajoutât tous les mots de liaison dont la prose ne peut se dispenser, et dont les vers se débarrassent. Dans les deux dernières citations, il faudroit dire : Songez de quelle ardeur *je vous ai* adorée dans Éphèse, etc. ; et vous-même ignorez de quels parents *il est* issu et de quelles mains, etc. Or, si Voltaire avoit eu soin d'ajouter, dans les vers de Corneille, qu'il a réduits à la simple construction, les mots auxiliaires, que la poésie secoue le plus qu'elle peut, il les auroit trouvés aussi exacts en prose que les précédents; mais comme il veut qu'il n'y ait rien *de trop ni de trop peu* dans les vers ainsi que dans la prose, je défie à jamais de donner l'exactitude prosaïque qu'il désire aux vers qu'on vient de lire, non plus qu'à ceux-ci :

Tu sais de quel courroux mon cœur alors épris,
Voulut, en l'oubliant, punir tous ses mépris.
ANDROMAQUE, *scène* 1.re

Captive, toujours triste, importune à moi-même,
Pouvez-vous souhaiter qu'Andromaque vous aime?
Id., scène 4.

De combien de soupirs interrompant le cours,
Ai-je évité vos yeux que je cherchois toujours!
BRITANNICUS.

Ariane, ma sœur, de quel amour blessée,
Vous mourûtes aux bords où vous fûtes laissée!
PHÈDRE.

Voilà déjà une certaine quantité de tournure qu'il faut absolument excepter de la règle générale que donne Voltaire, et qui doivent faire rejeter son principe antipoétique. On lit sans doute avec plaisir la stance suivante de Malherbe, où il a su rendre avec tant d'agrément une grande idée par une petite image :

La gloire des méchants est pareille à cette herbe
Qui, sans porter jamais ni javelle ni gerbe,
Croit sur le toit pourri d'une vieille maison.
On la voit sèche et morte aussitôt qu'elle est née ;
  Et vivre une journée
Est réputé pour elle une longue saison.

On diroit en prose : Une journée est une longue saison pour elle; ou bien, c'est une longue vie pour elle que de vivre un jour; mais le tour de Malherbe se refuse à l'exactitude de la prose. Il en est à-peu-près de même de ce vers du Cid :

> L'opposer seul à tous seroit une injustice;

et cet autre de la même pièce dont la tournure est encore plus hardie :

> Et paroître à la cour eût hasardé ma tête.

Jamais la prose ne pourra soumettre ce vers à sa construction; car si vous dites : c'eût été hasarder ma tête que de paroître à la cour, vous rendez la phrase prosaïquement française; mais ce n'est plus parler en poëte; ce n'est plus Corneille. Le poëte fait du verbe *paroître* une espèce de substantif, comme s'il y avoit, ma présence à la cour eût hasardé ma tête; mais cette régularité est froide : l'irrégularité du poëte est pleine de feu.

Un autre tour très-favorable à la poésie, et que Racine emploie souvent, est celui-ci, qui se soustrait également à l'empire de la prose :

> Seigneur, jusqu'à ce jour ce que j'ai pu comprendre,
> Ce prince a cru pouvoir, après votre trépas,
> Compter cette province au rang de ses états.
> MITHRIDATE.

Qu'on parle ainsi en prose, on ne parlera pas français. Il faut absolument, *ce que j'ai pu comprendre, c'est que,* etc. Cet autre exemple est encore plus fort :

> Ce dieu, depuis long-temps votre unique refuge,
> Que deviendra l'effet de ses prédictions?
>
> ATHALIE.

Il n'y a aucun biais par où l'on puisse réduire ces vers à quelque construction que ce soit; mais quoiqu'il soit impossible de les astreindre *à la précision de la prose la plus exacte*, gardez-vous bien de les condamner. Tâchez aussi de construire les suivants:

> . . . . Une fille sans nom
> Qui, de tout son destin ce qu'elle a pu comprendre,
> C'est qu'elle sort d'un sang qu'il brûle de répandre.
>
> IPHIGÉNIE.

Voyez si vous en ferez une phrase régulière, *une fille qui;* ce qu'elle a pu comprendre, c'est qu'elle, etc. Que de vers il faudroit condamner dans Racine comme non français, si on les jugeoit d'après la maxime de Voltaire!

Les vers ont une foule de transpositions qui leur donnent de la vivacité et de la grâce, et qui sont défendues à la prose. Outre celles qu'on vient de voir, en voici d'une autre espèce:

> Auteur de tous mes maux, crois-tu qu'il les ignore?
>
> ANDROMAQUE.

Une prose exacte et correcte exigeroit, *crois-tu qu'il ignore tous mes maux, dont il est l'auteur?*

> Et seul de tous les Grecs, ne m'est-il pas permis
> D'ordonner d'un captif que le sort m'a soumis?

A quoi se rapporte *seul de tous les Grecs?* de quel verbe est-il le nominatif? Comment ferez-vous une prose exacte de cette heureuse irrégularité?

GÉNÉRALES.

Vous serez obligé de mettre, *suis-je le seul de tous les Grecs à qui il n'est pas permis?* etc. Vous voyez combien ces deux langages sont différents.

Une autre sorte de transposition non moins heureuse et non moins familière à la poésie, est celle de ces vers d'Esther :

> Quand tout-à-coup, madame, un prophète divin :
> C'est pleurer trop long-temps une mort qui t'abuse :
> Lève-toi, m'a-t-il dit, prends ton chemin vers Suze.

Voilà encore un nominatif qui ne tient à rien, *un prophète divin.* Mais ce désordre qui suspend ce nominatif, qui fait parler le prophète avant qu'on sache pourquoi il est nommé, ce désordre est l'âme de la poésie.

Corneille avoit déjà donné l'exemple à Racine de cette transposition toute poétique :

> Ce généreux guerrier dont son cœur est charmé :
> Ne crains rien, m'a-t-il dit, quand il m'a désarmé.
> Le Cid.

Que l'on cherche encore à réduire en prose ces vers d'Athalie :

> Dans l'horreur d'un cachot, par son ordre enfermé,
> J'attendois que, le temple en cendres consumé,
> De tant de flots de sang non encore assouvie,
> Elle vînt m'affranchir d'une importune vie.

Le temple en cendres consumé qui ne se rapporte à rien, est une tournure entièrement latine; c'est ce qu'on appelle improprement *un ablatif absolu.* Mais la prose française ne connoît pas ces tours hardis qui rendent le vers beaucoup plus précis qu'elle. Ainsi, loin d'exiger que les vers aient la précision de la prose, il faudroit souhaiter à la prose qu'elle pût secouer un peu sa régularité traînante et atteindre la précision des vers. C'est cette précision qui a fait dire à Boileau :

> Approuve l'escalier tourné d'autre façon ;
> Et qui toujours plus beaux, plus ils sont regardés,

et une infinité d'autres vers pareils qu'il n'est pas possible de tourner en prose qu'en les allongeant et les surchargeant de mots inutiles. Cette même précision a dicté beaucoup de vers à Racine :

> Vous me verriez plus prompte affronter mille morts.
> PHÈDRE.

> J'entretins la sultane, et cachant mon dessein,
> Lui montrai d'Amurat le retour incertain.
> BAJAZET.

A parler exactement, on ne peut pas *montrer un retour incertain ;* mais combien cela vaut mieux que l'exactitude pesante de la prose : *je lui montrai que le retour d'Amurat étoit incertain.*

La barrière la plus forte qui sépare nos vers de notre prose, c'est l'inversion. C'est par elle que notre poésie a un langage qui lui est propre, et dont la prose n'approchera jamais. C'est par l'inversion qu'elle dit beaucoup de choses qui ne sont plus françaises quand elles sont traduites dans le style ordinaire. Les preuves en sont si nombreuses, que l'on a seulement l'embarras du choix : tel est ce beau vers de Pompée que Voltaire a critiqué :

O vous à ma douleur objet terrible et tendre.

Il remarque soigneusement que *tendre à ma douleur* ne peut se dire; et cela est vrai, selon sa méthode *de tourner un vers en prose, pour voir s'il est bon;* mais par l'inversion cela se dit très-bien. Voyez Racine:

. . . . . Bajazet, tôt ou tard plus sensible,
Madame, à tant d'attraits, n'étoit pas invincible.

Invincible à tant d'attraits n'est pas plus exact en prose que *tendre à ma douleur;* mais en vers l'un et l'autre sont fort bien.

C'est ainsi que l'inversion se sert d'une préposition au lieu d'une autre. Rien n'est plus fréquent dans Racine:

Sur l'équité des dieux osons nous confier.
PHÈDRE.

Otez l'inversion, vous mettrez *osons nous confier en l'équité des dieux;* et au contraire, dans ce vers d'Athalie:

En l'appui de ton dieu tu t'étois reposé.

La prose demandera *tu t'étois reposé sur l'appui de ton dieu.*

Du Troyen ou de moi faites-le décider.
ANDROMAQUE.

La prose répugne à dire *décider de moi,* pour *décider de mon sort.*

Et qui de son destin, qu'elle ne connoît pas,
Vient, dit-elle, en Aulide interroger Calchas.
IPHIGÉNIE.

Construisez cette phrase; vous ne mettrez pas en prose *vient interroger Calchas de son destin* : cela choqueroit. Cependant, par le secours de l'inversion, *de son destin* a plus de grâce que *sur son destin*. Ne tournez donc pas les vers en prose pour juger s'ils sont bons. Voyez ceux-ci de Mithridate :

> Oui, mon fils, c'est vous seul sur qui je me repose;
> Vous seul qu'aux grands desseins que mon cœur se propose,
> J'ai choisi dès long-temps pour digne compagnon.

Compagnon aux grands desseins seroit insupportable selon la construction accoutumée; comme dans les vers il seroit ridicule de dire selon l'exactitude : Vous que des grands desseins que mon cœur se propose, j'ai choisi dès long-temps pour digne compagnon.

Ces beaux vers du Cid, qui sont passés en proverbe, se trouvent dans le même cas :

> Je suis jeune, il est vrai; mais aux âmes bien nées
> La valeur n'attend pas le nombre des années.

L'inversion donne aux vers une construction si différente de celle de la prose, qu'il y a des vers pleins de grâce qui seroient une prose contournée et bizarre :

> Du bûcher qui m'attend, trop voisin de ces lieux,
> La flamme de trop près viendroit frapper vos yeux.
>   IPHIGÉNIE.

Cette phrase, si élégante et si poétique, sera ridicule si elle est mise en prose : j'en dis autant de ces vers de Phèdre, admirables par l'expression :

> Tandis que de vos jours prêts à se consumer,
> Le flambeau dure encore et peut se rallumer.

GÉNÉRALES.

On voit par-là qu'il y a des tours qui ne sont bien français qu'en vers, et qui ne souffrent point d'être construits autrement.

>A vaincre sans péril, on triomphe sans gloire.

La prose aura plutôt fait d'adopter ce tour que de le soumettre à sa régularité. Le vers suivant qui est très-français, à cause de l'inversion, ne le sera plus si elle est ôtée :

>De vous et de Joad je reconnois l'esprit.
>>RACINE, *Athalie.*

L'esprit de vous seroit d'un Allemand qui écorche le français : il en sera de même de ce vers du Cid :

>De moi ni de ma cour il n'aura la présence.

La présence de moi feroit un joli langage ! La tournure suivante n'est encore propre qu'à la versification :

>A ces nobles conseils ne mêlez point le vôtre.
>>BAJAZET.

Il faudra donc dire en prose *ne mêlez pas votre conseil à ces nobles conseils*, car toute autre construction est impossible.

>Ce grand cœur qui paroît aux discours que tu tiens,
>Par tes yeux, chaque jour, se découvroit aux miens.
>>LE CID.

Si vous mettez, Se découvroit à mes yeux par les tiens, vous devenez presque barbare. Vous ne pouvez donc pas rendre heureusement en prose cette idée, qui est si bien tournée en vers. Il y a plus, ce qui est très-clair à l'aide de l'inversion, devient obscur autrement.

> De David à ses yeux le nom est favorable.
> ATHALIE.

Le sens de ce vers n'est point douteux. Mettez, *le nom est favorable à ses yeux;* voilà une équivoque désagréable. Dans ces vers du Lutrin :

> Demain, avec l'aurore, un lutrin va paroître,
> Qui doit y soulever un peuple de mutins.

L'inversion sauve un contre-sens qui se trouveroit dans la construction ordinaire. Un lutrin va paroître avec l'aurore qui doit y soulever, etc.

Encore un exemple pris dans Racine : ce sont ces beaux vers de son Iphigénie :

> Ces noms de roi des rois et de chef de la Grèce,
> Chatouilloient de mon cœur l'orgueilleuse foiblesse.

Ces vers tournés en prose offriroient une phrase étrange, *chatouilloient la foiblesse orgueilleuse de mon cœur;* outre que des noms qui chatouillent n'offriroient pas une image bonne à peindre; mais l'inversion qui rapproche *chatouilloient de mon cœur* et qui éloigne *l'orgueilleuse foiblesse,* donne une tournure plus naturelle à cette figure hardie et ordinaire à Racine, qui ne s'imaginoit pas qu'on s'aviseroit de mettre sa poésie en prose. Il est donc indubitable que ces deux langages sont trop différents pour juger de l'un par l'autre, et qu'il est ridicule de tourner les vers en prose pour voir s'ils sont bons.

Des Hardiesses poétiques.

Un subtil ignorant pourroit qualifier les expressions les plus poétiques d'impropriétés de langage; mais quand on a des goûts si ridicules, il ne faut point juger des vers. C'est cette hardiesse à subjuguer la langue qui distingue les plus grands poëtes; ce ne sont que de froids grammairiens sans goût qui leur en font des reproches : le célèbre Dryden appeloit ces sortes d'hommes *ses critiques prosaïques*.

A l'occasion de ce vers de la tragédie d'Horaces,

Laisse, en entrant ici, tes lauriers à la porte,

Voltaire fait la remarque suivante :

« On sent assez *que laisser en entrant des lauriers à la porte*, ne sont des expressions ni nobles ni tragiques. »

Cette expression semble au contraire très-noble et très-simple à la fois : elle rend une grande idée par une image familière; cette image frappe bien plus l'esprit que si Sabine disoit : *Oublie ta gloire en entrant dans ta maison.* Si Corneille eût enflé son expression, il auroit été ampoulé. C'est un grand mérite en poésie d'avoir un style figuré et naturel en même temps. Racine paroît avoir eu meilleure opinion que Voltaire de ce vers, car il en fit une application très-glorieuse à son auteur, dans le discours qu'il prononça à la réception de Thomas Corneille.

« Après avoir paru en maître, dit-il en parlant

« de Pierre Corneille, et pour ainsi dire régné sur
« la scène, il venoit, disciple docile, chercher à
« s'instruire dans nos assemblées; *laissoit,* pour me
« servir de ses termes, laissoit ses lauriers à la porte
« de l'académie, toujours prêt à soumettre son opi-
« nion à celle d'autrui. »

Le second acte de Pompée finit par ces vers:

Cher appui de mon trône, allons, sans plus attendre,
Offrir tout à César, afin de tout reprendre.
Avec toute ma flotte, allons le recevoir,
Et par ces vains honneurs séduire son pouvoir.

« Notre langue, dit Voltaire, ne permet guère
« qu'on applique à des choses inanimées des verbes
« qui ne sont appropriés qu'à des choses animées.
« On séduit un homme, et par une métaphore très-
« juste, on séduit sa passion. Mais quand on séduit
« un homme puissant, ce n'est pas son pouvoir
« qu'on séduit. Cette impropriété de terme est sou-
« vent ce qui révolte le lecteur sans qu'il s'aper-
« çoive d'où naît son dégoût. »

La poésie a le privilége d'animer les choses inanimées, et par conséquent elle peut leur appliquer
les verbes propres aux choses animées. Elle attendrit
les rochers comme les hommes; elle fait pleurer les
arbres, tressaillir les montagnes; elle donne à tout
la vie, le sentiment, des mœurs, et même elle per-
sonnifie les passions. Rien ne lui est si ordinaire
que de prendre ce qu'il y a de plus apparent dans
un homme pour cet homme même, et d'appliquer
figurément au signe qui le distingue, ce qui ne con-

vient proprement qu'à lui. Ainsi l'on dit *la robe est avilie*, pour la magistrature ou les magistrats. Si la conversation familière se permet ces sortes d'expressions, quels ne seront point les droits de la poésie! Si l'on dit communément *flatter la tyrannie, adorer la puissance* de quelqu'un pour flatter le tyran, et adorer l'homme puissant; si même Racine a osé dire dans Britannicus,

> Déjà de ma faveur on adore le bruit,

pourquoi ne diroit-on pas *séduire le pouvoir de César par de vains honneurs?* Dans ces exemples, comme dans les vers de Corneille, on applique à des choses inanimées des verbes appropriés à des choses animées. Il est impossible de substituer au mot *séduire* un autre qui exprime mieux la même idée. En prévenant César par les honneurs, on flatte sa puissance, sa grandeur; on séduit son ambition, on séduit son autorité en cherchant à l'accroître : cette expression est hardie, mais elle est juste, vraie, et d'abord on la sent. *Adorer le bruit d'une faveur* est plus hardi sans avoir un si grand sens.

Racine fourmille de ces tours heureux, de ces expressions animées sans lesquelles la poésie languit et rampe. Quand il dit dans Britannicus :

> Vous, dont j'ai pu laisser vieillir l'ambition, etc.

on sent à merveille que l'ambition ne vieillit point, mais l'ambitieux : de même dans ces vers :

> Mais ici mon pouvoir ne connoît point le sien.
> MITHRIDATE.

> . . . . . ꝓ . . . . Le pouvoir d'Agrippine
> Vers sa chute à grands pas chaque jour s'achemine.
> BRITANNICUS.

Qui est-ce qui ne sent qu'*un pouvoir n'a point de connoissance*, qu'un pouvoir ne peut pas faire de grands pas en prenant son chemin vers sa chute, et que tout ce que le poëte dit du pouvoir qui est inanimé, s'applique naturellement à la personne revêtue de ce pouvoir?

D'après le même principe, le commentateur a repris les deux premiers vers du troisième acte de la même pièce :

> Oui, tandis que le roi va lui-même, en personne,
> Jusqu'aux pieds de César prosterner sa couronne.

« On ne prosterne point une couronne, observe-t-il; on se prosterne; on dépose une couronne; on la dépose aux pieds, et non jusqu'aux pieds. »

Qui ne voit que la couronne est prise pour le roi, pour le front couronné? Il eût été bien facile au poëte de mettre *déposer sa couronne*, mais la phrase eût été commune et n'eût rien peint. L'expression de Corneille nous montre l'humiliation de Ptolomée qui *ne se souvient plus de son front couronné*, et qui se prosterne avec sa couronne jusqu'aux pieds de César. Cette expression *jusqu'aux pieds* est mise exprès pour peser davantage sur l'avilissement de ce roi; ç'auroit été beaucoup de se prosterner jusqu'aux genoux de César. Le comble de la lâcheté est de courber ce front couronné jusqu'à ses pieds.

GÉNÉRALES.

Dans Nicomède, Flaminius, ambassadeur romain, parlant à Laodice de Rome et du Capitole, que cette princesse menace de la valeur de son amant, lui répond :

> . . . . Ce jour est encor loin,
> Madame, et quelques-uns vous diront, au besoin,
> Quels dieux du haut en bas renversent les profanes;
> Et que, même au sortir de Trébie et de Cannes,
> Son ombre épouvanta votre grand Annibal.

Voltaire censure ainsi ces vers :

« *Du haut en bas,* qui n'est mis là que pour faire
« le vers, ne peut être admis dans la tragédie. Les
« dieux et les profanes ne sont pas là non plus à leur
« place : un ambassadeur ne doit pas parler en
« poëte ; un poëte même ne doit pas dire que son
« sénat est composé de dieux, que les rois sont des
« profanes, et que l'ombre du Capitole fit trembler
« Annibal. Un très-grand défaut encore, est ce mé-
« lange d'enflure et de familiarité, *quelques-uns*
« *vous diront, au besoin, quels dieux du haut en*
« *bas renversent les profanes:* ce style est entière-
« ment vicieux. »

Flaminius ne dit pas que *son sénat est composé de dieux, et que les rois sont des profanes.* Il n'y a pas dans les vers cités un seul mot qui se rapporte à ce sens. L'ambassadeur parle des dieux protecteurs du Capitole, et il fait allusion à la défaite des Gaulois, qui en furent précipités lorsqu'ils se croyoient déjà maîtres de Rome, qu'ils avoient profanée. Il fait entendre par-là, que les Romains ne sont jamais plus à craindre qu'au moment où on les croit perdus. Il rapporte ensuite les exemples fameux de leurs défaites à Trébie et à Cannes. *Quelques-uns vous diront, au besoin,* est une expression ironique et non pas trop familière. Comme l'élévation des vers dont il s'agit est beaucoup plus dans la pensée que dans les mots, on ne peut pas dire que l'ambassadeur fait le poëte.

Corneille, qui écrivoit de génie, a des tournures qui lui sont particulières ; il a sur-tout une précision pleine de force, avec laquelle il rend si bien ses idées, qu'on chercheroit en vain à les rendre mieux. Dans la première scène de Nicomède, ce héros dit à sa maîtresse, au sujet d'Annibal, que Prusias vouloit livrer aux Romains à l'instigation de Flaminius :

> Je sais. . . . .
> Que le roi, par son ordre, eût livré ce grand homme,
> S'il n'eût, par le poison, lui-même évité Rome.

« *Éviter une ville par le poison,* remarque le
« commentateur, *est une espèce de barbarisme.*
« Il veut dire, éviter par le poison la honte d'être
« livré aux Romains, l'opprobre qu'on lui destinoit
« à Rome. »

Éviter une ville ou *éviter Rome* n'est pas la même chose, à beaucoup près. *S'il n'eût, par le poison, lui-même évité Rome,* est une expression vive et pleine d'âme ; toute autre tournure, quelque élégante et fleurie qu'elle puisse être, paroîtra froide et traînante auprès de celle-ci.

Voltaire reproche à Corneille des façons de s'ex-

primer qui lui paroissent trop hardies, et qui sont
tout-à-fait communes dans les poëtes. Sur ces vers
de la belle scène entre Sertorius et Pompée,

> Et c'est ce qui me force à garder une place
> Qu'usurperoient sans moi l'injustice et l'audace ;
> Afin que, Sylla mort, ce dangereux pouvoir
> Ne tombe qu'en des mains qui sachent leur devoir,

il fait la remarque suivante :

« *En des mains qui sachent leur devoir.* On
« peut animer tout dans la poésie ; mais, dans une
« conférence sans passion, les métaphores outrées
« ne peuvent avoir lieu : peut-être cette expression
« porte encore plus l'empreinte d'une négligence
« qui échappe, que d'une figure qu'on recherche. »

Cette expression n'est ni une négligence ni une
figure recherchée ; c'est une façon de parler simple,
mais élégante et vive. Qu'y a-t-il de plus ordinaire,
même en prose, de prendre la main ou le bras pour
la personne ? *Cette main saura vous venger. Ma
main se refuse à ce meurtre.*

> On l'abandonne aux mains qui daignent le nourrir.
> RACINE, *Bajazet.*

Cependant, si l'on traite la phrase de Corneille
de métaphore outrée et vicieuse, que dira-t-on
d'une infinité de figures semblables, et de bien plus
fortes encore, que Racine offre à chaque instant ?

> . . . . De si belles mains
> Semblent vous demander l'empire des humains.
> BÉRÉNICE.

Des mains qui semblent demander, est déjà fort
hardi ; voici qui l'est davantage.

Quoi! déjà vos regards ont appris à se taire?
BRITANNICUS.

Vous voyez *des regards qui apprennent, et qui apprennent à se taire*. Racine va plus loin ; il dit, dans Andromaque :

Seigneur, c'est un exil que mes pleurs vous demandent.

Les pleurs sont pris là pour la personne qui les répand. Quoique cela soit hardi, il est naturel d'animer les pleurs et de faire parler la douleur. Cette figure est encore plus forte dans ce vers de Bajazet:

Quand mes pleurs vers Roxane ont rappelé ses pas.

Des pleurs qui rappellent des pas. Tout est animé, tout prend une âme, un corps dans cette poésie. Combien cela est plus heureux que de dire : *Je l'ai forcé par mes pleurs de retourner vers Roxane !* Ce qui est plus extraordinaire, c'est le vers suivant, où il est question d'une chose extrêmement inanimée :

Et ce poison vous dit les volontés du roi.
MITHRIDATE.

Racine savoit se servir de tous les droits de la poésie, et c'est l'usage merveilleux qu'il en a fait, qui le distingue de tous ceux qui n'ont pas eu son secret ou son talent. S'il fait *dire au poison les volontés du roi*, il donne la volonté au bruit, dans Phèdre :

Cependant un bruit sourd veut que le roi respire.

Dans Esther, il donne de l'obéissance à des portes :

Et ces portes, seigneur, n'obéissent qu'à moi.

Il fait marcher des trésors:

Nos plus riches trésors marcheront devant vous.

Dans Athalie, il fait marcher un glaive :

Quel est ce glaive enfin qui marche devant eux?

Corneille avoit donné l'exemple de cette hardiesse à Racine par ces beaux vers de Pompée :

Lorsqu'avec tant de faste il a vu ses faisceaux
Marcher arrogamment et braver nos drapeaux.

Ce qui surpasse tout cela, c'est quand Racine dit, dans Bérénice, tout cet appartement, ces lieux, ces festons, etc.

Sont autant d'imposteurs que je ne puis souffrir.

A la vérité, c'est une passion très-vive qui s'exprime ainsi. Mais enfin reconnoissons tout ce qu'un homme de génie peut faire de notre langue, et convenons que c'est en partie au grand Corneille que Racine doit l'exemple de ces hardiesses, de cette force et de cette richesse d'expressions qui éclatent par-tout dans sa poésie ; aussi Racine est-il celui qui a le plus rendu justice à Corneille, et qui sentoit le mieux le mérite de tous les beaux vers de son rival, dont il ornoit l'esprit et la mémoire de ses enfants.

De l'Ironie.

« La figure de l'ironie, dit Voltaire, tient pres-
« que toujours du comique ; car l'ironie n'est autre
« chose qu'une raillerie. L'éloquence souffre cette

« figure en prose; Démosthène et Cicéron l'em-
« ploient quelquefois : Homère et Virgile n'ont pas
« dédaigné même de s'en servir dans l'épopée ;
« mais, dans la tragédie, il faut l'employer sobre-
« ment. Il faut qu'elle soit nécessaire; il faut que
« le personnage se trouve dans des circonstances où
« il ne puisse s'exprimer autrement, où il soit obligé
« de cacher sa douleur et de feindre d'applaudir à
« ce qu'il déteste. Racine fait parler ironiquement
« Axiane à Taxile, dans l'Alexandre; il met aussi
« quelques ironies dans la bouche d'Hermione ;
« mais dans ses autres tragédies, il ne se sert plus
« de cette figure. Remarquez en général que l'iro-
« nie ne convient point aux passions; elle ne peut
« aller au cœur; elle sèche les larmes. »

Voltaire n'a point distingué les différents tons de l'ironie. Cette figure s'admet également dans le noble et dans le comique : elle prend la teinte de l'un ou de l'autre : mais, par elle-même, l'ironie n'est point comique; elle excite le sourire, jamais l'éclat de rire. Si l'éloquence la souffre, il faut bien qu'elle ne soit pas comique. Si Homère et Virgile l'ont employée, pourquoi ne s'en pourroit-on pas servir dans la tragédie, lorsque ces deux poëtes en usent dans l'épopée? Presque tous les héros d'Homère s'expriment ironiquement dans quelque occasion. La plus belle ironie de l'Énéide, est celle de Turnus contre Drancès, dans une scène toute dramatique. Ces personnages ne s'exprimeroient pas au théâtre d'un style plus relevé que dans le poëme épique; l'ironie est donc admissible dans la tragédie comme dans l'épopée.

Les anciens poëtes tragiques ont fait un usage assez fréquent de cette figure. Néoptolème, au cinquième acte du Philoctète de Sophocle, s'oppose à la ruse d'Ulysse, et va rendre les flèches à Philoctète. Ulysse lui dit : *Je sais qui s'y opposera.* Eh! qui, je vous prie, auroit cette témérité? répond Néoptolème. Ulysse reprend: *Toute la Grèce et moi.* Certes, dit l'autre, *je cherche le prudent Ulysse dans ces paroles.* Ils continuent ainsi à se braver, et Ulysse s'emporte jusqu'à dire : *Voyez-vous cette main et cette épée?* Néoptolème répond : *Faites, faites; la mienne répondra.* Ulysse se retire en disant: *J'en rendrai compte à l'armée, et la peine suivra le crime de près.* Néoptolème le laisse aller, et le raille en ces mots: *Vraiment, vous êtes sage; soyez-le toujours ainsi, et vous pourrez vivre long-temps sans aucun accident.*

L'ironie, dit Voltaire, *ne convient point aux passions; elle ne va point au cœur; elle sèche les larmes.* On sait bien que l'ironie ne pourroit guère trouver place dans un moment d'attendrissement et de douleur; mais une passion violente, avant que d'éclater, se sert presque toujours de l'ironie, qui est alors amère et insultante. L'ironie convient à toutes les passions, même à l'amour, quand elle est bien ménagée. Didon, dans ses reproches à Énée, répond ironiquement à ce prince, qui allègue que les dieux lui ont ordonné de partir.

L'indignation, le mépris, la fierté, la vengeance n'ont pas de langage plus favori que l'ironie, et ce sont là les passions qui ont le plus d'empire dans la tragédie ; il est vrai que cette figure est très-difficile à manier. Il est donné à peu de poëtes de savoir allier la noblesse à la raillerie.

C'est à tort que Voltaire avance que Racine ne s'est pas servi de l'ironie depuis Andromaque. On en trouve des exemples dans la plupart de ses autres tragédies. Roxane, dans Bajazet, en fait une cruelle à Atalide, après avoir livré son amant à la mort :

> Je ne mérite point un si grand sacrifice ;
> Je me connois, madame, et je me fais justice.
> Loin de vous séparer, je prétends, aujourd'hui,
> Par des nœuds éternels, vous unir avec lui.

Dans la scène entre Néron et Britannicus, en présence de Junie, le tyran dit au jeune prince :

> Si vous n'avez appris à vous laisser conduire,
> Vous êtes jeune encor, et l'on peut vous instruire ;

et Britannicus lui dit :

> Ainsi Néron commence à ne se plus forcer.
> . . . .
> Chacun devoit bénir le bonheur de son règne.

Voilà bien de l'ironie la plus piquante.

Quand Clytemnestre, au second acte d'Iphigénie, vient dire à sa fille qu'il faut partir à l'instant, qu'Achille veut rompre ou différer son hymen, elle soupçonne Ériphile d'être aimée d'Achille, et s'adresse à cette princesse en ces termes :

> Je ne vous presse point, madame, de nous suivre ;
> En de plus chères mains ma retraite vous livre.
> De vos desseins secrets on est trop éclairci,
> Et ce n'est pas Calchas que vous cherchez ici.

Dans un moment bien douloureux, lorsqu'Agamemnon vient chercher sa fille pour la sacrifier, Clytemnestre, avant de faire éclater toute sa fureur, fait à son époux une ironie bien amère, en disant à Iphigénie :

> Venez, venez, ma fille ; on n'attend plus que vous ;
> Venez remercier un père qui vous aime,
> Et qui veut à l'autel vous conduire lui-même.

Racine avoit trop bien étudié la nature et le cœur humain pour ignorer que l'ironie est le vrai langage des caractères fiers et ardents, comme Roxane, Clytemnestre, etc. Il est vrai qu'il est bien inférieur à son rival dans cette partie, où Corneille a surpassé tous les poëtes, et peut-être Homère lui-même. Toutes ses pièces fournissent des preuves de son talent pour l'ironie. Mais l'idée la plus heureuse et la plus difficile à exécuter qui pouvoit naître dans cette tête inventive et féconde, c'étoit de peindre un héros persécuté à la cour de son père, et confondant tous ses ennemis avec une fierté inébranlable et un ton constamment ironique.

Il n'y a dans aucune langue un exemple d'ironie plus noble, plus ingénieuse, et plus sanglante en même temps, que celle de Nicomède à Flaminius, fils de celui qu'Annibal défit si complétement près du lac Trasimène. Ce Romain dit à Nicomède, qui parle des nouveaux pays qu'il s'apprête à subjuguer :

> Rome prend tout ce reste en sa protection,
> Et vous n'y pouvez plus étendre vos conquêtes
> Sans attirer sur vous d'effroyables tempêtes.

A ces menaces, Nicomède répond, sans s'émouvoir, mais d'une manière bien plus foudroyante que s'il eût prodigué l'injure et la colère :

> J'ignore, sur ce point, la volonté du roi ;
> Mais peut-être qu'un jour je dépendrai de moi ;
> Et nous verrons alors l'effet de ces menaces :
> Vous pouvez cependant faire munir ces places,
> Préparer un obstacle à mes nouveaux desseins,
> Disposer de bonne heure un secours de Romains ;
> Et si Flaminius en est le capitaine,
> Nous pourrons lui trouver un lac de Trasimène.

Du Pronom Soi.

« *Soi*, remarque Voltaire (1), ne se dit qu'à l'indéfini ; il faut faire quelque chose pour *soi*, il travaille pour *lui*. »

Cette remarque est souvent répétée dans les commentaires ; elle est conforme à la grammaire, et par conséquent fort juste toutes les fois qu'il s'agit de prose. Mais la poésie enfreint fréquemment cette règle, et nos meilleurs poëtes ont employé *soi* et *soi-même* en parlant d'une manière déterminée :

> L'un en style pompeux habillant une églogue,
> De ses rares vertus te fait un long prologue,
> Et mêle, en se vantant *soi-même* à tout propos,
> Les louanges d'un fat à celles d'un héros.
>   BOILEAU, *Discours au Roi.*

(1) Commentaire sur Polyeucte.

La vieillesse chagrine incessamment amasse,
Garde, non pas pour *soi*, les trésors qu'elle entasse.
   Boileau, *Art poétique.*

Rien n'apaise un lecteur toujours tremblant d'effroi,
Qui voit peindre en autrui ce qu'il remarque en *soi*.
   Id., *Satire 9.*

Mais souvent un esprit qui se flatte et qui s'aime,
Méconnoît son génie et s'ignore *soi-même*.
   Id., *Art poétique.*

Quels démons, quels serpents traîne-t-elle après *soi*?
Il craint les Grecs, il craint l'univers en courroux;
Mais il se craint, dit-il, *soi-même* plus que tous.
   Racine, *Andromaque.*

Je l'aime (Thésée) . . . .
Charmant, jeune, traînant tous les cœurs après *soi*.
   Racine, *Phèdre.*

Loin tout rimeur, enflé de beaux passages,
Qui, sur lui seul, moulant ses personnages,
Veut qu'ils aient tous autant d'esprit que lui,
Et ne nous peint que *soi-même* en autrui.
   J. B. Rousseau, *Épître à Thalie.*

Sur le mot Faire.

« En français (1), toutes les fois que le mot *faire* n'est pas suivi d'un article, il forme une façon de parler proverbiale trop familière : *faire assaut, faire force de voiles, faire de nécessité vertu, faire ferme, faire brèche, faire halte,* etc., toutes expressions bannies des vers héroïques. »

Il y a beaucoup d'occasions où le mot *faire*, sans être suivi d'un article, forme une façon de parler

---

(1) Remarque sur Nicomède.

noble et élégante. *Faire cas, faire honneur, faire hommage, faire tête, faire injure, faire affront, faire horreur, faire foi.*

Va, je la désavoue, et *tu me fais horreur.*
RACINE, *Andromaque.*

Dans les camps phrygiens, les effets *feront foi,*
Qui la chérit le plus ou d'Ulysse ou de moi.
Id., *Iphigénie.*

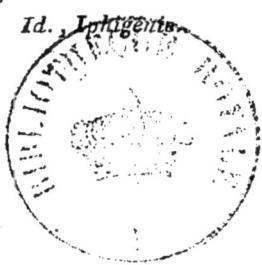

FIN DES OBSERVATIONS GÉNÉRALES.

NOTE DE L'ÉDITEUR

SUR

LA FAMILLE DE P. CORNEILLE.

Beaucoup de personnes s'imaginoient qu'il n'existoit plus de descendants de P. Corneille. C'est ce qui m'a décidé à imprimer la généalogie de sa famille. Il en résulte qu'elle se compose en ce moment de seize personnes; savoir : Mademoiselle Jeanne-Marie Corneille, au profit de laquelle cette édition a été entreprise, qui a élevé, pendant quinze ans, cinq enfants de ses frères, et leur a fait donner une éducation très-soignée; Louis-Ambroise Corneille, frère aîné de cette demoiselle, et Jean-Baptiste-Antoine Corneille, son puîné : le premier a huit enfants, et le second en a cinq. Parmi ces treize enfants se trouvent cinq garçons, dont le plus âgé n'est encore que dans sa vingt-cinquième année.

Cette généalogie est établie d'après les actes de naissance dont copies sont annexées à la minute d'un acte de notoriété passé devant M.e Collin, notaire à Paris, le 24 septembre 1816.

Comme il peut paroître étonnant que les véritables descendants de Corneille aient été si long-temps ignorés, on croit devoir en faire connoître les principales raisons.

Le grand Corneille, comme on peut le voir dans

la généalogie, eut quatre enfants, trois garçons et une fille ; de cette dernière est descendue la fameuse *Marie-Anne-Charlotte* Corday.

Des trois garçons, un seul a laissé de la postérité ; c'est l'aîné, Pierre de Corneille, gentilhomme ordinaire de Louis XIV. Jean Racine, qui possédoit une charge pareille, écrivant à son fils, le 5 février 1698, lui annonce la mort récente de son confrère. A son décès, son fils unique, Pierre-Alexis Corneille, n'avoit encore que quatre ans, étant né sur la paroisse Saint-Eustache le 27 mars 1694. Cet enfant eut pour tuteur Thomas Corneille, son grand-oncle. Son patrimoine s'accrut pendant une longue minorité, et sa fortune s'augmenta par son mariage avec Bénigne Larmanat. Deux enfants en sont issus, Marie-Anne Corneille, et Claude-Étienne Corneille, dont la naissance, au mois d'avril 1727, coûta la vie à sa mère. Pierre-Alexis se remaria. Sa fille, qui avoit alors neuf ans, fut mise au couvent à Nevers, et le garçon entra dans une pension. Le père, dès ce moment, s'en embarrassa peu, et dissipa entièrement sa fortune dans les plaisirs. On n'entendit plus parler de ses enfants.

Dans cet abandon de la part de l'auteur de ses jours, Marie-Anne Corneille trouva un second père dans l'illustre Lamoignon de Malesherbes. Elle-même, depuis, servit de mère à sa nièce, Jeanne-Marie Corneille, qui fut aussi élevée dans un couvent. A l'égard de Claude-Étienne, maltraité dans sa pension, dont le maître n'étoit pas payé, il s'en échappa, s'engagea, et disparut ensuite pendant fort long-temps. Dans cet intervalle il se maria, et eut quatre enfans, deux fils et deux filles. Sa disparition fit croire qu'il étoit mort, et qu'avec lui la famille de Corneille étoit éteinte.

Il n'est pas étonnant que le public soit resté dans cette erreur, puisqu'elle fut partagée même par Fontenelle, neveu de l'auteur de *Cinna*. L'extinction de la famille de Corneille fut généralement regardée comme certaine, jusqu'en 1763, époque à laquelle Voltaire, qui avoit reçu chez lui Marie-Françoise Corneille, descendante d'un oncle du grand poëte, vit arriver à Ferney son arrière-petit-fils, ce même Claude-Étienne, de qui il écrivit au comte d'Argental, le 9 mars 1763 : *C'est réellement l'arrière-petit-fils de Pierre Corneille.*

Depuis ce temps, la fortune n'ayant pas favorisé cette famille, les deux hommes sont restés inconnus dans le midi de la France : la seule demoiselle Jeanne-Marie Corneille, pupille de M. de Malesherbes, a vécu à Paris, protégée de ce vertueux magistrat, qui lui fit obtenir, en 1785, une petite pension sur la cassette de Louis XVI.

LETTRES

DE M. DE MALESHERBES

A mademoiselle Marie-Anne Corneille, *tante de mademoiselle Jeanne-Marie* Corneille.

Paris, le 23 mars 1771.

JE suis bien touché de la part que mademoiselle Corneille prend à mes malheurs ; je la prie d'en recevoir mes remercîments, et les assurances de l'intérêt que je prendrai toujours à son sort.

MALESHERBES.

Mademoiselle Corneille, *aux Ursulines de Nevers.*

Paris, ce 26 janvier 1775.

JE ne conçois pas, mademoiselle, comment j'ai oublié de vous faire mes remercîments, des vœux que vous voulez bien former pour moi, à l'occasion du renouvellement d'année ; et si M. de Saint-Remi (1) ne vous a rien mandé de ma part, c'est qu'il a pensé que je vous écrirois directement. Recevez-les, je vous prie ; ne doutez pas de l'intérêt que je prends à tout ce qui vous regarde, et que je suis très-par-

(1) Son intendant.

faitement, mademoiselle, votre très-humble et très-obéissant serviteur

MALESHERBES.

Mademoiselle CORNEILLE, *pensionnaire aux Ursulines, à Nevers.*

Paris, le 8 août 1775.

JE suis très-sensible, mademoiselle, à l'intérêt que vous voulez bien prendre à ce qui me regarde; je vous prie d'en recevoir mes remercîments, et de croire que j'aurai toujours beaucoup de plaisir à vous donner des preuves des sentiments avec lesquels j'ai l'honneur d'être, mademoiselle, votre très-humble et très-obéissant serviteur

MALESHERBES.

Mademoiselle CORNEILLE.

LETTRES *de monsieur de* MALESHERBES *à mademoiselle Jeanne-Marie* CORNEILLE.

A Verneuil, le 2 novembre 1784.

JE ne vous ai pas encore écrit, mademoiselle, parce que le parti que vous voulez prendre de vous engager par des vœux, me fait beaucoup de peine; et il faudroit savoir auparavant si vous n'avez point d'autres ressources.

J'ai voulu m'en informer, et je ne peux pas encore vous assurer qu'il s'en trouvera, mais je n'en désespère pas.

En attendant, si vous trouvez un asile dans une maison religieuse, c'est l'habitation la plus décente pour une personne de votre âge et de votre sexe; c'est aussi celle qui convient le mieux à votre façon de penser, et à la piété dans laquelle vous avez été élevée; mais je vous demande en grâce de n'y prendre aucune espèce d'engagement.

J'aurai l'honneur de vous voir quand je serai à Paris; ce qui sera à-peu-près dans le temps de la Saint-Martin, et de me concerter avec vous sur le parti que vous avez à prendre; mais ce parti ne doit pas être pris avec précipitation, pour ne vous pas préparer des reproches et des regrets pendant tout le reste de votre vie.

J'ai l'honneur d'être, etc.

MALESHERBES.

A Verneuil, le 12 novembre 1784.

Dès que je serai à Paris, mademoiselle, j'aurai l'honneur de vous voir, et de vous parler de votre situation, sur laquelle j'ai quelques espérances; mais il faut vous avertir qu'elles sont très-foibles. Il est nécessaire que vous le sachiez, parce qu'il seroit très-fâcheux que vous eussiez trop espéré, si ensuite rien ne réussissoit.

Je vous prie de me mander incessamment si madame votre mère vit encore, et quel est son sort, quel est le nombre de vos frères et sœurs, et ce qu'ils font.

C'est à Verneuil, *par Triel,* qu'il faut m'adresser votre réponse, et ne pas manquer de mettre sur l'adresse, *par Triel.*

Je suis avec respect, mademoiselle, votre, etc.

MALESHERBES.

Mademoiselle CORNEILLE, *chez* les Dames de la Croix, *rue de Charonne, faubourg Saint-Antoine.*

A Verneuil, le 13 novembre 1784.

DEPUIS la lettre que je vous ai écrite hier, mademoiselle, M. Baufre (1) m'a envoyé celle qu'il a reçue de vous. J'y ai vu qu'il y a des choses sur lesquelles vous ne voulez pas vous expliquer par écrit.

Je le conçois très-aisément, et je trouve que vous avez raison. Ainsi ne vous donnez pas la peine de faire réponse à ma lettre d'aujourd'hui, ni à celle d'hier ; je vous prie d'attendre que je vous aie vue. Mais sur-tout je vous demande en grâce de ne point

(1) Secrétaire de M. de Malesherbes.

mander à votre famille qu'il y a ici des gens qui s'occupent de vous ; je vous en dirai les raisons.

Je suis avec respect, mademoiselle, votre, etc.

MALESHERBES.

Mademoiselle CORNEILLE.

Malesherbes, 16 novembre 1792.

J'AI reçu, mademoiselle, avec bien de la reconnoissance, les marques de votre souvenir et de votre amitié que vous m'avez données par votre lettre du 28 octobre. Je ne savois pas où vous aviez choisi un asile, dans un temps où il est si difficile d'en trouver.

Je ne connois pas personnellement la ville de Valognes, où je n'ai fait que passer trois ou quatre fois en poste ; mais je sais que c'est une des villes du royaume où il y a le plus de bonne compagnie réunie, ainsi où vous trouverez le plus de personnes capables de sentir votre mérite, et d'honorer en vous le sang du grand homme dont vous portez le nom, et qui vous a transmis l'élévation de ses sentiments.

Je félicite beaucoup la dame chez qui vous demeurez, de vous avoir confié l'éducation de mesdemoiselles ses filles. Vos instructions et vos exemples seront également utiles pour ces jeunes personnes. Vous me ferez un très-grand plaisir de me mander dans quelque temps de vos nouvelles.

Je vous prie d'être bien persuadée de l'intérêt que j'y prends, et du respect avec lequel je suis, mademoiselle, votre, etc.

MALESHERBES.

Mémoire de M. DE MALESHERBES, *présenté au roi Louis XVI, au quartier d'avril 1785.*

VOTRE MAJESTÉ est suppliée d'accorder une pension de trois cents livres à la demoiselle Corneille, descendante du grand Corneille. M. de Malesherbes, qui a pris soin de cette infortunée depuis son enfance, demande pour elle.

Et en marge est écrit, de la main du roi: *300 liv.*

LISTE

DE

MM. LES SOUSCRIPTEURS

Aux Chefs-d'Œuvre *de* Corneille, *avec les Commentaires de Voltaire, et la critique de ces Commentaires, au profit de mademoiselle Jeanne-Marie* Corneille.

	FORMATS	
	in-8.°	*in*-12.
Sa MAJESTÉ le Roi de France.	20	»
S. A. R. M.gr le Duc d'Angoulême.	4	»
S. A. R. Madame la Duchesse d'Angoulême.	4	»
S. A. S. Madame la Duchesse douairière d'Orléans.	5	»
S. A. S. M.gr le Duc d'Orléans.	1	»
S. A. S. M.gr le Prince de Condé.	1	»
S. Ex. le Duc de Richelieu, Ministre des affaires étrangères.	10	»
S. Ex. le Comte Corvetto, Ministre des Finances.	2	»
S. Ex. le Comte de Cazes, Ministre de la Police générale.	2	»
S. Ex. le Duc de Feltre, Ministre de la Guerre.	2	»
S. Ex. le Chevalier Dambray, Chancelier de France.	2	»

B.

	in-8.º	in-12
Barbé, Chef de bureau à la mairie de Rouen.	1	1
Baslé, Contrôleur des forges royales de la Chaussade, à Guerigny, près Nevers.	»	1
Beauvet, Secrétaire de la mairie, à Rouen.	»	1
Belon, Libraire, au Mans.	1	1
Benard, Élève en droit.	»	1
Berenger (le Vicomte de), Chevalier de l'Ordre de S.t-Jean de Jérusalem, Sous-Préfet de l'arrondissement d'Aubusson.	»	1
Bichot, Chef de bureau à la Préfecture de Rouen.	»	1
Biencourt (le Marquis de).	1	1
Bobée, Avocat.	»	1
Bouin (Emmanuel), Étudiant en droit.	1	»
Bourboulon de Saint-Edme, Receveur général des Finances du département de l'Aisne, à Laon.	1	»
Bourgeois (Antoine-Pierre), de Bruxelles.	»	1
Bourienne (L. A. Fauvelet de), Ministre d'État, Membre du Conseil privé du Roi et de son Conseil d'État.	2	»
Bronner, Libraire, à Paris.	1	»
Brière, Avocat-Général à la Cour Royale de Rouen.	1	»
Brunot-Labbe, Libraire, à Paris.	1	1
Brusset, Chevalier de l'Ordre Royal et Militaire de Saint-Louis.	»	1
Bruyère-Chalabre (le Comte de).	1	»

	FORMATS	
	in-8.°	in-12.
C.		
Cahier fils, Étudiant au Collége de Charlemagne.	»	1
Cahuac, Étudiant en droit.	»	1
Camonin frères, Libraires, à Marseille.	2	»
Causans (le Marquis de), Lieutenant-général.	»	1
Chaslon (mademoiselle Hortense-Thaïs).	»	1
Cochin, Avocat au Conseil et à la Cour de Cassation.	1	»
Corréard, Directeur du théâtre des Arts, à Rouen.	»	1
Corsange, Libraire, à Dieppe.	»	1
Courel, Conseiller référendaire à la Cour des Comptes.	1	»
D.		
Dancourt fils.	1	»
Debovvé (madame Henriette).	1	»
Decrès (madame de).	1	»
Defebvrel (le Chevalier de), Secrétaire des commandements de Mgr le Prince de Condé.	1	»
Delacroix, Étudiant en droit.	»	1
Delahais (Antoine-René).	»	1
Delamare (madame).	1	»
Delaplenne, Libraire, à Paris.	1	2
Delaunay, Relieur, à Paris.	»	1
Delavédrine.	»	1

	FORMATS	
	in-8.º	in-12.
Delevaré (X.), Chevalier de l'Ordre Royal et Militaire de Saint-Louis, Secrétaire général de la Préfecture de Maine-et-Loire.	1	»
Deslauriers, Étudiant en droit.	»	1
Desmaret, à Fontainebleau.	»	1
De Sorlus (Nicolas-Thomas), Directeur-Commandant de la maison de détention à Vilvorde.	»	1
Desrez, Doyen des Avoués du tribunal de première Instance, à Paris.	»	1
Dezoose.	»	1
Dréan, Clerc de Notaire, à Paris.	»	1
Drouet de Santerre, Trésorier-général de la maison de Monsieur, frère du Roi.	1	»
Duchesnois (mademoiselle), Actrice du Théâtre Français.	»	1
DuCoster, Capitaine-Trésorier du régiment suisse de Salis.	1	»
Dudouit (Pierre), Avocat.	»	1
Dumesnil, homme de Lettres.	»	1
Dupuis, Avocat à Rouen.	»	1
Durand, Inspecteur des Forêts, à Metz.	1	»
Dutertre de Veteuil, ancien Chef de division aux finances.	»	1
	»	1

F.

Farcinet, à Nantes.	»	1

	FORMATS	
	in-8.º	in-12.
FERRAND fils, Imprimeur, à Rouen.	»	1
FERRIÈS.	»	1
FOLMONT (le Comte de), Chancelier de madame la Duchesse douairière d'Orléans.	1	»
FORTAIRE, propriétaire à Vernon.	»	1
FOURNIER, Employé dans les Ponts et Chaussées.	»	1
FOYER.	»	1
FRÈRE aîné, Libraire, à Rouen.	1	3

G.

GARNIER DE SAINT-IRIER, Receveur de l'Enregistrement, à Vernon (Eure).	»	1
GAUDECHARD (mademoiselle).	»	1
GRANGER, ex-Directeur du théâtre des Arts, à Rouen.	»	1
GUÉRIN, Étudiant en médecine.	»	1
GUITEL (François), Libraire, à Paris.	1	1
GUYOT, Professeur au Collége Royal de Louis-le-Grand.	»	1

H.

HAIRS, Trésorier du 2.ᵉ régiment de Grenadiers à cheval de la Garde Royale.	1	»
HERMEREL, 1.ᵉʳ Clerc de Notaire, à Paris.	»	1
HOCQUAR, Capitaine d'infanterie, Chevalier de la Légion d'honneur.	»	1
HUARD.	»	1

	FORMATS	
	in-8.°	in-12

I.

Jacobé Naurois, Chevalier de la Légion d'honneur, Directeur de la manufacture royale des Glaces, à Paris.	1	»
Jacquemart, Professeur, à Louvain.	1	»
Joly.	»	2

L.

Lair, Conseiller de Préfecture du département du Calvados.	»	1
Lambert fils.	»	1
Leblanc de Marconnay, propriétaire.	»	1
Leblond (M.elle Sophie), à Bordeaux.	1	»
Lebret, propriétaire.	»	1
Leduc, propriétaire.	»	1
Lefebvre, à Paris.	1	»
Leiquet (Théodore).	»	1
Lemonnier, Chef de bureau au Ministère de la Guerre.	»	1
Lemoyne (L. A.).	»	1
Lepriol, Recteur de l'Académie de Rennes.	1	»
Lerebours.	»	1
Levray, propriétaire.	»	1
Loret, Étudiant en droit.	»	1
Lucas, de Rouen.	»	6
Lucas, de Montigny.	»	1

M.

Magimel, ancien Libraire.	1	»
Maizières, à Rouen.	1	»

	FORMATS	
	in-8.°	in-12.
MALLEVAUD (François de), Inspecteur des Douanes royales, à Dieppe.	»	1
MALO (Charles), homme de Lettres, à Paris.	»	1
MANGIN, Libraire, à Saint-Mihiel.	1	»
MANOURY, Docteur en médecine, à Vernon, (Eure.)	»	1
MARTIN (Auguste), Secrétaire de la Sous-Préfecture de Jonzac.	»	1
MAUGET.	1	»
MAZARÉ, Étudiant en médecine.	»	1
MERVILLE (le Baron de).	1	»
MÉQUIGNON l'aîné, père, Libraire, à Paris.	»	2
MERLIN (Jacques-Simon), Libraire, à Paris.	2	1
MERVILLE, Président en la Cour Royale de Paris.	1	»
MEYNARD, Inspecteur de la Librairie.	1	»
MICHEL, Libraire, à Brest.	1	1
MONGIE, Libraire, à Paris.	1	»
MUSSET (de).	»	1

N.

NANSOUTY (madame la Comtesse de).	1	»
NEYER.	1	»
NICOLLE, Libraire, à Paris.	1	1

O.

OUTREBON.	»	1

	FORMATS	
	in-8.º	in-12

P.

PATRY (D.elle), Libraire, au Hâvre.	1	»
PERONNEAU (M.me), Imprimeur-Libraire.	1	»
PICARD, Employé.	»	1
PISSIN (Barthélemy).	»	1
POPELIN, Conseiller en la Cour Royale.	1	»
PRÉVOST (Alphonse), Étudiant en droit.	»	1
PUYSÉGUR (le Comte de).	1	»

R.

RAVENEL, Commissaire des Guerres.	1	»
ROSA, Libraire, à Paris.	»	1
ROYER-COLLARD, Docteur, et Professeur à la Faculté de médecine de Paris.	1	»

S.

SAINT-FAL, Acteur du Théâtre Français.	1	»
SAUVAGE (Auguste).	»	1
SCHERFF, Libraire, à Paris.	1	»
STADLER (de).	»	1

T.

TARANGET, Recteur de l'Académie de Douay.	1	»
THIÉBAULT, Clerc de Notaire.	»	1
TRENEUIL (le Chevalier de), Bibliothécaire de Monsieur, frère du Roi.	1	»
TRUPLIN aîné, Négociant, à Rouen.	1	»
TRUPLIN (Honoré).	»	1

	FORMATS	
	in-8.º	in-12.

V.

VARENNE DE FEUILLE, Secrétaire général de la Préfecture de l'Ain.	1	»
VILLENEUVE (le Chevalier de), Préfet du département de....	2	»

W.

WALLÉ.	»	1
WINCOP (madame de), Libraire, à Rochefort.	»	2

FIN.

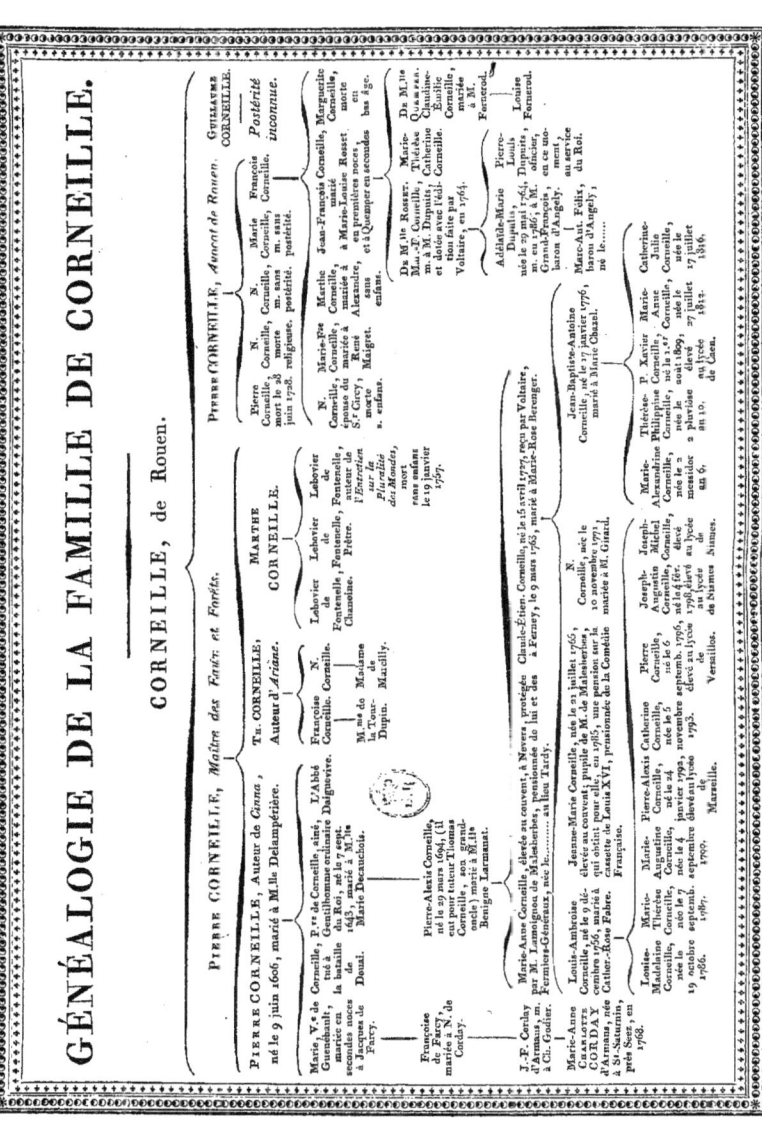

www.ingramcontent.com/pod-product-compliance
Lightning Source LLC
Chambersburg PA
CBHW070923230426
43666CB00011B/2291